यक्ष प्रश्नों के उत्तर

यक्ष प्रश्नों के उत्तर

इंद्रेश कुमार

प्रभात प्रकाशन

प्रकाशक • **प्रभात प्रकाशन प्रा. लि.**
4/19 आसफ अली रोड,
नई दिल्ली–110002

संस्करण • 2025
मूल्य • चार सौ रुपए
मुद्रक • श्री साई प्रिंटर्स, साहिबाबाद

YAKSH PRASHNON KE UTTAR
by Shri Indresh Kumar ₹ 400.00
Published by Prabhat Prakashan, 4/19 Asaf Ali Road, New Delhi-2
e-mail: prabhatbooks@gmail.com ISBN 978-93-5266-320-0

भूमिका

हरि कथा अनंता

महाभारत में यक्ष प्रश्न का प्रसंग आता है। जलस्रोत पर यक्ष का अधिकार था। यह भी कहा जा सकता है कि वह जलस्रोत की रक्षा कर रहा था। जल का आचमन कर लेने की शर्त यही थी कि उसके प्रश्न का उत्तर दिया जाए। चारों पांडवों ने उत्तर देने की बात तो दूर, प्रश्नकर्ता को ही ललकारना शुरू कर दिया और बलपूर्वक पानी पी लिया। इससे उनकी मृत्यु हो गई। युधिष्ठिर ने यक्ष के प्रश्नों का उत्तर देने के बाद ही पानी पिया। इससे वह स्वयं तो बचा ही, अपने बाकी भाइयों को भी पुनः जीवित करा लेने में सफल हो गया और इससे भारत का इतिहास भी बदल गया। हर युग के अपने यक्ष प्रश्न होते हैं। नेतृत्व को उन प्रश्नों का उत्तर देना ही होता है, तभी देश की रक्षा हो पाती है। इतिहास साक्षी है, राष्ट्र के संदर्भ में दिया गया एक भी गलत उत्तर देश के इतिहास और भूगोल दोनों को ही विकृत कर देता है। हिंदुस्थान में एक यक्ष प्रश्न पिछले लगभग आठ सौ साल से गूँज रहा है। यह प्रश्न हिंदू और मुसलमानों के आपसी रिश्ते को लेकर है। इसका उत्तर बहुत से विद्वानों, इतिहासकारों और राष्ट्रपुरुषों ने देने की कोशिश की, लेकिन उनके गलत उत्तरों ने जंबू द्वीप के भारत खंड को खंडित कर दिया। भारत में हिंदू-मुसलमान समस्या का प्रश्न बहुत ही धारदार है। इसने इसके उत्तर की तलाश में निकले बहुत से लोगों को बेरहमी से मारा है। इसमें एक शव दारा शुकोह का भी है। दारा शुकोह भारत को जीतने आए मध्य एशिया के मुसलमानों को यहाँ के सांस्कृतिक दर्शन शास्त्र की धारा से आत्मसात् करने के प्रयास करता हुआ अपने प्राणों से हाथ धो बैठा। यद्यपि यह कथा बहुत पुरानी है और इसकी पृष्ठभूमि भी अलग है। लेकिन यात्रा के पद-चिह्नों की शिनाख्त करने निकले किसी भी यात्री के लिए दारा शुकोह के पद-चिह्नों को सिजदा किए बिना आगे निकल जाना एक प्रकार की गुस्ताखी ही मानी जाएगी।

इतिहास में बहुत पीछे न भी जाएँ तो सद्य: इतिहास में महात्मा गांधी ने इस यक्ष प्रश्न का उत्तर देने का प्रयास किया था। महात्मा गांधी पर सांप्रदायिक होने का आरोप तो कोई नहीं लगा सकता। उनकी दृष्टि में इस प्रश्न का उत्तर देने से पहले इस देश में हिंदू–मुसलिम एकता स्थापित करना बहुत जरूरी था। महात्मा गांधी शायद इस प्रयास की सफलता को ही इस प्रश्न का उत्तर मानते थे। इसलिए वे बुद्धिविलास में न पड़कर कर्मक्षेत्र में उतरे। दक्षिणी अफ्रीका से आते ही उन्होंने कह दिया था कि यदि देश में हिंदू–मुसलिम एकता स्थापित हो जाए तो वे छह महीनों में अंग्रेजों को भारत से चले जाने के लिए विवश कर सकते हैं। इसका उत्तर तलाशते–तलाशते वे खिलाफत आंदोलन तक जा पहुँचे। महात्मा गांधी ने पहली बार हिंदुस्थान के मुसलमानों को तुर्की के खलीफा और खिलाफत से जोड़कर उन्हें वैश्विक इसलामी आंदोलन का अंग बना दिया, जो कालांतर में बहुत ही खतरनाक सिद्ध हुआ। दरअसल भारत के मुसलमानों का तुर्की के खलीफा से कोई ताल्लुक नहीं था, क्योंकि यहाँ के मुसलमान हिंदुओं से ही मतांतरित हुए थे। इस लिहाज से वे हिंदुओं के ही रक्त संबंधी थे। महात्मा गांधी द्वारा खिलाफत आंदोलन का नेतृत्व सँभाल लेने के बाद कांग्रेस के राष्ट्रीय आंदोलन में मुसलमानों की संख्या तो बहुत बढ़ गई, लेकिन उसके साथ ही हिंदू–मुसलिम समस्या गहरा गई। कुछ इतिहासकार यह मानते हैं कि खिलाफत आंदोलन ने पाकिस्तान की स्थापना की नींव डाल दी थी। इतिहास के इसी मोड़ पर महात्मा गांधी को यह स्वीकार कर लेना चाहिए था कि उनके पास इस यक्ष प्रश्न का कोई उत्तर नहीं है। लेकिन वे ऐसा करने की बजाय और दृढता से इस प्रश्न का उत्तर देने के लिए संकल्पित हो गए। उन्होंने शासन की लोकतांत्रिक व्यवस्था में मुसलमानों के लिए अलग निर्वाचक मंडल के प्रस्ताव को स्वीकार कर लिया। भीमराव रामजी आंबेडकर इसे मुसलिम तुष्टीकरण की पराकाष्ठा मानते थे और उन्होंने गुस्से में आकर कहा भी कि गांधीजी मुसलमानों को कोरे चैक पर हस्ताक्षर करके दे रहे हैं। इस यक्ष प्रश्न का उत्तर देने के लिए गांधीजी की जिद को ब्रिटिश सरकार एवं मोहम्मद अली जिन्ना दोनों ने ताड़ लिया। जिस रास्ते पर चलकर इस यक्ष प्रश्न का उत्तर तलाशा जा रहा था, उसी रास्ते में घात लगाए बैठे अंग्रेज और जिन्ना उसे उसकी तार्किक परिणति तक ले गए और पाकिस्तान का निर्माण हो गया। भारत खंडित हो गया। लेकिन हिंदू–मुसलिम समस्या का यक्ष प्रश्न खंडित भारत में भी तैरता रहा और एक प्रकार से अब तक तैर रहा है।

महात्मा गांधी के बाद के खंडित भारत में भी निरंतर इस यक्ष प्रश्न के उत्तर

तलाशे जाते रहे। लेकिन वे सभी तुष्टीकरण के धरातल पर जन्मते और वहीं दाना-पानी खाकर विकराल रूप धारण करते रहे। गलत रास्ते पर चलते हुए सही मुकाम पर कैसे पहुँचा जा सकता है ? गांधीजी तो इससे भी आगे जाते थे, गलत साधनों से सही मुकाम पर पहुँच भी जाएँ तो उसे उचित नहीं ठहराया जा सकता और शायद इस मुकाम पर ज्यादा देर तक टिक पाना भी संभव नहीं होगा। यही कारण था कि जिन लोगों ने हिंदू-मुसलिम समस्या का समाधान खोज लेने का ढोल पीटना शुरू किया, उन्होंने मुसलमानों को एकमुश्त वोट पाने का आसान समुदाय मान लिया। इस समुदाय को बहुसंख्यक के नाम से डराते रहो और वोट हासिल करते रहो। बहुसंख्यकों के काल्पनिक खतरे से डरे हुए मुसलमानों को सुरक्षा का आश्वासन देकर उनके एकमुश्त वोटों की सौदेबाजी से बेहतर और लाभदायक व्यवसाय क्या हो सकता है ? सत्ता प्राप्त करने की हड़बड़ी में अनेक राजनैतिक दल तो इस एकमुश्त माल के ग्राहक थे ही। दलालों का व्यापार चल निकला और प्रश्न और भी विकराल होता गया।

ऐसे संक्रमण काल में इंद्रेश कुमार ने इस यक्ष प्रश्न का उत्तर देने का निर्णय लिया। मुसलिम राष्ट्रीय मंच को इस दिशा में यात्रा की शुरुआत माना जा सकता है। यह मंच इंद्रेश कुमार की रचना है। यह अपने आप में बहुत बड़ी पहल थी। इस पहल का महत्त्व इसलिए भी बढ़ जाता है कि इंद्रेश कुमार राष्ट्रीय स्वयंसेवक संघ के प्रचारक हैं। आम आदमी को तो शायद इसमें कोई अनहोनी नजर न आए, लेकिन पिछले छह-सात दशकों से जिन लोगों ने इस प्रश्न का उत्तर देने का सरकारी और गैर-सरकारी उत्तरदायित्व ले रखा था, उनमें खलबली मचना स्वाभाविक ही था। खासकर पिछले दो सौ साल में जो बुद्धिजीवी वर्ग तैयार हुआ है और जिसकी नाभिनाल पश्चिमी अवधारणाओं से जुड़ी हुई है, उनका चिल्ल-पों मचाना समझ में आता है। यह वर्ग शुद्ध भारतीय संकल्पनाओं को भी पश्चिमी अवधारणाओं के आधार पर मूल्यांकित करता है। इन सबसे परे हटकर मुसलिम राष्ट्रीय मंच के माध्यम से इंद्रेश कुमार ने मुसलिम समाज से जुड़े यक्ष प्रश्नों के उत्तर तलाशने की यात्रा शुरू की। यह मंच भारत में एक नई प्रयोगस्थली बना। किसी पीर का जियारतखाना या फिर किसी महात्मा का आश्रम। लेकिन इस नए प्रयोग के परिणामों को उत्सुकता से देख रहे विद्वानों में इस बात को जानने की उत्सुकता विद्यमान रही कि इंद्रेश कुमार ने अपने प्रयोगों को कहाँ से शुरू किया है ? वहाँ से जहाँ महात्मा गांधी इसे छोड़ गए थे या फिर इसके सूत्रों की तलाश किसी और स्थान से की है। यदि गहराई से देखा जाए तो मुझे लगता है कि इंद्रेश कुमार की यात्रा कहीं-न-कहीं

धरती के बहुत नीचे दारा शुकोह के प्रयोगों से जुड़ती नजर आ रही है। लेकिन दोनों में एक मौलिक अंतर विद्यमान है। दारा शुकोह हिंदुस्थान में रह रहे विदेशी मूल के मुसलमानों को भारतीय संस्कृति और दर्शन शास्त्र से परिचित करवाना चाहते थे। उनका यह प्रयास मोटे तौर पर चाहे मध्य एशिया के मुगलों को ही संबोधित था, लेकिन मूल रूप से यह भारत में रह रहे अरबों, तुर्कों, अफगानों, सभी के प्रति था। दारा शुकोह चाहते थे कि इन देशों के जो मुसलमान भारत में बस गए हैं, वे हिंदुस्थान के दर्शनशास्त्र को भी समझें। यह भी ध्यान रखना चाहिए कि उनका यह संवाद उस समय के इसलामी शासक वर्ग से ही था, क्योंकि वे स्वयं भी उसी से ताल्लुक रखते थे। उनका किस्सा गांधी युग की मैडलिन स्लेड से मिलता-जुलता है, जो महात्मा गांधी के प्रभाव में आकर भारतीय संस्कृति और दर्शनशास्त्र से अभिभूत हो गई थीं। लेकिन इन प्रयोगों के लिए दारा शुकोह को भीषण परिणाम भुगतने पड़े। इतिहास की गति भी निराली है। सैकड़ों वर्षों बाद मध्य एशिया मूल के दारा शुकोह के भारतीय संस्कृति और दर्शन शास्त्र के प्रति अनुराग को स्वीकार करते हुए भारत सरकार ने 2017 को दिल्ली में एक सड़क का नाम दारा शुकोह के नाम पर रखा है।

लेकिन इंद्रेश कुमार का यह नया प्रयोग भारतीय मुसलमानों को लेकर ही है। वे अपने प्रयोग में भारतीय मुसलमानों को ही संबोधित कर रहे हैं। तो क्या इसे महात्मा गांधी द्वारा इस क्षेत्र में अधूरी छोड़ी गई यात्रा से जोड़ा जा सकता है? मैं समझता हूँ, इसे उससे नहीं जोड़ा जा सकता। दोनों प्रयोगों में समानता केवल इतनी ही है कि महात्मा गांधी भी भारतीय मुसलमानों को संबोधित कर रहे थे और इंद्रेश कुमार भी भारतीय मुसलमानों को ही संबोधित कर रहे हैं। इसके बाद दोनों के प्रयोगों में अंतर शुरू हो जाता है। महात्मा गांधी अनजाने में भारतीय मुसलमानों को विदेशी मुसलमानों के राजनैतिक खूँटे से बाँधने की ओर चल पड़े थे, जिसका आगे जाकर भयंकर देशघाती परिणाम निकला। गांधीजी तुर्की में खलीफा के पद को दोबारा स्थापित करने के लिए भारतीय मुसलमानों का नेतृत्व कर रहे थे। तुर्की का खलीफा दुनिया भर के मुसलिम देशों का राजनैतिक सदर भी माना जाता था। भारतीय मुसलमानों का पॉलिटिकल सदर भला तुर्की का शासक कैसे हो सकता था? गांधीजी इसे मुसलमानों का मजहबी मामला बता रहे थे, लेकिन यह शुद्ध रूप से राजनैतिक मामला था। ऐसा नहीं हो सकता कि गांधीजी इस अंतर को जानते न हों। लेकिन जैसा कि मैंने ऊपर संकेत दिया है, गांधीजी को लगता था कि अंग्रेजों को भारत से तभी निकाला जा सकता है, यदि इस अभियान में देश के मुसलमान

भी साथ दें। गांधीजी को लगा कि मुसलमान तभी साथ देंगे, यदि तुर्की के खलीफा को उनका पॉलिटिकल सदर मान लिया जाए। लेकिन गांधीजी के दुर्भाग्य से तुर्की के नए शासक कमाल पाशा अता तुर्क ने स्वयं ही खलीफा की इस राजनैतिक संस्था को समाप्त करने में अग्रणी भूमिका निभाई। लेकिन इसके बावजूद गांधीजी इस संस्था की बहाली के लिए डट गए और उन्होंने हिंदुस्तान के मुसलमानों को भी इसमें झोंक दिया, जिनका इस राजनैतिक संस्था से कुछ लेना-देना नहीं था। यहीं से महात्मा गांधी और इंद्रेश कुमार के प्रयोगों की दिशा अलग हो जाती है। इंद्रेश कुमार केवल भारतीय मुसलमानों को संबोधित ही नहीं कर रहे, बल्कि सैकड़ों साल पहले अपनी जिस भारतीय विरासत से वे कट चुके थे, उन सेतुओं के पुनर्निर्माण का भी प्रयास कर रहे हैं। सारा देश इंद्रेश कुमार की इस प्रयोगशाला के परिणामों को उत्सुकता से देख रहा है। यकीनन इसके अच्छे परिणाम आएँगे। पिछले दिनों कुछ मुसलमानों ने कहा था कि वे अपना रमजान का उपवास गाय के दूध से खोलेंगे। सैकड़ों साल से रुकी हवा में यह एक ताजा झोंका था।

लेकिन इस प्रयोगशाला में कार्य कर रहे लोगों का निर्भीक होना इसकी पहली शर्त है। हाल ही में इंद्रेश कुमार ने आग के जिस दरिया को तैर कर पार किया है, उससे यकीनन वे यह शर्त भी पूरी करते हैं। वे भारतीय संस्कृति के जलस्रोत के किनारे पर खड़े होकर यक्ष के हर प्रश्न का उत्तर तलाश रहे हैं और आशा करनी चाहिए कि ये उत्तर भारत की सांस्कृतिक यात्रा के रास्ते के अनेक अवरोधों को हटाने का काम करेंगे। कहा भी गया है, हरि अनंत हरि कथा अनंता। यह एक नई कथा की शुरुआत है, जिसका सुखद अंत होगा, यह आशा करनी चाहिए।

स्वाधीनता दिवस, 2017

—डॉ. कुलदीप चंद अग्निहोत्री
कुलपति
हिमाचल प्रदेश केंद्रीय विश्वविद्यालय
धर्मशाला (हि.प्र.)

अनुक्रम

समरसता–समाज की संजीवनी

सत्य कहा है—"United we stand, Divided we fall", अर्थात् एक़ता में शक्ति है, विभाजन में विनाश है। इसलिए समरस समाज़ ही राष्ट्र की संजीवनी है। समरस समाज का अर्थ है, जहाँ छुआछूत नहीं, नफरत, तनाव व हिंसा नहीं, धर्मांतरण नहीं, भ्रष्टाचार व अपराध भी नहीं, बल्कि प्यार है, भाईचारा है, सेवा है, त्याग है, विकास है, ईमानदारी है। एकरूपता नहीं, आत्मीयतापूर्ण एकता ही एकात्मता है। समानता नहीं, ममतामयी समता ही समरसता है। यह एकात्मता एवं समरसता सर्वशक्तिमान का मातृरूप है।

चिंतन के मूल में व्यक्ति नहीं, परिवारभाव समन्वय को जन्म देता है

समाज का स्वाभाविक अर्थ है कि उसकी कुछ व्यवस्थाएँ हैं और रहेंगी। इसलिए वर्ण व्यवस्था बनी, जो कर्मणा थी, धीरे-धीरे वह जन्मना हो गई। बाल्मीकि, व्यास, विदुर, रविदास आदि संत विद्वान् व ऋषियों की श्रेणी में खड़े इसी सत्य का साक्षात्कार हैं। इस जन्मना कारण से जाति, उपजाति, बिरादरी आदि इस समाजतंत्र का प्रचलन प्रारंभ हुआ। भारतीय संस्कृति में समाज की मौलिक इकाई नागरिक न होकर परिवार है। 'परिवार' का अर्थ है, जहाँ जनमे बालक से लेकर वृद्ध तक (महिला, पुरुष) के संरक्षण एवं संवर्धन की संपूर्ण व्यवस्था है। "It is an automatic Life Insurance System of a Man." भारत में जीवन-बीमा निगम की आवश्यकता नहीं रही, जबकि पश्चिमी वर्तमान नई संभवताओं की यह पक्की आवश्यकता है, क्योंकि वहाँ इकाई परिवार नहीं, व्यक्ति है। यह भी ठीक है कि आज हमारे समाज में भी इसकी आवश्यकता पड़ गई है। कारण स्पष्ट है—लंबी विदेशी गुलामी में जकड़ा समाज, जीवन और उसकी टूटती परिवार इकाई। दूसरी बात, व्यक्ति इकाई होने के कारण पश्चिमी सभ्यताएँ कट्टरवादी बनती गईं, वहाँ समन्वयवादी समभाव विकसित ही नहीं हुआ। भौतिक एव छोटे स्तर पर व्यक्ति प्रभावी, तो समूह अर्थात् समाज के स्तर पर मजहब, यानी Religion प्रभावी। इसलिए एक ही मजहब

(Religion) दूसरा कोई नहीं, का व्यवहार व चिंतन प्रबल होता दीख रहा है। भारत में परिवार अवधारणा में 'पंथ अनेक गंतव्य एक', इस कारण समाज में अनेक पूजा-पद्धतियाँ (मजहब, Religion), जातियाँ आदि दिखाई देती हैं। धीरे-धीरे समाज की वर्ण-व्यवस्था में मानवीय दोष उभरा, छोटे-बड़े, ऊँच-नीच, छुआछूत का और इसी में से आपसी नफरत व हिंसा ने जन्म लिया। केवल इतना ही नहीं, कहीं-कहीं पूजा-पद्धतियों का अभिनिवेश जागा, जिसके कारण पांथिक टकराव उभरने लगा। प्रांत-भाषा के नाम पर भी आपसी विवाद बढ़ने लगे, जिसके कारण भारतीय समाज में अनेक कुरीतियों ने जन्म लिया और वे सभी आज हमारे समाज को घुन की तरह खा रही हैं। परंतु एक बात ध्यान में रखने की है कि ये (ऊपर वर्णित) दोष हिंदुत्व (चिंतन, दर्शन) के नहीं हैं, बल्कि हिंदू में आए दोष हैं।

'ताकतवर जिएगा' से शोषण, 'जियो मगर दूसरों के लिए' से समरसता पैदा होती है

धीरे-धीरे जब समरस समाज का ढाँचा बिखरने लगा, इसका ताना-बाना टूटने लगा, तो मनुष्य की महानता में एक और गिरावट आई और वह थी कि 'जियो मगर दूसरों के लिए' सिद्धांत का व्यवहार में से लोप हो गया और वह भाव जब कम हुआ तो 'जियो और जीने दो' से भी भटकते-भटकते मानव सभ्यताएँ पहुँच गईं 'ताकतवर जिएगा' अर्थात् "Survival of the Fittest"। इस कारण जन, पद, शरीर, धन व शस्त्र की ताकत जिसके पास होगी, वही राज करेगा, उसी का सम्मान होगा। इसका परिणाम निकला कि ईमानदारी, सेवा, त्याग भी एक व्यापार बन गया और समाज में घूसखोरी, मिलावट, हिंसा, अपराध बढ़ने लगे। प्रत्येक स्तर पर दुनिया इस होड़ में लग गई कि स्वयं को कैसे अधिक ताकतवर व प्रतिष्ठित किया जाए। प्रत्येक समाज भी धीरे-धीरे इसी रंग में रँगा जाने लगा। गुणों से तथा स्वभाव से बड़ा यह भाव गौण हो गया। ताकत (शरीर व शस्त्र) से धन, पद, शिक्षा व आयु से बड़ा यही प्रधान हो गया। इसके लिए एक-दूसरे को गिराने व पछाड़ने की प्रतिस्पर्धा समाज के व्यवहार में पैदा हो गई। उसका परिणाम है बढ़ती अराजकता। भारत 'जियो मगर दूसरों के लिए' के सिद्धांत पर विश्वगुरु की उपाधि से नवाजा गया, जबकि अमेरिका, अरब 'ताकतवर जिएगा' के सिद्धांत पर आज अड़े हैं।

विदेशी ताकतों ने इसका लाभ उठाया। साम्राज्यवादियों ने भारत में तरह-तरह से घुसपैठ कर आक्रमण शुरू कर दिए। आस्थाएँ हिल चुकी थीं, एकता बिखर गई थी, इसका परिणाम निकला कि हमें एक लंबी गुलामी से संघर्ष की यात्रा से गुजरना

पड़ रहा है। आज भी हम स्वतंत्रता के 55 वर्ष के पश्चात् उसी संघर्ष के दौर से गुजर रहे हैं। विद्वान् एवं लेखक श्री कु.सी. सुदर्शन सरसंघचालक कहते हैं कि हमें स्वतंत्रता मिली है, परंतु स्वावलंबन, समरसता, स्वदेश यानी सुराज अभी शेष है।

समाज की ताकत व खुशहाली का मापदंड कमजोर व पिछड़े के ममतापूर्ण विकास में

इस वर्तमान के नाना रूप धारण किए राक्षस को अगर मारना है, तो हमें समरस समाज जीवन को खड़ा करना होगा। सच कहा है कि Strength of the chain lies in the weakest Link of the chain, एक सशक्त शृंखला है, मजबूत है, एकजुट है, परंतु अगर उसकी एक कड़ी भी कमजोर है, तो जंजीर के उपयोग करते समय वह वहाँ से टूट सकती है। अक्लमंद दुश्मन भी कमजोर कड़ी पर प्रहार कर अपना मार्ग साफ कर लेता है। दुष्टताएँ (अपराध, भ्रष्टाचार, बीमारी आदि) भी व्यक्ति, समाज व राष्ट्र के इन्हीं मर्मस्थलों पर आक्रमण कर सशक्त व्यक्ति, समाज व राष्ट्र को असहाय बना देती हैं। इसलिए स्वदेशभाव से ओत-प्रोत, स्वावलंबी एवं समरस समाज ही विश्व में व्यक्ति/परिवार की खुशहाली, समाज/राष्ट्र की मजबूती एवं विकास तथा मानवता के लिए शांति, भाईचारे का संदेश हो सकता है। जब समाज समरस होगा, तो वह स्वदेशभाव से ओत-प्रोत होगा, जब समाज स्वदेशभाव से भरपूर होगा, तभी वह स्वावलंबी बनेगा। इसलिए चौतरफा प्रयास करने होंगे।

कोसने से नहीं, करने से ही समरसता संभव

आज हमारे भारतीय समाज को मजहबवाद, जातिवाद, भाषा-प्रांतवाद डस रहा है। इसलिए आवश्यकता है इन वादों पर प्रहार कर इनको ध्वस्त करने की। इसके लिए पद्धति है कि आम समाज को इन खतरों के प्रति जाग्रत् किया जाए। यह तो आवश्यक है ही, परंतु इतने से काम नहीं चलेगा। कहा जाता है कि It is better to lit a lamp than to curse the darkness अर्थात् बुराइयों को, अँधेरे को कोसते रहने से अच्छा है कि आप अच्छाई का, उजाले का एक छोटा उदाहरण प्रस्तुत करें, जिससे बुराई, अँधेरा भाग खड़ा होगा। अपने देश में पिछले सैकड़ों वर्षों में समरसता निर्माण हेतु संतों, विद्वानों, धर्माचार्यों, समाजसेवियों ने नानाविध प्रयोग व प्रयत्न किए हैं, जिसमें स्वामी दयानंद, विवेकानंद, गुरु नानकदेव से गुरु गोबिंद सिंह तक, महात्मा गांधी, सावरकर, डॉ. हेडगेवार, कूका रामसिंह (नामधारी), बाबाराव अंबेडकर, महात्मा फुले, अमृतानंदमयी माँ, राधास्वामी, निरंकारी, गायत्री

परिवार, स्वामीनारायण, हरे कृष्णा, रामकृष्ण मिशन, सेवाश्रम संघ एवं अनेक कथावाचक आदि के प्रयत्नों ने समाज को तोड़नेवाली राक्षसी प्रवृत्तियों व प्रयत्नों पर भरपूर आक्रमण करते हुए नाम, नारे व कार्यक्रम देकर समरसता का संरक्षण व संवर्धन करने का काम किया है। हर लघु प्रयत्न को सराहना होगा। आज का लघु कल का विराट् है। आज का बूँद-बूँद, कल का महासमुद्र है।

राम : रूढ़ियों को तोड़ने का संदेश

समरस समाज रचना व जीवन का विचार करना है तो उसके लिए 'राम' का जीवन सबसे उत्कृष्ट है। राम, लक्ष्मण और सीता ने चौदह वर्ष के वनवास में सरयू पार करते समय 'केवट' को गले लगाकर भक्त व भाई बनाया। सीता अपहरण के पश्चात् उसके खोजते समय 'जटायु गिद्ध' का संस्कार कर उसे पितारूप बनाया और स्वयं पुत्ररूप बने। ऊँची जाति, विद्वान्, ऋषि, सेनापति, मंत्री, धनपतियों को छोड़ तथाकथित एक गरीब, अनपढ़ व छोटी जाति की महिला 'भीलनी (शवरी)' की कुटिया में गए। इन सभी वर्णों व वर्गों के समूह में से कुछ ने सोचा 'प्रभु' से Protest करेंगे। प्रभु के आतिथ्य में जुटी 'भीलनी' के सामने यक्ष प्रश्न था कि 'प्रभु' को जहरीला व बेस्वाद न दिया जाए। फलों अर्थात् खाद्यान्न को स्वयं चखा, ताकि कष्ट भक्तिन को हो, सेवक को हो, न कि प्रभु को। प्रभु ने लीला रची, रामजी ने फल खा लिए, लक्ष्मण ने फेंक दिए। राम समरसता के प्रतीक बने, लक्ष्मण रूढ़ियों में फँस गए। इतिहास और समय ने तुरंत फैसला कर दिया। कहते हैं, इतिहास और समय किसी के गुलाम नहीं हैं। इसलिए मंत्र बन गया 'श्री राम जय राम जय-जय राम'। दो लोग कहीं भी मिले, अभिवादन में कह उठे 'राम-राम'। आज तक किसी ने मिलने पर 'लक्ष्मण-लक्ष्मण' नहीं कहा और न ही मंत्र बना 'श्री लक्ष्मण जय लक्ष्मण जय-जय लक्ष्मण।' राम मंत्र बन भगवान् बन गए, लक्ष्मण महापुरुषों, देवताओं की श्रेणी में खड़े कर दिए गए। परंतु एक विचित्र विडंबना वर्तमान समाज में दिखाई देती है। वह जपता राम को है, परंतु करता-मानता लक्ष्मण की है। 'रामजी' से सरेआम, दिनदहाड़े बेईमानी, धोखा नहीं चलेगा। आज आवश्यकता है राम को जपो और राम का किया ही करो। इस समग्र समाज में समरसता की क्रांति हेतु प्रत्येक नेतृत्वकर्ता को स्वयं का उदाहरण प्रस्तुत करना होगा। इसलिए मेरा, आपका घर, परिवार व उसकी रसोई व ड्राइंग-रूम ऐसा होगा, जिसमें उन्हीं बरतनों में और उन्हीं कमरों में सोफासैट पर सभी एक साथ बैठते हैं, खाते हैं। ग्रंथों में 'प्रभु' ने किसी से नफरत करना नहीं सिखाया है।

रा.स्व.से. संघ सामाजिक व्यवस्था में समरता की क्रांति है

आज समाज में इस दृष्टि से अनेक संस्थागत आंदोलन कार्यरत हैं। इसी में बिना नाम व नारे के एक आंदोलन को सन् 1925 में नागपुर में, विजयादशमी के दिन डॉ. केशव बलिराम हेडगेवार ने जन्म दिया। आज सन् 2005 में इस आंदोलन के 79 वर्ष बीतकर 80 वर्ष पूर्ण होने जा रहे हैं। इस आंदोलन का नाम है—राष्ट्रीय स्वयंसेवक संघ (आर.एस.एस.)। मैंने इस आंदोलन का गहराई से अध्ययन किया है। इस आंदालेन को एक नया नाम दिया गया 'Ready for selfless service', परंतु अब एक और नया नाम दिया जा सकता है 'Revolution in social system' अर्थात् सामाजिक समरसता की क्रांति या सामाजिक व्यवस्था में क्रांति। आज इसके 40 से 50 लाख तक स्वयंसेवक हैं, और 8 करोड़ के लगभग छोटे-बड़े, अमीर-गरीब, पढ़े-लिखे-अनपढ़, ग्रामीण-शहरी, मजदूर-व्यापारी, कर्मचारी-अफसर, विद्यार्थी, विद्वान्, महिला-पुरुष इस आंदोलन से, विचार से, क्रांति से जुड़ चुके हैं। इसमें भारत के सभी मजहब (बौद्ध, जैन, आर्यसमाजी, सिख, वैदिक, सनातनी, शैव, वैष्णव, ब्रह्मकुमारी, राधास्वामी, निरंकारी, गायत्री, कबीरपंथी, बाल्मीकि, रैदासी, अंबेडकरवादी, द्वैत, अद्वैतवादी, प्रकृतिपूजक, भगवान् को न मानने वाले आदि-आदि) आते हैं। यह आंदोलन भारत के सभी प्रांतों व भाषा-बोलियों का संगम है। इस प्रवाह में सभी जातियों, उपजातियों अर्थात् पिछड़ों को एक साथ खड़े देखा जा सकता है। जब संघ स्वयंसेवक सड़क पर निकलते हैं, तो कोई यह नहीं कहता कि ये इस पूजा-पद्धति अथवा पंथ के हैं। न ही कोई यह कहता है कि ये किसी भाषा, प्रांत के, राजस्थानी, बंगाली, असमिया, कन्नड, पंजाबी, डोगरे हैं। न ही किसी एक विशेष जाति-उपजाति अर्थात् ब्राह्मण, बनिए, राजपूत, खत्री, भंगी, जाटव हैं। सभी कहते हैं कि ये शाखावाले हैं, संघी हैं, स्वयंसेवक हैं। संघ ने बिना नारा, बिना नाम चुपचाप सतत साधना (प्रयत्नों) से मजहबवाद, जातिवाद, भाषा-प्रांतवाद पर विजय प्राप्त कर दिखाई है। संघ के तृतीय सरसंघचालक प्रसिद्ध समाज संगठक एवं समाजसेवी श्री बालासाहब देवरस ने तो छुआछूत पर आधात करते हुए कहा, 'अगर छुआछूत पाप नहीं तो दुनिया में कुछ भी पाप नहीं।' आज आवश्यकता है इस क्रांति को, परिवर्तन को, संघस्थान से निकालकर जन-जन में, घर-घर में ले जाया जाए। कार्य कठिन नहीं हैं, केवल एक बार मानसिकता बनाने की आवश्यकता है।

राजनीति से ऊपर उठने पर ही समरसता संभव

आज एक नए प्रकार के अलगाव ने, हिंसा ने भी स्वतंत्र भारत में जन्म लिया है और जोर पकड़ा है, जिसका स्वरूप राजनैतिक है। आज राजनैतिक दल व नेता मजहबवाद, जातिवाद, भाषा-प्रांतवाद को भड़काकर अपने-अपने दल की राजनीति करते दिखाई दे रहे हैं। राजनैतिक असहिष्णुता बढ़ी है। वोट बैंक की राजनीति ने समाज को घेर लिया है। सत्य कहा है 'राजनीति तोड़ती है, धर्म जोड़ता है'। धर्म का अर्थ है—मानवतावाद अर्थात् सर्वपंथ समभाव, सर्वजाति समभाव, सर्व प्रांत-भाषा समभाव का प्रगटीकरण। भारतीय सांस्कृतिक जीवनमूल्य ही इस धर्म की परिभाषा को प्रकट करते हैं, क्योंकि हिंदूत्व भारत के संदर्भ में भारतीयत्व है, विश्व के संदर्भ में यह मानवीय है। हिंदुत्व का प्रथम संदेश है 'वसुधैव कुटुंबकम्' किंतु आगे की यात्रा में वह उचारता है—''प्राणियों में सद्‌भावना हो, विश्व का कल्याण हो, एक सद् विप्रा बहुधा वदन्ति, सर्वे भवन्तु सुखिना, ईंमानदारी ही जीवन है, जियो मगर दूसरों के लिए, वीर भोग्या वसुन्धरा, कृष्णवन्तो विश्व आर्यम् (विश्व को श्रेष्ठ करना)।'' यह कोई पूजा-पद्धति नहीं है। भारत के सर्वोच्च न्यायालय ने भी इसे स्पष्ट किया है। जो इसे पूजा-पद्धति मानकर, चिंतन कर प्रतिक्रिया करते हैं, उनसे निवेदन है कि वे अपने दुराग्रहों को त्यागकर सत्य के धरातल पर खड़े हों, चितंन करें। इसलिए राजनैतिक, आर्थिक एवं बौद्धिक भ्रष्टाचार के दूषण से भी सांस्कृतिक जीवन-मूल्यों की रक्षा करने हेतु जुटने का संकल्प लेकर समरस समाजजीवन की रचना करनी होगी। सामाजिक प्रयत्नों के साथ-साथ लोकतांत्रिक प्रणाली को मजहबी, जातीय, भाषायी, प्रांतीय वादों से बचाना होगा। इसके लिए राजनैतिक स्तर पर कानून को अल्पसंख्यक-बहुसंख्यकवाद से मुक्त कर, समान नागरिक आचार-संहिता को लाना होगा, जिसमें कमजोर, गरीब, पिछड़े, निरक्षर के संरक्षण व संवर्धन की पूर्ण गारंटी हो।

रामराज्य की धरोहर समरसता

प्रभु रामजी ने 14 वर्ष के बनवासी जीवन में समरस जीवन के निर्माण का विलक्षण कार्य किया और वह रावणरूपी वैश्विक आतंकवाद, भ्रष्टाचार, व्यभिचार, असहिष्णुता, अलगाववाद को नष्ट कर एक विकसित, सुरक्षित, खुशहाल राज्य की स्थापना कर सके, जिसे विश्व 'रामराज्य' कहता है। 'रामराज्य' समरस समाजजीवन के मार्ग से चलकर मिली मंजिल है। समरस समाज ही आज के आतंकवाद, भ्रष्टाचार, प्रदूषण, विदेशीयत से सुरक्षा की संजीवनी है।

□

चरित्र निर्माण में शिक्षा का महत्त्व

क्या शिक्षा का अर्थ है—पढ़ना और पढ़ाना या सीखना और सिखलाना? शिक्षा मात्र पढ़ना और पढ़ाना नहीं, बल्कि सच्ची शिक्षा सीखना और सिखलाना है। सिखलाने में गुरुता का बोध है, सीखने में गुरुता की शालीनता (नम्रता) है। यह किन्हीं दो के बीच का आदान-प्रदान है। नानाविध उदाहरणों से चिंतन में आगे बढ़ेंगे।

अधिक ज्ञान प्राप्ति का प्रयास

राष्ट्रीय स्वयंसेवक संघ के संस्थापक डॉ. केशव बलिराम हेडगेवार अपने अंतिम दो-तीन वर्षों में असाध्य रोग से ग्रस्त हो चुके थे। सन् 1939-40 में नेताजी सुभाषचंद्र बोस और फिर डॉ. श्यामा प्रसाद मुखर्जी संघ कार्य को जान चुके थे; वे देश की गंभीर परिस्थितियों पर वार्त्तालाप हेतु डॉ. हेडगेवार से मिलने अलग-अलग समय पर आए। गंभीर अस्वस्थता के कारण सुभाष बाबू और डॉ. हेडगेवार में वार्त्ता नहीं हो सकी, परंतु शांत भेंट में मूक वार्त्ता हो गई। जब डॉ. मुखर्जी मिलने आए, उस समय डॉ. हेडगेवार निद्रा में थे। उनकी प्रत्यक्ष देखभाल में जुटे श्री माधव सदाशिव गोलवलकर (गुरुजी) ने कहा कि वे विश्राम में हैं, जागने पर उन्हें अपार पीड़ा होती है, आप जो भी जानकारी एवं विषय पर चर्चा करना चाहते हैं, मैं प्रस्तुत हूँ। वार्त्तालाप में डॉ. मुखर्जी के प्रत्येक प्रश्न का उत्तर गुरुजी दे रहे थे। इसके बावजूद प्रत्येक उत्तर के पश्चात् डॉ. मुखर्जी कहते 'परंतु' और एक नया प्रश्न खड़ा हो जाता¨। इसी बीच डॉ. हेडगेवार के खाँसने व कुछ बोलने का आभास हुआ। डॉ. मुखर्जी गुरुजी के साथ कक्ष में घुसे। परिचय व प्रणाम के पश्चात् डॉ. हेडगेवार ने अति सीमित शब्दों में डॉ. मुखर्जी से संवाद में उत्तर दिया। पीड़ाजनक स्थिति देख डॉ. मुखर्जी ने यह कहते हुए विदा ली—"Now I am totally convinced & satisfied". श्रीगुरुजी इस घटना की चर्चा करते हुए बताते थे कि मैं रातभर सोचता रहा कि मैंने विस्तार से तर्कसहित वही उत्तर दिए, पर डॉ. मुखर्जी का 'परंतु' बना रहा और डॉ. हेडगेवार ने बहुत कम व सामान्य शब्दों में कहा, तो डॉ. मुखर्जी पूर्णतया संतुष्ट गए। कारण ध्यान में आया, मैं शब्दों से बोलता था, जबकि डॉ. हेडगेवार का जीवन बोल रहा था। शिक्षा शब्दों से नहीं, आचरण (जीवन) से होती है।

समरस मन, संवेदनशील भाव

महर्षि दयानंद सरस्वती एक छोटी सभा में वार्त्तालाप में व्यस्त थे। वहाँ एक सज्जन उनके लिए चाय व कुछ खाने की वस्तु लेकर आए। वैसे चाय-पान सभी के लिए परोसा जा रहा था। वहाँ बैठे दो-तीन बंधु बोले, स्वामीजी, यह तो नाई की चाय है, इसको मत लें। स्वामीजी बोले, चाय नाई और ब्राह्मण नहीं होती, चाय तो दूध, पानी व पत्ती से होती है। मनुष्य भी नाई और ब्राह्मण नहीं होता है, वह तो उसका कर्म अथवा व्यवसाय है। स्वामीजी ने अति आनंद से चाय स्वीकार की। मनुष्य पढ़ा-लिखा है, परंतु मन व घर छुआछूत से भरा है, क्या उसे शिक्षित कहेंगे? मन व घर को छुआछूत मुक्त करना भी तो शिक्षा का महत्त्वपूर्ण पहलू है।

उपदेश नहीं, आचरण

एक बार एक माँ अपने बेटे को लेकर एक संत के पास गई। चरण वंदना कर बोली, 'महाराज मेरी एक समस्या का समाधान कर दीजिए। यह बालक बहुत अधिक मीठा खाता है। बहुत समझाया, पर मानता नहीं है, इसके कारण अनेक बीमारियों ने इसे घेर लिया है तथा यह जिद्दी व चिड़चिड़ा भी हो गया है। दवाइयों का खर्चा भी बढ़ गया है। इसका मीठा खाने का व्यसन छुड़वा दीजिए।' संत ने माँ की वेदना सुनी, बालक को देखा और कहा, 'एक मास के पश्चात् आना।' ऐसे तीन-चार बार वे माँ (भक्तिन) व बेटे को बुलाते रहे। कुछ मास के पश्चात् संतजी बालक के सिर पर हाथ रखकर बोले, 'बेटा, अब मीठा नहीं खाना, यह तुम्हारे व घर के लिए कष्टदायक है। बोलो बेटा, अब मीठा तो नहीं खाओगे।' बालक बोला, 'गुरुजी अब मीठा नहीं खाऊँगा।' माँ ने यह सब देखा, चेहरे पर और जिह्वा से प्रश्न उभरा, 'महाराज, यह बात आपने प्रथम बार में ही क्यों नहीं कही?' संत बोले, 'माँ, मैं भी मीठा खाता था, मैंने उसे छोड़ने का अभ्यास किया और जब मुझे विश्वास हो गया कि मैंने स्वयं को नियंत्रित कर लिया है, तब मैंने बालक को

कहा।' शिक्षा के लिए वैसा ही अभ्यास स्वयं को करना पड़ता है, सिखलाने के लिए सीखना पड़ता है और एक कदम आगे चलना होता है। इसी प्रकार का एक प्राचीन उदाहरण गुरुकुल में पढ़ते समय आचार्य और युधिष्ठिर का भी आता है। जब आचार्य ने पाठ पढ़ाया—'सदा सच बोलो, झूठ बोलना पाप है', सब बालकों को याद हो गया, परंतु युधिष्ठिर ने जब इसका प्रयोग स्वयं पर सिद्ध कर लिया तब तक उपेक्षा, हँसी, डाँट व मार सही, परंतु यह नहीं कहा कि मुझे पाठ याद हो गया। वह तभी कहा, जब उस पर बालक युधिष्ठिर चल पड़ा।

अपना-पराया कौन इसकी पहचान

एक ऑस्ट्रेलियन परिवार दिल्ली अपने एक भारतीय मित्र के परिवार में आकर रुका। दिसंबर मास था। एक दिन भ्रमणार्थ 'इंडिया गेट' गए। कुछ चटपटा (भेलपुरी, गोल-गप्पे, चना जोर गरम आदि) खाने की इच्छा से एक गरीब व आज की भाषा में अनपढ़ महिला, जो कि खाने का चटपटा सामान बेच रही थी, के पास पहुँचे। उसी समय उस भारतीय महिला का एक परिचित परिवार वहाँ मिल गया। वह उनसे बातें करने लगी। खाने का सामान लेने के पश्चात् जब पैसा दे रहे थे तो इस भारतीय महिला को लगा कि कीमत बहुत अधिक माँगी जा रही है। इस भारतीय महिला ने सामान बेचनेवाली भारतीय महिला को कहा, 'इनको विदेशी व गोरे समझकर तू तीन-चार गुणा दाम लेकर इन्हें लूट रही है, यह अच्छा नहीं है।' इस पढ़ी-लिखी महिला में एक भाव जाग्रत् हुआ कि इससे अपने देश भारत की छवि बिगड़ेगी और यह मेरे एक परिचित को लूट रही है। तुरंत उस अनपढ़ व गरीब महिला ने कहा, 'बहन, यह तो बता कि जब ये गोरे 300-400 वर्षों से हमें लूट रहे थे और मार रहे थे, तू उस समय कहाँ थी, ये तो तेरे हमदर्द हो गए और मैं परायी हो गई।' क्या पढ़े-लिखे होना ही देशभक्ति है या देशभक्ति एक अलग ही शिक्षा है?

विदेश प्रेम नहीं, स्वदेश प्रेम

ईश्वरचंद्र विद्यासागर अपने सामान्य भारतीय वेशभूषा में अंग्रेज शासन द्वारा आयोजित एक सरकारी आयोजन में पहुँचे। विशेष अतिथि होने पर भी टाई, पैंट, कोट पहननेवाले बंधुओं का गरिमामय स्वागत था। एक-दो स्थान पर तो आयोजनकर्ताओं को यह ध्यान में ही नहीं आया कि आज के आयोजन में यह भारतीय साधारण वेशभूषा वाला व्यक्ति भी विशिष्ट मेहमान है। कुछ स्थान पर यह पता चलने पर भी

स्वागत में गर्मजोशी नहीं थी। गोष्ठी के पश्चात् भोजन का आयोजन था। जब सभी मेहमान भोज हेतु उपस्थित थे तो ईश्वर चंद्र विद्यासागर सब्जी लेकर अपने कपड़ों पर उलटने लगे। उन्हें देखकर लोगों ने कहा, 'आप यह क्या कर रहे हो? यह तो सरासर अंग्रेज सरकार का अपमान है।' इस पर ईश्वरचंद्र विद्यासागर बोले, 'भई, यह सभा ऐसी है, जिसमें शिष्टता व शिक्षा का नहीं, कपड़ों, पद व चापलूसों का महत्त्व है, इसलिए सोचा कि भोजन मुझे नहीं, कपड़ों को खिलाना चाहिए।' इसी प्रसंग पर मुझे दूसरी घटना स्मरण हो उठती है। जब विदेश में स्वामी विवेकानंद ने कहा था, "In your country tailor makes the man, in my country (BHARAT) Character makes the man". शिक्षा चमक, दमक व विदेश-परस्ती नहीं, बल्कि स्व के गौरव का भाव है।

समाज हित में ही व्यक्ति हित

प्राचीन इतिहास की दो घटनाएँ स्मरण होती हैं। रामायण काल में राम, लक्ष्मण, सीता वनवास में थे। सूर्पणखा अति सुंदर, मोहक, ऐश्वर्यशाली रूप में पहले वनवासी राम व फिर वनवासी लक्ष्मण के पास आई और विवाह के द्वारा सुख की कामना करते हुए सब दुःखों से छुटकारे की गारंटी दी। इनकार करने पर ध्यान में आया कि सीतारूपी संस्कृति संभवतया बाधा है और सूर्पणखा माँ सीता पर झपट पड़ी। दूसरी घटना महाभारत काल की है, जब पूतना अति सुंदर, मोहक व ऐश्वर्यशाली सभ्यता के रूप में वृदांवन आई और शिशु केशव को दुग्धपान कराने लगी। वृंदावनवासियों की गरीबी व दुःख दूर करने की दुहाई देने लगी। अगर हमारे पूर्वज उन षड्यंत्रकारियों की सुंदरता, सेवा, सहायता व ऐश्वर्य के शिकार हो जाते और उसके पीछे छिपे षड्यंत्र को न पहचानते तथा भूल कर बैठते एवं दुष्टता को दंडित करने की बजाय गले लगा लेते तो क्या रामराज्य, धर्मराज्य स्थापित हो पाता? अपने और पराए, देशी और विदेशी, व्यक्ति हित से बढ़कर समाज हित का बोध जिसमें हो, वह शिक्षा है।

प्रत्येक शिक्षित हो

वर्तमान में शिक्षा को केवल व्यावसायिक शिक्षा मानकर रोजगार उन्मुखी कर देने से गरीबी, बेरोजगारी, अपराध, व्यसन, भ्रष्टाचार, तुष्टीकरण, अलगाव, तस्करी, धर्मांतरण आदि संकट बढ़े हैं। केवल मजहबी शिक्षा से कट्टरता, आतंक, घुसपैठ, हत्याएँ, जनसंख्या विस्फोट आदि क्रूरताएँ बढ़ी हैं। वास्तव में शिक्षा का

अर्थ तो जीवन का संपूर्णता में विकास अर्थात् व्यक्ति के व्यक्तित्व का निर्माण है। इसलिए शिक्षा का सभी पहलुओं से यानी समग्रता में विचार करना आवश्यक है। आज एक प्रश्न और भी खड़ा होता है—एक किसान, मजदूर, झाड़ू लगानेवाला, बरतन माँजनेवाली, कपड़े धोनेवाला, रोड़ी कूटनेवाला, पॉलिश व सफेदी करनेवाला, रिक्शा चलानेवाला, खेल-खिलौने बनाने व बेचनेवाला, स्कूटर व मशीन मरम्मत करनेवाला, जूता गाँठनेवाला, रसोई बनानेवाली अर्थात् कोई भी काम करनेवाला पढ़ा-लिखा क्यों नहीं होना चाहिए और पढ़े-लिखे बंधु/भगिनी को ये सब काम करने में क्यों संकोच होना चाहिए? शिक्षा से रोजगार मिलना चाहिए और जो भी रोजगार है, इसे वह अच्छे से करता है, इस प्रकार शिक्षा को स्थापित करना चाहिए।

स्वयं से समाज से राष्ट्र तक निर्माण वाली शिक्षा

शिक्षा से विनाश नहीं विकास, प्रदूषण नहीं पर्यावरण, भोग नहीं त्याग, हिंसा नहीं अहिंसा, अशांति नहीं शांति, व्यभिचार नहीं सदाचार, भ्रष्टाचार नहीं ईमानदारी, टकराव नहीं भाईचारा, अहंकार नहीं विनम्रता, विषमता (छुआछूत) नहीं समरसता, पंथवाद (मजहबवाद) नहीं एकात्मता, मैं नहीं हम, नंगापन नहीं शालीनता पनपनी चाहिए। स्वादिष्ट भोजन बनाना, बड़े बुजुर्गों व अतिथि का सम्मान करना, खेल को खिलाड़ी की भावना से खेलना, शरीर स्वस्थ रहना, परिवार व समाज में सम्यक् व्यवहार, प्रभु स्मरण करना, संगीत हो या नृत्य, कला हो या हथकरघा, भाषा हो या वेशभूषा, लेखन हो या किसी देश से संधि करना, गरीब व दुःखी की सेवा-सहायता, सब कुछ योग्य रूप से करना आना ही शिक्षा है। विकास व सुरक्षा के नए-नए पहलुओं का अध्ययन करना व उपाय खोजना वैश्विक स्पर्धा में स्व को ध्यान में रखकर नेतृत्व करने की क्षमता निर्माण करना, व्यक्ति, समाज व राष्ट्र के नव-निर्माण का योग्य मार्ग व साधन है शिक्षा।

□

हिंदुत्व पर हो रहे हमले को समझिए

श्रेष्ठ एवं वरिष्ठ, जिन्होंने अपना जीवन भारत माता की सेवा में अर्पित कर दिया है, राजस्थान क्षेत्र के ऐसे प्रचारक बंधु यहाँ उपस्थित हैं। विश्व का एक सिद्धांत है, जो धरती का नाम होता है, वही समाज का नाम होता है। इसको आप लोग अच्छी तरह से जानते हैं, सब अधिकारियों से अनेक बार इसको सुना भी है। इस सिद्धांत के अनुसार हम आर्य हैं आर्यावर्त के कारण, भारतीय हैं भारतवर्ष के कारण, हिंदू हैं हिंदुस्थान के कारण।

परंतु आज हिंदू को संकुचित सांप्रदायिक घोषित किया जा रहा है। राष्ट्रीय स्वयंसेवक संघ अपने प्रारंभ से ही इस बात को लेकर चला कि भारत हिंदू राष्ट्र है। समाज हिंदू है, इसलिए हिंदू संगठन करना है। इसका जो चिंतन है, दर्शन है, वह हिंदुत्व है, जो विश्व का मानवीय चिंतन है, इस धरती का राष्ट्रीय चिंतन है, उसकी पुनः प्रतिष्ठा हमें करनी है। जो इसके अंदर कमजोरियाँ हैं, समय के प्रवाह के साथ आई हैं, उन कमजोरियों को दूर करना हमारा कर्तव्य है। इस पर जो आक्रमण हैं, उन आक्रमणों का विरोध करना, इस विचार की सुरक्षा करना और इस विचार की प्रतिष्ठा भी करना हमारा कर्तव्य है, इसको हम पूरा करेंगे। इसलिए सन् 1925 में राष्ट्रीय स्वयंसेवक संघ प्रारंभ हुआ। अभी चंडीगढ़ में विश्व हिंदू परिषद् का हिंदुत्व चिंतन शिविर था। अस्सी-बयासी के लगभग देशभर के और चार-पाँच विद्वान् बाहर के देशों से एकत्र थे। मैं भी उसमें एक दिन के लिए रहा था। राष्ट्रीय और वैश्विक परिप्रेक्ष्य में हिंदुत्व परिभाषित किया जाए और उस पर होनेवाले आक्रमणों का भी विचार किया जाए। ऐसा ही एक हिंदुत्व चिंतन शिविर फिर जनवरी में है। एक बात ध्यान में आती है कि 'एम-चार' का आक्रमण हम पर हो रहा है। मरियम पुत्र ईसा और उस विचार को लेकर माननेवाले धर्मांतरणवादी लोग और साम्राज्यवादी-विस्तारवादी लोगों का इस चिंतन पर पहला आक्रमण है। दो हजार साल पहले यह प्रवाह जन्मा और विश्व

भर में फैला और इस समय बहुत ताकतवर है। 105 के लगभग ईसाई देश विश्व भर में माने जाते हैं।

इस समय जनसंख्या में सर्वाधिक यही लोग हैं। विश्व की जनसंख्या में इनकी संख्या डेढ़ अरब के लगभग है। दूसरा जो आक्रमण माना जाता है, वो मोहम्मद को माननेवालों का है, जो 14 सौ वर्ष पूर्व प्रवाह प्रारंभ हुआ। 57 के लगभग इसके देश हैं। विश्व के अंदर नंबर दो पर इनकी जनसंख्या है। तीसरा प्रवाह माना जाता है मैकाले का, जो लगभग ढाई सौ वर्ष पूर्व प्रारंभ हुआ। आज अपने देश के अंदर जिनको 'स्यिडो सेकुलरिस्ट' कह देते हैं, तथाकथित मानवाधिकार समूह कह देते हैं, वह सारे इस रूप में दिखाई देते हैं, जिनका कोई निश्चित देश तो नहीं है, परंतु जिनका चिंतन निश्चित है और व्यवहार निश्चित है।

चौथे हैं, जिनको मार्क्स पुत्र कहते हैं। जो कम्युनिस्ट के रूप में आज दुनिया में हैं। चीन को मिलाकर लगभग 9 देश बनते हैं। इस विचार को माननेवाले संप्रदाय, मजहब, रिलिजन को नहीं मानते हैं। इसलिए ये किसी संप्रदाय के रूप में तो नहीं हैं परंतु विचार और व्यवहार शैली के रूप में हैं। यह भी 200 वर्ष पूर्व प्रारंभ हुआ। ये हैं एम-चार—यानी मरियम पुत्र ईसा, मोहम्मद, मैकाले और मार्क्स। ये चारों हमारे चिंतन की दृष्टि से, भूगोल की दृष्टि और इतिहास की दृष्टि से विदेशी हैं। ये चारों बड़े शक्तिमान भी हैं। इनके पास धन बहुत है, सत्ता भी है, शस्त्र भी हैं और वर्तमान का जो सबसे ताकतवर हथियार माना जाता है 'मीडिया,' इस पर भी कहीं-न-कहीं इन चारों के ही कब्जे हैं। यानी विश्व के अंदर हमें जितना कलुषित किया जा सकता है, बदनाम किया जा सकता है, जितना अंधकारमय दिखाया जा सकता है और तरह-तरह से अपराधी घोषित किया जा सकता है, वे सारे प्रयत्न इन सब ताकतों द्वारा मीडिया के माध्यम से होते हैं। विश्व के अंदर वर्तमान के लिए कहा भी गया है कि It is an era of Information Technology, यानी यह सूचना-तंत्र का युग है, इसलिए जितना भी संघर्ष है, वह सूचना-तंत्र के माध्यम से लड़ा जा रहा है। इसलिए इन चारों ताकतों, जो विश्व में सर्वाधिक सशक्त ताकतें मानी जाती हैं, का लोहा माना जाता है। धन का, सत्ता का, शास्त्र का और इन्फॉर्मेशन टेक्नोलॉजी मीडिया, प्रचार-तंत्र का बल इन चारों के पास है। पिछले वर्षों से इन्होंने हिंदुत्व को संकुचित सांप्रदायिक घोषित करके, उसको जितना अधिकाधिक बदनाम कर सकते हैं, करने का अभियान चलाया है और उन्होंने हमारे बेसिक सिद्धांतों पर, दर्शन पर, चिंतन पर ही आक्रमण किया है। अब यह हिंदुत्व कैसा है, दो-तीन बातें तो हमें ध्यान में कर लेनी चाहिए।

दो हजार साल पहले जब ईसाइयत का, मरियम पुत्रों का ये ज्वार चला; 1400 वर्ष पूर्व इसने भारत को खटखटाना प्रारंभ किया था। इसलाम का जो प्रवाह चला, उसने लगभग 1200 वर्ष पूर्व 7वीं-8वीं शताब्दी के बीच भारत के दरवाजे को खटखटाना प्रारंभ कर दिया था। जो मार्क्स के और मैकाले के चिंतन हैं, उन्होंने भी 100-125 साल पूर्व भारत को खटखटाना प्रारंभ कर दिया था। इन चारों की एक विशेषता है। ये जिस धरती पर गए, वहाँ उसके भूगोल पर इन्होंने कब्जा किया, इतिहास को बरबाद किया। वहाँ के जीवन का पूर्ण धर्मांतरण किया और वहाँ की नस्ल ही बदल दी। इसलिए उन देशों का प्राचीन चिह्न के रूप में कुछ भी प्राप्त नहीं होता है। आप अफगानिस्तान जाएँगे, ईरान जाएँगे, मिस्र जाएँगे, उज्बेकिस्तान जाएँगे, कनाडा जाएँगे, कहीं भी जाएँगे और बहुत खोज करने के बाद ईसाई देश तो ऐसे मिल रहे हैं, जहाँ पर कुछ-कुछ हजार लोग ऐसे मिलते हैं, जो अभी भी हजारों-लाखों वर्षों से प्राचीन परंपराओं से जुड़ी हुई जीवन पद्धति रखते हैं। जिसको विश्व के अंदर आज 'इंडिजिनियस फेथ' के रूप में पुकारा जाता है। यानी प्राचीनतम फेथ को लेकर चलनेवाले समूह। इसलाम जिस भी स्थान पर गया, वहाँ प्राचीन पूजा-पद्धति वाला एक भी बचा नहीं है। परंतु ये चारों जब भारत में आए तो इतने लंबे संघर्ष के बाद भी ये हमें पूर्णतया बदल नहीं सके, नष्ट नहीं कर सके। *वी आर स्टिल इन मैजॉरिटी,* हम आज भी अधिकतम समूह के रूप में जीवित हैं। इसलिए सबने कहा, इस धरती के भूगोल में, संस्कृति में, समाज-जीवन में कुछ ऐसी विशेषताएँ जरूर हैं, जिसके कारण दुनिया की ये चारों आँधियाँ आईं और उस विनाश को नहीं कर सकीं, पूर्ण बरबाद नहीं कर सकीं तो केवल यही एक देश है। कम्यूनिज्म चला तो चीन के अंदर, रूस के अंदर पुराना प्रवाह पूरा समाप्त कर दिया। सनातन और बौद्ध परंपरा के 24 के लगभग देश इन चारों ताकतों का विरोध करते हुए नजर आते हैं। इसका अर्थ है कि हमारे समाज जीवन के चिंतन में, हमारे विचार में कुछ ऐसे मौलिक तत्त्व विद्यमान हैं, जो किसी भी आँधी का, तूफान का, किसी भी संकट का मुकाबला करने की समझ रखते हैं।

जिस समय हम कभी सुनते हैं कि डलहौजी था, क्लाईव था तो कहीं सुनते हैं चंगेजखाँ था, नादिरशाह था, औरंगजेब था। और उनके कैसे भयानक आक्रमण और अत्याचार थे। अगर उन आक्रमणों और अत्याचारों पर विचार करें तो आज वैसे अत्याचार नहीं हैं। कहते हैं कि बहू-बेटी सुरक्षित ही नहीं निकल सकती थीं। इसलिए यहाँ के पूरे निर्माण की शैली बदल गई। गलियाँ सँकरी होती चली गईं, दीवारें इतनी गहरी और मोटी होती चली गईं, उनके खिड़की, दरवाजे और

रोशनदान ऐसे होते चले गए कि बाहर से कोई हमारी बहू-बेटी को और घर को झाँक ही नहीं सके। उस समय अपने पूर्वजों को जाग्रत् और संगठित करने के लिए संपूर्ण धरती पर व्याप्त कोई गतिविधि नहीं थी। हमारे बुजुर्गों ने अपने-अपने स्थान पर संन्यासी परंपरा में से, अपने चिंतन की परंपरा में से या प्रभु ने जो दे दिया है, उस पर अडिग आस्था से, उन भयानक और क्रूर अत्याचारों से मुकाबला किया। तो हम किनकी संतान हैं ? उन पूर्वजों की संतान हैं, जिन्होंने उन अत्याचारों में अपने धर्म को, अपनी आस्था को बनाकर रखा। अगर उन्होंने नहीं बनाकर रखा होता तो मैं और आप हिंदू नहीं होते। मेरे और आपके कारण हिंदुत्व नहीं बचा। इस समाज जीवन के अंदर कितना अधिक साहस है, कितनी अधिक दृढता है कि भयानक क्रूरता और चुनौतियों के बीच में से भी जीवित बचा रहना जानता था। तो वो कौन से तत्त्व थे हमारे पूर्वजों के पास, जिन्होंने अपनी आस्थाओं को हिलने नहीं दिया और उन सब अत्याचारों की आँधी के बीच भी वे अडिग खड़े रहे। उस समय अपनी-अपनी जगह पर अकेले में रहते हुए भी हमारे पूर्वजों ने, हमारे चिंतन ने, हमारे दर्शन ने इन अत्याचारों की आँधी का कितनी दृढता से मुकाबला किया है—वो तत्त्व हमने पहचान लिए तो मुझे और आपको कभी जीवन में निराशा की आवश्यकता नहीं पड़ेगी। इसलिए एक दूसरी बात यह है कि अगर उन्होंने अपने आपको नहीं बनाकर रखा होता तो मैं और आप नहीं मिल सकते थे। हम इसलिए हैं कि हमारे पूर्वजों ने उन अत्याचारों का अडिग रहकर सामना किया। तो इसलिए इस चिंतन में, इस समाज में और इस धरती में कुछ ऐसे तत्त्व विद्यमान हैं, जिन तत्त्वों ने इस समाज जीवन को, इस राष्ट्र जीवन को अक्षुण्ण बनाए रखा है। वे मुझे और आपको निर्माण नहीं करने हैं, बल्कि वे बीज रूप में विद्यमान हैं। मुझे और आपको तो उन्हें प्रकट करने में मदद करनी है। और इसलिए इस हिंदुत्व पर, भारतीयता पर, आर्यत्व पर मैकाले-मार्क्स पुत्रों ने एक क्रूर हमला किया।

पहला हमला यह था कि आर्य बाहर से आए। हम सबको विदेशी बनाने की कोशिश की गई। अब इस थ्योरी को तो पूरी ताकत के साथ नकार दिया गया है। फिर उन्होंने इस देश के अंदर अल्पसंख्यक की एक दूसरी थ्योरी दी। आज इसलाम और ईसाई मतावलंबी तो अल्पसंख्यक कहलाते हैं, इनके साथ जैन, बौद्ध, सिख भी अल्पसंख्यक कहलाने लगे हैं। यू.एन.ओ. चार्टर के अनुसार अल्पसंख्यक उसे कहा जाता है, जो किसी देश में ऐसा समूह होता है, जो धरती से और पूर्वजों से विदेशी हो। इसके अनुसार अपने देश का विचार करें तो हम कह सकते हैं कि यहूदी पूर्वजों से और देश से विदेशी हैं, पारसी पूर्वजों से और देश से विदेशी हैं।

ऐसे ईसाई और मुसलमान, जिनके पूर्वज युद्ध के रूप में, व्यापार के रूप में यूरोप से, मिडल ईस्ट से, तुर्किस्तान से, मिस्र से, रोम से, यूनान से, अरब से, अमेरिका से, इंग्लैंड से, कनाडा से या ऑस्ट्रेलिया से आए होंगे। जब संपूर्ण देश का विचार करें तो ध्यान में आता है कि ये बाहर से नहीं हैं। इसलिए यहाँ का 99 प्रतिशत से अधिक मुसलमान और ईसाई भी न धरती से विदेशी है, न पूर्वजों से विदेशी है। वह धरती से और पूर्वजों से भारतीय है, हिंदू ही है। यहाँ यह उल्लेखनीय है कि जो अपने आपको अल्पसंख्यक कहना चाहते हैं, वे इस धरती पर विदेशी हैं, फिर इस धरती पर और परंपरा पर उनका कोई अधिकार नहीं है। अल्पसंख्यक को जो 'रिलिजियस माइनोरिटी' के रूप में लेगा, उसका बेसिक करेक्टर बनता है कि वह इस धरती पर देश से और पर्वूजों से विदेशी है। मैंने बीकानेर की एक नागरिक गोष्ठी में जैनी, रामकृष्ण मिशनवाले, सिख, बौद्ध द्वारा स्वयं को अल्पसंख्यक कहलवाने पर अपनी प्रतिक्रिया व्यक्त करते हुए जैनियों के लिए विशेष रूप से कहा कि जैनियों को अल्पसंख्यकवाद में नहीं फँसना चाहिए। मैं कहूँगा और बड़े कठोर शब्दों में कह रहा हूँ, यहाँ बैठे हुए जैन समाज के जो लोग होंगे, उनके अंदर बहुत भारी गुस्सा आना चाहिए। नहीं आया तो मुझे बड़ा दुःख होगा। मैं बता रहा हूँ कि वह बुद्धि से या तो विदेशी हो गए हैं या ज्ञानी से अज्ञानी हो गए हैं।

अल्पसंख्यक शब्द को 'रिलिजियस माइनोरिटिज्म' के रूप में दिया गया, क्योंकि मोहम्मद और ईसा के मत तो विदेश से आए और इसलिए वे चाहते थे कि इस देश के साथ निष्ठाओं से जुड़ें ही नहीं। इसलिए उन्होंने पहले तो इस देश के सब जाति, दल, संप्रदाय, भाषा को ही आर्य के रूप में विदेशी बनाने की कोशिश की। उस पर तो हमने इतनी कठोरता से प्रहार किया कि वह थ्योरी आज नकार दी गई है। अब उसको जीवित करने का साहस मार्क्स-मैकाले पुत्रों में नहीं रहा। पर अल्पसंख्यकवाद की दूसरी थ्योरी चली है, जिस पर हमारे प्रथम एवं द्वितीय सरसंघचालक ने तो उन पर टिप्पणियाँ कीं, पर तृतीय सरसंघचालक ने बहुत निडरता से कहा कि अल्पसंख्यकवाद समाप्त होना चाहिए। यानी जो-जो अपने आपको अल्पसंख्यक कहेगा, वह धरती से और पूर्वजों से विदेशी है, जबकि इस देश के अंदर इसलाम और ईसाइयत के लोग भी विदेशी नहीं हैं। आज इस अल्पसंख्यकवाद को भी समझना और समझाना बड़ा जरूरी है। जो-जो व्यक्ति समाज में से अल्पसंख्यक का समर्थक है, वह मेरे लिए तो आदरणीय कभी भी

नहीं होगा और वह अपने मतावलंबियों को विदेशी बनाने के षड्यंत्र का शिकार है। ऐसे व्यक्ति से सावधान रहकर इस अल्पसंख्यकवाद पर बड़ी कठोरता से चोट करने की आवश्यकता है। जो-जो भी रिलिजियस माइनोरिटिज्म के नाम पर अपने सेपरेट आईडेंटिटी को अलगाववाद के रूप में हिंसक बनाना चाहते हैं, वे अपने मतावलंबियों को मुख्य धारा प्रवाह से काट देना चाहते हैं। उन्हें भी रोकना होगा, समझाकर या अन्य अनेक उपाय भी उसके लिए खोजने होंगे। आज इस देश के अंदर इसलाम में, ईसाइयत में, सिखों में, जैनियों में और बौद्धों में ऐसे समूह और व्यक्ति भी मिलते हैं, जो इस अल्पसंख्यकवाद के खतरे को बहुत अच्छे ढंग से पहचानते हैं। वे इसके भारी विरोध में भी हैं।

हमने जब 'आर्य बाहर से नहीं आए', इस सिद्धांत को प्रतिपादित करके बहस प्रारंभ की, उस समय हम अनुभवों में व अपने शक्ति-केंद्रों के रूप में छोटे थे। हमारी पहचान भी इस देश में और विश्व की धरती पर नहीं थी। अब जब हम अल्पसंख्यकवाद पर चोट करने के लिए आगे बढ़े हैं, आज हमारी मान्यता भी है (समर्थन में और विरोध में) तथा हम शक्तिमान भी हैं। इस देश के अंदर और विश्व में हमें कितना भी कोई बदनाम करे, किंतु दुनिया की कोई राजसत्ता और प्रवाह हमारी उपेक्षा करके अपने क्रिया-कलापों को नहीं कर सकता।

हिंदुत्व न संकुचितता है, न सांप्रदायिकता है। इसलिए स्वामी विवेकानंद ने अलग शब्दों में, स्वामी दयानंद ने अलग शब्दों में, महर्षि अरविंद ने अलग शब्दों में, सावरकर ने, हेडगेवार ने, महात्मा गांधी ने, तिलक ने अलग-अलग शब्दों में उसकी व्याख्या करते हुए कहा, "It is an parliament of religion". यह नानाविध संप्रदायों की एक संसद् है, इसलिए उसमें जातियाँ, भाषाएँ और क्षेत्र आ ही जाते हैं। इसलिए अपने लोगों ने कहा, मोहम्मद और ईसा को माननेवाले एक-एक समुदाय के लोगों की एक-एक कुरसी इस संसद् में लगा देना हमारे लिए कोई कठिन नहीं है। इसलिए पूजनीय गुरुजी ने और दीनदयालजी ने उस समय कहा, We can call them Mohmdi Hindu and Ishu Hindu. आज अपने सामने एक भयानक आतंकवाद भी है, अलगाववाद भी है, घुसपैठ भी है, बढ़ती जनसंख्या और बदलता-बिगड़ता जनसंख्या का स्वरूप भी है, सांस्कृतिक प्रदूषण भी है। जीवन-मूल्यों के अंदर बदलाव आया है। अपने देश के अंदर पर्यावरण का भी प्रदूषण है। बढ़ती बेरोजगारी, हिंसा और भ्रष्टाचार भी है। अब इन सब संकटों से जूझना और उनसे मुक्त होना है। इस बार जनसंख्या पर प्रस्ताव करते हुए एक बात बड़ी साफ

हुई कि जनसंख्या की बढ़ोतरी को और जनसंख्या के बदलते अनुपात और उसके कारण उभरते प्रश्नों पर दृष्टिपात किया गया तो ध्यान आया कि असुरक्षा बढ़ रही है, हिंसा बढ़ रही है, यानी आतंक बढ़ गया है। समाज के अंदर अलगाववाद/टूटन बढ़ती जा रही है। गरीबी, बेरोजगारी और अशिक्षा भी बढ़ी है। जिस प्रमाण में इस पर नियंत्रण हो जाना चाहिए था, उतना नहीं हुआ। जब मीमांसा की तो ध्यान में आया, हम तो बहुत गर्व से कहते हैं, सन् 1971 में हमने पाकिस्तान तोड़ा और पूर्वी पाकिस्तान को हमने पाकिस्तान के शिकंजे से मुक्त करवाकर बँगलादेश के रूप में एक स्वतंत्र प्रतिष्ठा दिलवाई।

इसमें भी हमने दूरदृष्टि नहीं दिखाई। हम कहते, 95 हजार कैदी छोड़े जाएँगे, कश्मीर वापस करो। हम कहते, पूर्वोत्तर भारत से 30 कि.मी. का मार्ग है 15 कि.मी. बँगलादेश के अंदर चौड़ाई में, 200 कि.मी. लंबाई में, इतना भू-भाग हम ले लेते, ताकि पूर्वोत्तर भारत को काटने का अमेरिकन, चाईनीज या बँगलादेशी कट्टरपंथी इसलामी षड्यंत्र से हम भारत की स्थायी रूप से सुरक्षा कर देते। हम कहते हैं कि बँगलादेश के अंदर हमारी जनसंख्या 'माइनोरिटी' 16 प्रतिशत से अधिक थी और इसलिए जो भी राजनैतिक व्यवस्था, चाहे राष्ट्रपति या प्रधानमंत्री व्यवस्था आएँगी, उसमें उपप्रधानमंत्री और उपराष्ट्रपति हमेशा अल्पसंख्यक होगा। खुल्लना सी पोर्ट के ऊपर भारत के व्यापार का केंद्र रहेगा, ताकि समुद्र के अंदर हम बढ़ती चाइनीज ताकत और योरोपियन यानी अमेरिकन ताकत पर नजर रख सकें, तो लगता कि हमने कोई दूरदृष्टिपूर्ण परिचय दिया है और इसलिए दूरदृष्टि किसको कहते हैं, यह भी समझना आज के संदर्भ में बड़ा आवश्यक है। दूसरा ध्यान में आया कि मजहब के नाम पर बे-रोकटोक जनसंख्या बढ़ रही है। इसलिए मुसलिम जनसंख्या प्रति परिवार 10 से अधिक है, ईसाई 6 से अधिक है, हिंदू 5 ये कम है।

आज अपने देश के अंदर तीसरी बात और ध्यान में आई, वह है—सेवा की आड़ में धर्मांतरण, उसको हमने मतांतरण कहा। ईसाई भाइयों से सीधे प्रश्न हैं कि जहाँ-जहाँ विदेशी संस्था का सेवा का कार्य है, क्या उनकी सेवा के कार्य के कारण वहाँ जातिवाद का जहर कम हुआ? और जातिवाद समाप्त होकर सवर्ण और पिछड़ी जातियों के बीच में भाईचारा फैला कि जातिवाद का जहर फैला? इसका सर्वेक्षण करो। जहाँ-जहाँ विदेशी संस्था की सेवा की गतिविधियाँ हैं, वहाँ पर उसके कारण जिन्होंने विदेश के आए हुए धर्म को ले लिया, उनमें भारत के प्रति निष्ठा, इसकी परंपरा के प्रति निष्ठा अधिक मजबूत हुई या सेवा के कारण वह निष्ठा पूर्ण समाप्त होकर विदेशी निष्ठा बनी?

तीसरा, जब उनको सेवा मिली, अगर उन्होंने सेवा लेने के बाद धर्म नहीं बदला तो उनको आज भी पाँच साल, दस साल, बीस साल, पचास साल होने के बाद सेवा जारी है या उनसे सेवा छीन ली ? और जो सेवा लेते समय ईसाई बने, बाद में ईसाइयत को छोड़कर हिंदू बन गए, क्या उनको वो सेवा देते हैं ? अब इसका सर्वे करेंगे तो अपने आप आँकड़े सामने आ जाएँगे। 1857 और 1947 तक (अकेला ईसाई छोड़कर) किसी ईसाई संस्था द्वारा ऐसा प्रस्ताव पारित किया गया, जिसमें ईसाइयों को आह्वान किया हो कि भारत के स्वतंत्रता-संग्राम में जी-जान से टूट पड़ो, जुट जाओ। पादरी और नन्स जो बने हुए थे, वे स्वतंत्रता-संग्राम में कहीं सम्मिलित हुए ? बिल्कुल साफ दिखता है, इसलिए एक बात आई कि एक व्यापक जन-जागरण इस बात का किया जाए कि जो विदेशी और घुसपैठिए हैं, कम-से-कम मतदाता सूचियों से तो उनके नाम निकल जाएँ। इसकी संवैधानिक व्यवस्था केंद्र से जिला स्तर तक होनी चाहिए। कम-से-कम वे पंच से सांसद् बनकर मेरे और आपके तथा देश के भाग्य-विधाता तो न बनें। इस बात को लेकर प्रधानमंत्री, राष्ट्रपति, लोकसभा स्पीकर, विभिन्न राजनैतिक दलों के अध्यक्षों और मीडिया को जितने प्रस्ताव हो सकते हैं, प्रश्न जितने हो सकते हैं, अधिकाधिक संख्या में भेजे जाएँ। यानी एक प्रस्ताव, एक पत्र चालीस-पचास जगह तक जाएगा। समाज के सब तरह के वर्ग, सब तरह की संस्थाएँ ऐसा करें। दूसरी बात यह आई कि इस बात को बड़े स्पष्ट ढंग से समझाया जाए कि मजहब के नाम पर जनसंख्या की बढ़ोतरी, गरीबी, असुरक्षा, बेरोजगारी और अशिक्षा से अगर जूझना है तो जनसंख्या नियंत्रण के लिए समान नीति कानून बनाना चाहिए। आज दुनिया के 17-18 इसलामिक देश ऐसे हैं, जिन्होंने अपनी जनसंख्या नियंत्रण के लिए कठोर कानून बनाए हैं। अतः मजहब की दुहाई देकर जो इसे रोकते हैं, वे झूठ बोलते हैं और अपराध भी करते हैं। इसलिए जनसंख्या नियंत्रण के लिए समान नीति, जाति, संप्रदाय और दल से ऊपर उठकर करनी चाहिए। सेवा का अधिकार सबको, पर सेवा की आड़ में धर्म बदलने का अधिकार किसी को नहीं। इन तीन बिंदुओं को लेकर अगले कुछ समय में एक व्यापक जन-जागरण किया जाए।

आज एक सांस्कृतिक एवं पर्यावरण का प्रदूषण है। अब ये जो सारे प्रश्न हैं, इन सब के लिए एक मौलिक आवश्यकता पड़ती है—एक अच्छे व्यक्ति की, एक अच्छे नागरिक की। एक अच्छा व्यक्ति और एक अच्छा नागरिक निर्माण करने की, अगर कोई स्थली है तो वर्तमान के अंदर संघ शाखा उसका सबसे बड़ा केंद्र

है। जहाँ व्यक्ति के अंदर की शारीरिक, मानसिक, बौद्धिक और आध्यात्मिक चारों विकृतियों को दूर करके इन चारों दिशाओं में उसके विकास के लिए कार्यक्रम हैं।

आज सबसे बड़ा एक ही संकट है। चोर को चोरी करने में कोई शर्म नहीं है। हत्या करनेवाले को छुरा घोंपने और गोली मारने में कोई शर्म नहीं आती है। शराब पीने वाले को, नशा करनेवाले को नशा करने में कोई शर्म नहीं है, जुआ खेलनेवाले को सरेआम से लेकर ट्रेन के अंदर जुआ खेलने में कोई शर्म नहीं। आज अगर किसी को शर्म है तो किसको? सज्जन आदमी को, अच्छे आदमी को लगता है कि अच्छा काम करूँगा तो लोग क्या कहेंगे। मैं वोट डालने जाऊँगा, इससे क्या होगा, मैंने अगर यहाँ कोई अच्छी बात की तो लोग उसकी मजाक बनाएँगे। इसलिए आज जितना सज्जन आदमी है, वही सबसे अधिक उदासीन और निष्क्रिय है। उसको हर काम करने में शर्म आती है। यानी सज्जनों की निष्क्रियता देश का सबसे बड़ा संकट है। और दूसरा संकट है कि सज्जनों का संगठित होकर चलना। इन दो संकटों को 80 वर्ष के अंदर संघ ने दूर करने का कार्य किया। सज्जन लोग संगठित हों और सज्जन लोग उदासीन न रहें तथा अपनी सक्रियता से समाज के अंदर अपने प्रभाव को बनाएँ। यह सब शाखा के माध्यम से हुआ है।

□

राम : प्रत्येक युग के एक क्रांतिकारी कथानक हैं

ज्यों-ज्यों मैं रामायण का पारायण करते हुए राम-रावण युद्ध की ओर बढ़ता हूँ, त्यों-त्यों मेरे मन में अनेक प्रकार की जिज्ञासाएँ जन्म लेती जा रही हैं ? उसका कारण है कि मन को ऐसा लगने लगता है कि रामायण काल का राम-रावण युद्ध एक ऐसा प्रसंग बन गया है, जैसे कि इतिहास व समय ने उस समय पूर्णता प्राप्त कर ली हो और वह ठहर भी गया हो—

1. राम-रावण युद्ध का प्रारंभ कब से हुआ ?
2. राम ने अपने विद्यार्थी काल में ही भौतिक सुख व शिक्षा (कॅरियरिज्म) को छोड़ महर्षि विश्वामित्र के साथ वनों में जाकर युद्ध शिक्षा व राजधर्म का प्रत्यक्ष प्रशिक्षण क्यों लिया, जबकि यह सब उन्हें महलों में भी उपलब्ध था ?
3. राम ने इतनी सरलता से राज्याभिषेक क्यों त्यागा और वनगमन किया ?
4. रावण द्वारा सीता अपहरण से पूर्व लक्ष्मण द्वारा सूर्पणखा को अपमानित करने के बाद एक वर्ष तक का रामजी का जीवन बहुत सक्रिय दरशाया जाता है, परंतु उससे पहले के तेरह वर्ष वनवास में वे क्या करते रहे, इस पर इतिहास मौन है ?
5. राम-रावण युद्ध के समय राम के पास इतनी विशाल व प्रशिक्षित सेना कहाँ से आई, क्योंकि राम ने न तो किसी भी राजा, राजवंश अथवा कबीलों आदि को कोई लिखित अथवा अलिखित संदेश भेजकर सेना बुलवाई (मँगवाई) और न ही कोई राजवंश (वह चाहे अयोध्या और जनकपुरी के ही क्यों न हो) युद्ध में प्रत्यक्ष भाग लेने नहीं आए ?

6. रावण और राम उस समय किन बातों के प्रतीक थे तथा किनका नेतृत्व कर रहे थे?
7. राम के साथ केवट, जटायु, भीलनी, गिलहरी, भालू, वानर आदि जनजातियों की घटनाएँ ही क्यों अधिक प्रसिद्ध हैं?
8. रामराज्य आदर्श राज्य कैसे बना?

रामायण अनेक बार पढ़ी है, सुनी है, देखी है, परंतु ऊपर उठे प्रश्नों के संदर्भों में सोचता हूँ तो ध्यान में आता है कि राम को जानने के लिए रामायण के अंदर तक झाँकना होगा, तो कुछ नए पहलू भी उभरते हैं। मैंने उन विचारों को लेकर अनेक विद्वानों से, चिंतकों से चर्चा भी की है और इस लेख में उन्हीं को चित्रित कर रहा हूँ।

राम सुख-सुविधा के नहीं, संकल्प व संघर्ष के प्रतीक हैं

अकस्मात् अयोध्या राजदरबार में विश्वामित्र पधारते हैं और राजा दशरथ के सामने राजकुमार राम व लक्ष्मण को भौतिक शिक्षा (कॅरियरिज्म) से निकालकर आदर्श शिक्षा (आईडलिज्म) की आवश्यकता पर जोर डालते हैं। दशरथ पुत्र-मोह से ग्रस्त हो इनकार करते हैं, परंतु राम के सामने प्रश्न था कि यह विद्यार्थी जीवन ही है, जिसमें निर्णय करना होगा कि जीवन व्यक्तित्ववादी (कॅरियरिस्ट) हो या आदर्शवादी (आईडियलिस्टिक) हो, क्योंकि कॅरियरिज्म में आईडियलिज्म नहीं होता, परंतु आईडियलिज्म में कॅरियरिज्म सुरक्षित है। राजा दशरथ को मनाकर राम व लक्ष्मण तैयार हो प्रत्यक्ष शस्त्र संग्रह, युद्ध अभ्यास, राज्य संचालन एवं समाज के साथ एकात्म होने के लिए निकल पड़ते हैं, क्योंकि वे जानते थे कि महलों में रहकर समाज के साथ एकात्म नहीं हो पाएँगे और न ही जीवन में उस आदर्श का निर्माण कर पाएँगे, जिसके लिए वे हैं। ऐसा दिखाई देता है कि राम ने जब जनसाधारण में जाने पर देखा कि छुआछूत है, गरीबी है, पीड़ा है, भय है, आतंक है, व्यभिचार है, बेईमानी है, इस कारण उनके मन में स्वाभाविक रूप से एक उदात्त संकल्प ने जन्म लिया। विश्वामित्र व अन्य विद्वज्जनों के संपर्क से उन्हें अर्थात् राम-लक्ष्मण को पता चला कि रावण नाम का राजा वैश्विक आतंकवाद, व्यभिचार व स्वच्छंदता का पर्याय बनकर समाज पर अत्याचार कर रहा है। सज्जनों व विद्वानों का रक्त बहा रहा है। धर्म (मानवता) को कुचल रहा है, वन व फसल जोर-जबरदस्ती काटता है, अनाप-शनाप धन उगाया जाता है। हिंदू अर्थात् मानव का सम्मान सुरक्षित नहीं। उसके अपने अतिरिक्त किसी और को माना जाए, वह यह नहीं चाहता है। जगह-जगह पर उसके अत्याचारों की कहानियाँ बिखरी पड़ी हैं। महल में रहकर राम,

लक्ष्मण को जनता के कष्ट, कुरीतियों से ऐसा साक्षात्कार नहीं हुआ था, जो अब हो रहा था। विद्वानों को हौसला देते, जनता को सहारा देते हुए उन्होंने वहाँ रावण के कुछ सेनानायकों सुबाहु, मारीच, ताड़का आदि से दो-दो हाथ कर उन्हें समाप्त किया। रावण को समाचार मिल गया और यहाँ ही राम संकल्प करते हैं—सज्जनों की हड्डियों के ढेर देख यानी अत्याचारों का करुण-क्रंदन जान 'निशिचर हीन करहूँ महि, किये भुज उठाए संकल्प' का विचार बाद में प्रतिज्ञा बन प्रकट होता है और सच यह है कि यहाँ से ही राम-रावण युद्ध का श्रीगणेश होता है।

राम व्यक्तित्ववाद (भौतिक) के नहीं, आदर्शवाद के प्रतीक हैं

राम प्रत्यक्ष समाज संपर्क से समाज जागरण करते हुए संगठन कार्य भी करते हैं और ऐसे में ही जनक रचित सीता-स्वयंवर में राम व लक्ष्मण को विश्वामित्र ले जाते हैं। वहाँ जाकर धरती के शूरवीरों से भेंट होती है, उनमें राष्ट्र के प्रति उद्देश्यहीनता भी ध्यान में आती है और साथ ही वैश्विक आतंकवाद व व्यभिचार के प्रमुख लोग व स्रोत कौन हैं, इसकी पहचान व जानकारी भी मिलती है। कहते हैं कि उपचार से पूर्व रोग व रोगी को जानिए, मारने से पूर्व दुश्मन, उसके दोस्त व गतिविधियों को जानना अति आवश्यक है। राम-सीता विवाह संपन्न होता है। शेष भाइयों के विवाह भी संपन्न होते हैं। राम के राजा बनाए जाने का सुअवसर आता है, परंतु परिस्थितियों की पुकार और शक्तिमान् की योजना का संदेश कुछ और है, इसलिए जैसे ही महारानी कैकेयी महाराजा दशरथ से दो वर में से एक में राम के लिए 14 वर्ष का वनवास माँगती है और इसकी जानकारी राम को मिलती है तो फिर उनके सामने प्रश्न खड़ा होता है—भौतिक सुख का जीवन या आदर्श जीवन? राम आदर्श जीवन का चयन कर वनवास स्वीकारते हैं। सीता व लक्ष्मण भी साथ वन गमन करते हैं। यहाँ आज के वातावरण का एक प्रश्न खड़ा होता है। राम ने आदर्शवाद क्यों चुना, जबकि चाहिए था कि भौतिक सुखवाला मार्ग चुनते? परंतु राम ने व्यक्तित्ववादी जीवन को लात मारकर आदर्शवादी जीवन का मार्ग चुना और इसी बात से स्पष्ट होता है कि आदर्शवाद के कारण राम पूज्य हुए और राजा भी बने। राम को वनगमन की आज्ञा मात, पिता व गुरुजन से नहीं मिली। गुरुजन की मौन सहमति थी, परंतु माता-पिता तो अंत तक रोकने का प्रयास करते रहे। जो देश व धर्म के लिए करते हैं, वे ही सपूत कहलाते हैं। इसलिए राम सपूत कहलाए। रामायण प्रत्येक माता-पिता को निर्देशित करती है कि पुत्र को देश-धर्म के कार्य से रोकना नहीं और पुत्र को कहती है कि देश-धर्म के काम के लिए सहर्ष अग्रसर होना चाहिए।

राम रूढ़िवादी नहीं, समरसता की पावन गंगा हैं

राम वन में चले, केवट ने नौका पार करवाई। केवट, जो कि दलित थे, को गले लगाकर उसे अपना परम भक्त ही नहीं, भाई बनाकर संदेश दिया—छुआछूत पाप है, कोई अछूत नहीं, हम सब एक हैं, एक संस्कृति, एक सर्वशक्तिमान व एक जीवनपद्धति को माननेवाले हैं। हमारे व्यवसाय, जाति, भाषा-बोली, पूजा-पद्धति अलग-अलग हो सकती हैं, परंतु न हिंदू पतितों भवेत् अर्थात् हिंदू (मानव) कभी भी पतित नहीं होता का संदेश जन-जन को दिया। जब सीता मैया का अपहरण होता है, राम-लक्ष्मण सीता की खोज में वन-वन, कुटिया-कुटिया से जानकारी ले रहे थे। मार्ग में रावण से युद्ध में आहत गिद्धराज जटायु मिलता है। वहाँ से राम को समाचार मिलता है कि अब रावण से अंतिम संघर्ष का वक्त आ गया है, परंतु राम पुनः 'सर्वे हिन्दू सहोदराः' अर्थात् सभी हिंदू (मानव) भाई हैं, एक हैं, का संदेश देते हुए गिद्धराज जटायु का अंतिम संस्कार कर उन्हें अत्याचार के विरुद्ध संघर्ष में जीवन गँवाने का पूर्ण सम्मान देते हुए अपना पिता रूप घोषित करते हैं। जटायु भी शक्तिशाली वनवासी जनजातियों में थे। यहाँ से आगे राम कितने ही ऊँची जातियों के शक्तिशाली (धन से, पद से, आयु से, बुद्धि से, शोध से, शरीर व शस्त्र शक्ति से) व बड़े लोगों को मिलते हुए तथा कथित पिछड़ी, गरीब व निरक्षर महिला भीलनी (शबरी) की झोंपड़ी जाते हैं, उसके द्वारा चखे फलों को स्वीकार कर संदेश देते हैं 'मम् मन्त्र समानताः' यहाँ हिंदू व हिंदुत्व जाति, भाषा, पूजा-पद्धति नहीं बल्कि मानवता है। समाज की सभी जातियों, संप्रदायों से तादात्म्य निर्माण कर उन्हें स्वयं से यानी सुसंस्कार एवं सुसंगत प्रदान करते हुए सामाजिक समरसता का अनूठा वातावरण तैयार करते हैं। अगर वर्तमान में देखें तो ध्यान में आएगा कि अपराध, धर्मांतरण (यानी अमानवीय दृष्टिकोण यानी असहिष्णु) इन्हीं वर्गों व जातियों में पनपता है। राम ने अपने विद्यार्थी जीवन व वनवास जीवन में इन सब वर्गों में कार्य कर समरस जीवन का निर्माण करने में सफलता प्राप्त की, परंतु इस कार्य के लिए राम ने कोई नारा, नाम नहीं दिया और न ही इसका प्रचार किया परंतु स्वयं के उदाहरण से समाज तैयार करते गए और अपने जीवन में समय-समय पर राक्षसी प्रवृत्तियों को चाहे वे खर-दूषण के रूप में थीं, समाप्त कर दिया और संदेश दिया 'मम् दीक्षा हिंदू रक्षा' अर्थात् समाज रक्षा ही मेरी शिक्षा है। अहल्या उद्धार से राम का महिला जाति के लिए सर्वोच्च आदर के भाव का प्रगटीकरण होता है।

मानवता से ओत-प्रोत कर अत्याचार के विरुद्ध संघर्ष हेतु समाज को तैयार किया राम ने

राम अनुसूचित जातियों व जनजातियों में अत्यंत लोकप्रिय ही नहीं बन गए, बल्कि अपने आत्मीय भाव से उन्हें संगठित करके वे उन्हें बुराइयों से निकालकर उनमें एक संगठन का स्वभाव पैदा कर, उन्हें राष्ट्रवाद से ओत-प्रोत करते रहे। वे वनवास में ऋषियों-मुनियों, समाज के प्रमुख लोगों से मिलकर, वार्त्ता कर राष्ट्रवाद रूपी मानवतावाद (हिंदुत्व) के पक्ष में वातावरण निर्माण करते हुए आतंकवाद (राक्षसवाद) व व्यभिचार के विरुद्ध व्यापक जनरोध व जनसंघर्ष का मोर्चा मजबूत करते गए। वे जन-जन में लोकप्रिय थे, परंतु उनका कार्य प्रसिद्धि से दूर था। प्रसिद्धि से दूर रहकर वे इस आतंकवाद (राक्षसवाद), कट्टरवाद व असहिष्णु विचार के विरोध में व्यापक स्तर पर सैनिक समूह भी तैयार करते गए। उनके सभी प्रकार के प्रशिक्षण की भी व्यवस्था स्वाभाविक रूप से निर्माण की। वे जानते थे कि युद्ध होगा, "It is not the logic but the sword, which decides the Border," उस समय सेना की आवश्यकता पड़ेगी, इसलिए स्वभाव से, प्रकृति से, व्यवसाय से जो समाज संघर्षशील (ruf & tuf) है, जिसमें मारक-क्षमता भी है, उसे वे घूम-घूमकर जाग्रत् कर, संगठित व प्रशिक्षित भी करते गए। इसलिए एक आश्चर्य सामने आता है, जब मैया सीता का अपहरण होता है और रावण के विरुद्ध युद्ध का बिगुल बजता है, उस समय राम के पास अपार सुसज्जित सेना होती है। इतिहास में कहीं भी यह वर्णन नहीं मिलता कि अयोध्या, जनकपुर व अन्य किन्हीं राजवंशों से संपर्क कर रावण को मारने हेतु राम ने संदेश भेजे यानी संपर्क किया। यह भी सच है कि सेना तैयार करने का भी वर्णन नहीं मिलता, परंतु घटनाक्रम का दृश्य सोचने पर विवश करता है। राम अपने राज्य को निष्कटंक व आदर्श बनाने हेतु सुसंगत व सुसंस्कारित समाज तैयार करने के साथ-साथ पुण्यभूमि को राक्षसराज से मुक्त करने का अभियान भी चलाते गए। रावण के पास भी राम की इस तैयारी की जानकारी पहुँचती रहती थी।

धीरे-धीरे जब रावण को यह लगा कि अब राम अधिकाधिक ताकतवर होते जा रहे हैं, तब उसने निर्णय किया कि राम बहुत अधिक ताकत एकत्र कर लेंगे तो उस समय राम को मारना या सबक सिखाना कठिन होगा। वनवास के 13 वर्ष और उससे पूर्व के 7-8 वर्ष (कुल मिलाकर 20 वर्ष) वह राम के शक्ति-संचय की व समय-समय पर छोटे-छोटे संघर्षों की सारी बातें जानता था। सूर्पणखा की नाक काटने व उसके श्रेष्ठ सेनापतियों के मारे जाने से क्रोधित रावण ने अब सीधे

ही राम से टकराने का निर्णय किया। सूर्पणखा को भेजा, राम समझ गए कि अब आमने-सामने के युद्ध का समय आ गया है। राम ने लक्ष्मण से सूर्पणखा के नाक कटवाकर युद्ध का संदेश भेज दिया। रावण ने छल किया। सीता का अपहरण कर लिया। राम-लखन ने मैया सीता की खोज को इतना प्रचारित किया कि वह सर्वव्यापक चर्चा का विषय बन गया। सीता केवल महिला नहीं बल्कि लज्जा, शील, धर्म, न्याय, आत्मीयता (माँ), धन (लक्ष्मी) आदि की प्रतीक बन चुकी थीं, इसलिए मैया का अपहरण आतंकवाद के विरुद्ध अत्याचार की पराकाष्ठा का प्रतीक बना दिया गया। भीलनी से जानकारी ले राम-लक्ष्मण किष्किंधा गए। हनुमान से भेंट हुई। सुग्रीव के कष्टों की जानकारी मिली, बाली का मानवीय की बजाय राक्षसी चरित्र ध्यान में आया। राम ने बाली वध कर सुग्रीव को आश्रय दे पुनः यह संदेश दिया—'मम दीक्षा हिंदू रक्षा'। इस प्रकार से जनजातियों में सर्वाधिक ही नहीं, सबसे अधिक शक्तिशाली व राक्षसविरोधी समूह को भी साथ जोड़ स्वयं को अजेय बनाते 'राम' आगे बढ़े। सीता की खोज के बहाने प्रत्येक हाथ को काम अर्थात् राम के काज में प्रत्येक जन लगा है, सभी उद्विग्न हैं, कार्यरत हैं, कोई निठल्ला नहीं। सभी को लक्ष्य (काम) मिला। धर्म की, चरित्र की, शील की, संपदा की रक्षा करनी है। टोलियाँ बनीं, हजारों-हजार बंधु, भगिनी सैनिक रूप में सर्वत्र फैल गए और जन-जन में आक्रोश निर्माण करने का काम भी साथ-साथ हो रहा था और साथ ही यह भी बताया जा रहा था कि राम युद्ध नहीं, शांति चाहते हैं, परंतु दुश्मन के अत्याचारों की भीषण कथाएँ भी जन-जन में प्रचारित की जा रही थीं। दसों दिशांतर में एक ही वातावरण था, रावण राज की समाप्ति, राम राज की स्थापना। रावण पर विजय हेतु रामसेतु निर्माण का यज्ञ, सबका सहयोग, सबको काम। अत्यंत व्यापक योजना की गई। संसाधन जुटे। रामसेतु निर्माण में राम ने जन-जन को एक प्रबल संदेश दिया। काम करनेवाला कितना भी छोटा, पिछड़ा, असहाय, गरीब क्यों न हो, प्रत्येक स्तर पर श्रम की पूजा ही नहीं बल्कि निष्ठा, आस्था का भी सम्मान भी होना चाहिए। रामसेतु निर्माण कार्य में गिलहरी जुटी। गिलहरी के योगदान को अपना आशीर्वाद व प्रशंसा देकर अमर कर दिया राम ने। जन-जन को लगा कि राम के यहाँ अन्याय नहीं, न्याय हैं। पीड़ित, दुःखी, गरीब व पंक्ति के अंत में खड़े को भी राम प्यार करते हैं। राम न्यायप्रिय हैं, उनकी आँखों से कोई ओझल नहीं होता है। केवल ताकतवर व बड़ों को ही सम्मान नहीं देते, बल्कि आम समाज का भी सम्मान है। उसकी रक्षा है।

व्यक्ति सद्संस्कारी, परिवार खुशहाल, समाज समरस अर्थात् संगठित, राष्ट्र सशक्त, विश्व में शांति एवं बंधुत्व राम राज्य के आदर्श थे

रामायण स्वयं प्रभुरूप ब्रह्मर्षि बाल्मीकि जी द्वारा अवतरित हुई। बाल्मीकि ने सृष्टि को राम नाम दिया और इस कारण बाल्मीकि अनुसूचित जानियों, जनजातियों के प्रभु बन गए। यह भी कहा जा सकता है कि राम तो सृष्टि को मिल ही जाते, परंतु अगर बाल्मीकि न होते तो संभवतया सृष्टि को, जन-जन को रामनाम न मिलता। आज बाल्मीकि संपूर्ण समाज में वंदनीय हैं, अन्यथा मानव अंधकार में ही भटकता रहता। रामायण का गहन अध्ययन करते हुए ध्यान में आएगा कि सांस्कृतिक जीवन-मूल्य अर्थात् आदर्शों की स्थापना में राम ने कितना अपमान सहा, कितना कष्ट सहा व कितनी टीका भी सही होगी। रावण ने एक बार भी राम से शांतिवार्त्ता हेतु दूत अथवा संदेश नहीं भेजा, बल्कि रावण हर बार ऐसे प्रस्ताव व चर्चा को टालता ही नहीं, बल्कि नकारता रहा, परंतु राम सदैव शांति हेतु रावण के पास दूत भेजते रहे हैं। हनुमान, सुषेण, अंगद, विभीषण आदि-आदि अनेक चरित्र व उनके शांति प्रयत्नों को जन-जन जानता है, परंतु शांति वार्त्ता का राम ने यह अर्थ कभी नहीं लगाया कि शक्ति-संचय व उसकी मारक क्षमता रोक दी जाए अर्थात् उसकी क्या जरूरत है? राम शांति वार्त्ता के साथ-साथ शक्ति का संचय व उसकी मारक क्षमता को निरंतर बढ़ाते रहे। राम का संदेश है कि युद्ध भी शांति, विकास, सुख व खुशहाली का संदेश है, परंतु तब जब अन्य सब मार्ग बंद हो जाएँ। जब राम के सभी शांति प्रयास पूरे अर्थात् निष्फल हो चुके, तब राम ने दुश्मन के घर पहुँचकर वहीं उसको समाप्त कर यह संदेश दिया कि युद्ध अपनी भूमि पर नहीं, दुश्मन की भूमि पर ही लड़े जाने चाहिए। इसी नीति को अजमल खाँ वध के समय, शाइस्ता खाँ पर आक्रमण के समय शिवाजी ने भी अपनाया। इससे विनाश का दायरा सीमित हो जाता है। रावण चारों वेदों का ज्ञाता था, विद्वान् था, वैज्ञानिक था, उसका साम्राज्य सुखी व संपन्न था, इसलिए राम ने (रावण जब अपनी अंतिम श्वास ले रहा था) लक्ष्मण को भेज अच्छे राज्य के सभी तत्त्व, जो उसके पास थे, प्राप्त किए। राम स्वयं कभी दुश्मन दुष्ट के पास चलकर नहीं गए, परंतु सज्जनों के पास राम स्वयं जाते थे। 'सज्जन शक्ति का समर्थन, दुष्ट शक्ति का संहार' की नीति पर चलते हुए राक्षस संस्कृति में अगर कुछ भी अच्छा था, वह लिया परंतु ढाला अपने परिवेश में। राम ग्लोबलाइजेशन के पक्षधर थे, परंतु स्वदेशी व स्वाभिमान के प्रतीक थे। कहीं भी, किसी के पास जो भी अच्छा है, उसे लेंगे, परंतु उसे अपने परिवेश में ढालकर

ही उसका उपयोग करेंगे। इसलिए राम का यह उद्‌बोधन महत्त्वपूर्ण है—'अपि स्वर्णमयी लंका न मे लक्ष्मण रोचते, जननी जन्मभूमिश्च स्वर्गादपि गरीयसी'। राम का जीवन आदर्श जीवन होने के कारण उनका भौतिक जीवन भी सुरक्षित रहा। राम राजा बने, आदर्श राजा बने, राज्य आदर्श बना।

□

सेकुलरिज्म का जनक है हिंदुत्व

हिंदुस्तान में यदि सेकुलरिज्म है तो केवल इसलिए, क्योंकि हिंदुस्तान में जन्मे मतपंथों को छोड़कर किसी भी जीवन-पद्धति में सेकुलरिज्म है ही नहीं। इसलाम में 72 संप्रदाय हैं, उनमें से किसी में भी सेकुलरिज्म नहीं है। हिंदुस्तान ही एकमात्र ऐसा देश है, जिसमें इसलाम के सभी 72 पंथ फल-फूल रहे हैं और उनके अनुयायियों को समान अधिकार प्राप्त हैं। विश्व में ईसाइयों के भी 113 संप्रदाय या उपपंथ हैं, जिन्हें अन्य देशों में तो समान अधिकार नहीं हैं, किंतु हिंदुस्तान में उन सभी को समान अधिकार मिले हुए हैं। सेकुलरिज्म केवल हिंदुत्व की ही देन है। जो लोग सेकुलरिज्म को हिंदुत्व से अलग मानते हैं, वे हिंदुत्व को और हिंदुस्तान को जानते ही नहीं।

इसी तरह आज कुछ लोग, जो 'भगवाकरण' के नाम पर हिंदू संस्कृति की निंदा करते हैं, वास्तव में वे 'भगवाकरण' को जानते ही नहीं हैं। 'भगवा' वर्ण भगवान् सूर्य का प्रतीक है। भगवान् सूर्य प्रकाश, यश तथा तेजस्विता के द्योतक हैं। वे किसी एक समुदाय या वर्ग के नहीं, वरन् संपूर्ण सृष्टि के हैं, इसलिए संपूर्ण सृष्टि का हित इसी में है कि वह सूर्य भगवान् के तथा त्याग, तपस्या, वैराग्य-मूल कर्मठता एवं ज्ञान के प्रतीक 'भगवाकरण' को अपनाए। शिक्षा और संस्कार का भगवाकरण विश्व शांति व भाईचारे तथा विकास का मार्ग है।

इस देश में कुछ समुदाय हैं, जो अपने को अल्पसंख्यक कहते हैं, परंतु सारे विश्व में अल्पसंख्यकवाद की जितनी भी परिभाषाएँ प्रचलित हैं, उनमें से किसी के भी अंतर्गत हमारे देश का अल्पसंख्यक नहीं आता। 'अल्पसंख्यक' तो वे होते हैं, जो विदेशी होते हैं। अपने मूल देश से कटकर वे दूसरे देश में आते हैं। और उनकी संख्या उस देश की कुल संख्या का 3 प्रतिशत होती है। इस मापदंड से हिंदुस्तान में कोई भी समुदाय अल्पसंख्यक नहीं है। अल्पसंख्यक की श्रेणी में माने गए प्रायः

सभी पंथावलंबी हिंदुस्तान के ही हैं, कोई विदेश से नहीं आया। महाराष्ट्र के पूर्व राज्यपाल श्री मोहम्मद फजल दो इबादत करते थे। वे जहाँ इसलामी इबादत करते थे, वहीं वैदिक-पूजा भी करते हैं। श्री फजल कहते थे कि उनके लिए ऐसा करना इसलिए आवश्यक है, क्योंकि उनके पुरखे हिंदू और मुसलमान दोनों थे। इस बात पर हमारे देश में रहनेवाले मुसलिमों को गहन चिंतन करना चाहिए। भारत के ईसाई और मुसलमान 99 प्रतिशत से भी अधिक इसी देश के हैं। यह देश उनका भी उतना ही है, जितना अन्य लोगों का। तो अपने देश में विदेशी या पंथीय अल्पसंख्यक बनकर रहने का क्या औचित्य है? यह मजहबी अल्पसंख्यकवाद ही देश की एकता व अखंडता को तोड़ता है। यही बात अब भारत के सुप्रीम कोर्ट ने भी कह दी है।

इंडोनेशिया सबसे बड़ा मुसलिम देश है। उसका मजहब तो इसलाम है, किंतु वहाँ की संस्कृति हिंदू है। वहाँ के लोगों ने कम्युनिस्टों से संघर्ष किया और उन्हें परास्त किया। वे रामायण और महाभारत के पात्रों को अपना प्रेरणास्रोत मानते हैं। इंडोनेशिया में जब घोर आर्थिक संकट का दौर आया तो उस देश की सबसे बड़ी मुद्रा 20 हजार के नोट पर गणेशजी का चित्र छापा गया और सभी को इस बात पर आश्चर्य हुआ कि वहाँ की आर्थिक स्थिति में सुधार आ गया। गणेशजी के चित्र के नीचे लिखा है ऋद्धि-सिद्धि के देवता। वहाँ के एक बहुचर्चित रहे राष्ट्रपति सुकर्णो ने एक बार कहा था—'हमारा मजहब इसलाम है, जो हमें हजरत मोहम्मद साहब ने दिया, किंतु हमारी संस्कृति वैदिक है, जिसे हभ बदल नहीं सकते। यह हमारा राष्ट्रीय मानवीय मार्ग है।'

एक मुसलिम विद्वान् ने भी लिखा है कि हजरत मोहम्मद साहब ने खुद फरमाया था कि उनसे पहले खुदा ने एक लाख चौबीस हजार नबी भेजे थे, जो विश्व के सभी मजहबों के लिए थे। उसी मुसलिम विद्वान् के अनुसार राम, कृष्ण, बुद्ध और महावीर अनेकानेक नबी उसी खुदा ने भेजे थे, इसलिए जो मुसलमान उनका सम्मान नहीं करता, वह वास्तव में मुसलमान नहीं है। हिंदी में खुदा को ही भगवान् कहते हैं।

हिंदुस्तान में आज एक समस्या बँगलादेशी घुसपैठियों की है, जिससे इस देश के अनेक क्षेत्रों में हमारी एकता, अखंडता को खतरा पैदा हो गया है। कुछ नेता या दल अपने घोर राजनीतिक स्वार्थों के कारण यह तो कहते हैं कि राष्ट्रीय स्वयंसेवक संघ को, मानवता के आधार पर, बँगलादेश से आ रहे घुसपैठियों को वापस बँगलादेश भेजने की बात नहीं करनी चाहिए, परंतु इन प्रश्नों के वे कोई उत्तर

नहीं दे पाते—1. विश्व के इसलामी देशों के सम्मेलन में आज तक यह प्रस्ताव पारित क्यों नहीं किया गया कि इसलामी देश बँगलादेश के अत्यंत गरीब मुसलमान भाइयों की दयनीय स्थिति पर तरस खाएँ और उनकी मदद करें ?

2. हिंदुस्तान के पास दुनिया की 16.7 प्रतिशत आबादी है, किंतु भूमि केवल 2.4 प्रतिशत है। इस तथ्य को ध्यान में रखते हुए बँगलादेश की सरकार तथा घुसपैठियों को भारत में बसाने की वकालत कर रहे संगठन विश्व के संपन्न इसलामी व अन्य मतावलंबी व डेमोक्रेट देशों से यह अपील क्यों नहीं करते कि वे अपने बँगलादेशी भाइयों को अपने देश में शरण दें ? घुसपैठियों का सारा भार भारत पर ही क्यों ?

3. यदि बँगलादेश में संसाधन इतने कम हैं कि वह अपने नागरिकों की देखभाल नहीं कर सकता तो वहाँ आबादी बढ़ाने पर रोक क्यों नहीं लगाई जाती है ? बँगलादेश के मोइनुलहक चौधरी ने एक बार कहा था कि भारत के पूर्वोत्तर के पहाड़ बँगलादेश के विस्तार की दृष्टि से बहुत अनुकूल हैं। स्पष्ट है कि बँगलादेश अपने घुसपैठियों के माध्यम से भारत के भूभाग पर अनधिकृत कब्जा करना चाहता है। उसका प्रतिकार तो करना ही होगा। इसलिए यह आवश्यक है कि देश के विभिन्न भागों में फैल रहे बँगलादेशी घुसपैठियों की पहचान की जाए, भारत में उन्हें दिए गए मताधिकार छीने जाएँ तथा उन्हें देश से निर्वासित किया जाए। ऐसा न करके क्या हम अपनी सुरक्षा को दाँव पर नहीं लगा रहे हैं ? देश को तबाह करने वाले आतंकवादी संगठनों को आज विदेशों से ढाई हजार से लेकर चार हजार करोड़ रुपए की आर्थिक सहायता प्रतिवर्ष मिलती है। उन सहायता स्रोतों की निश्चित पहचान क्यों नहीं की जाती ? स्रोतों की पहचान कर उन पर रोक लगानी चाहिए।

बढ़ती जनसंख्या व बदलता मजहबी जनसंख्या का स्वरूप खतरे का आगाज कर रहा है, इसके लिए जनसंख्या नियंत्रण की समान नीति आवश्यक है।

इस देश में ईसाई मिशनरियों द्वारा मतांतरण और फिर राष्ट्रांतरण कराने के दुष्चक्रों की बाढ़ सी आ गई है। सन् 1857 के प्रथम स्वतंत्रता-संग्राम से लेकर 1947 में आजादी मिलने तक 90 वर्षों के स्वातंत्र्य संघर्ष के इतिहास में किसी भी ईसाई मिशनरी संस्थाओं ने कभी भी देश को स्वतंत्र करने का कोई प्रस्ताव पारित नहीं किया। इसी प्रकार किसी भी कम्युनिस्ट पार्टी ने अपनी किसी भी पोलित ब्यूरो की मीटिंग में भारत को स्वतंत्रता दिलाने के लिए संघर्ष करने का कोई प्रस्ताव पारित नहीं किया।

ईसाई मिशनरियाँ जो सेवा कार्य चला रही हैं, उसके पीछे उनका उद्देश्य भोले-भाले भारतीयों को ईसाई बनाना रहता है, परंतु राष्ट्रीय स्वयंसेवक संघ आज देश के विभिन्न क्षेत्रों में 60 हजार से भी अधिक सेवा कार्य चला रहा है। 26 हजार से भी अधिक विद्यालय चल रहे हैं। परंतु मीडिया इन पर कोई ध्यान नहीं देता। हाँ, यह छापने के लिए वह जरूर उतावला रहता है कि संघ विचार परिवार में मतभिन्नता हो रही है। सच्चाई तो यह है कि मीडिया संघ में किसी भी प्रकार के तनाव का मिथ्या प्रचार करता है। मीडिया जगत् को शायद यह ज्ञात नहीं कि राष्ट्रीय स्वयंसेवक संघ के व्यक्तिगत सक्रिय संपर्क में आज चार करोड़ से भी अधिक लोग आते हैं और उनसे बातें होती हैं।

संघ-विरोधियों के नाना प्रकार के प्रयासों, दुष्चक्रों तथा मिथ्या प्रचारों के बावजूद 1925 की विजयादशमी को जन्मे संघ ने आज एक विशाल वटवृक्ष का रूप ले लिया है। पूरे देश में 55 हजार से भी अधिक संघ शाखाएँ चल रही हैं। 6 करोड़ से भी अधिक पुरुष, महिलाएँ, किसान, मजदूर, पढ़े-लिखे, अनपढ़, जीवन के प्रायः हर क्षेत्र के लोग आज संघ के प्रशंसक हैं। 80 से भी अधिक देशों में संघ कार्य चल रहा है। श्रमिक, शिक्षा, स्वास्थ्य, सेवा, प्रचार आदि क्षेत्रों में जिला, प्रांतीय और केन्द्रीय स्तरों पर संघ के विभिन्न संगठनों की 1200 से भी अधिक संस्थाएँ हैं। राष्ट्रीय स्वयंसेवक संघ अपने देश में समाज को संघटित कर शक्ति का संचय करने तथा उसके माध्यम से राष्ट्र के पुनर्जागरण एवं पुनर्निर्माण अभियान में लगा है।

यह हिंदू संस्कृति की विशिष्टता ही है कि पूरे विश्व पर विजय प्राप्त करने का सपना देखनेवाले प्रायः सभी लोग, देश और संगठन हिंदुस्तान से कभी-न-कभी जरूर टकराए हैं। उन्हें दुनिया के अन्य देशों में सफलता भले ही मिली हो, किंतु हिंदुस्तान की अस्मिता आज भी प्रभावशाली ढंग से विद्यमान है। भारत के ईदगिर्द वाले 10 देशों की आबादी 131 करोड़ है, इसमें 90 करोड़ हिंदू-बौद्ध हैं। 38 करोड़ इसलाम के अनुयायी तथा 3 करोड़ ईसाई हैं। ईसाइयों ने विश्व के 100 से भी अधिक देशों को कुचला। आज उनकी दृष्टि भारत की ओर है। इसलाम के विदेश से आए अनुयायियों ने भी लाशों के ढेर लगाए। उनके आक्रमणों से विश्व के अनेक देशों की मूल संस्कृतियाँ समाप्त हो गईं। केवल भारत ही एक ऐसा देश है, जहाँ संघर्ष आज तक चल रहा है। संघर्ष के लिए समाज का पुनर्जागरण करने के लिए भक्ति-आंदोलन से लेकर संत-सिपाहियों और क्रांतिकारियों एवं समाज

सुधारकों तक के आंदोलन की विशिष्ट भूमिका रही है। उन्हीं के प्रयास का यह परिणाम है कि हिंदू संस्कृति आज तक गतिशील है। अब समय आ गया है, जब भारत पुनः एक वैभव संपन्न राष्ट्र बनेगा। सभी 10 देशों को मिलाकर महासंघ बनाना इस दिशा में महत्त्वपूर्ण कदम है।

□

कॅरियरिज्म और नैशनलिज्म को समझें युवा

आई.सी.एस. पास कलकत्ता का एक प्रशासनिक अधिकारी, आयु में युवा, नौकरी ठुकराकर देश के स्वतंत्रता-संग्राम में कूदा। ऐसे व्यक्ति को समाज सुभाष के नाम से जानता है। ऐसे युवाओं को देखकर एक कवि ने पंक्तियाँ लिखीं—

''है समय नदी की बाढ़ से अकसर सब बह जाया करते हैं,
है समय बड़ा तूफान प्रबल पर्वत भी ठुकराया करते हैं,
अकसर दुनिया के लोग समय में चक्कर खाया करते हैं
लेकिन कुछ ऐसे भी होते हैं जो इतिहास बनाया करते हैं।''

उसके कृतित्व को देखकर एक शायर का मन मचला और उसने भी एक शे'र घड़ दिया—

''मुश्किलें हैं, मुश्किलों से घबराना क्या,
दीवारों में ही तो दरवाजे निकलते हैं।''

दो शब्द आप सबने सुने हैं—एक 'कॅरियरिस्ट, है' दूसरा 'नैशनलिस्ट'। एक कॅरियरिज्म है, दूसरा नैशनलिज्म है। If we go with the careerism, so we are known as a carrierist that is without Nationlism. If we go with Nationalism so we are known as a Nationalist. There is a full guarantee that our career is fully secure. कहते हैं कि कॅरियरिज्म में नैशनलिज्म नहीं होता है। Nationalism के अंदर Carrierism पूर्णत: सुरक्षित और विकसित होता है। विद्यार्थियों ने हर संकट में आगे आकर सन् 1857 से 1947 तक में अग्रणी होकर, बलिदान देकर भारत की एकता और अखंडता का एक स्वर्णिम

पृष्ठ रचा है। उस खानदान व परंपराओं के प्रतिनिधि के रूप में आपने भी स्वतंत्रता के पश्चात् कश्मीर, केरल, आंध्र, पूर्वोत्तर में ऐसे उदाहरण माओवाद व आतंकवाद के विरुद्ध प्रस्तुत किए हैं। जब विश्व की जनता को पुकारा था तो हमने 'लेडिज एंड जैंटलमैन' नहीं कहा। हमने 'औरतो और मर्दो' नहीं कहा। इस देश ने दुनिया को संबोधित करते हुए कहा, भाइयो और बहनो, Brothers and sisters,…हमने विश्व के मानव-समूहों को एक रिश्ता दे दिया इस संबोधन में से कि We can live and we can progress as Brother and Sister. इसलिए दुनिया को अगर तनावमुक्त, हिंसामुक्त, अपराध व अत्याचारमुक्त, व्यसन व भ्रष्टाचारमुक्त करना है तो उसका प्रथम प्रमाण इस देश की संस्कृति में विश्व के सब लोग भाइयो और बहिनो! अर्थात् वसुधैव कुटुम्बकम् हैं। हमने जब दुनिया के लोगों की संबोधित किया, तब हमने संबोधन करते हुए दूसरा वाक्य प्रयोग किया—उपस्थित देवियो और सज्जनो! महिला देवी का, प्रगति का, शक्ति का प्रतीक चाहिए—पुरुष सज्जनता रूपी चरित्र का प्रतीक चाहिए, इसलिए हमने दुनिया के नागरिकों के लिए दोनों की व्यवस्था करते हुए कहा और उसमें ही संबोधन किया, ताकि विश्व शांति, प्यार, भाईचारा और विकास की ओर बढ़े, न कि वह खून-खराबे की ओर बढ़े। इस सांस्कृतिक जीवन-मूल्यों की प्रतिष्ठा करते हुए वर्तमान के वैश्वीकरण की इस स्पर्धा में खड़े होना, जीवन के अंदर स्वयं को खुशहाल बनाना, राष्ट्र को शक्तिशाली बनाना—इस आंदोलन का नाम है छात्रों के अंदर 'अखिल भारतीय विद्यार्थी परिषद्'।

युवा-क्रांति की पहचान हो तुम, परिवर्तन का आगाज हो तुम, सुंदर भविष्य का वर्तमान हो तुम, वर्तमान हो तुम।

आज देश के सामने अनेक प्रकार की चुनौतियाँ हैं। बढ़ता आतंकवाद, दो सौ के करीब आतंकवादी गिरोह हैं। इन सबमें आतंकवादियों की संख्या दो लाख के लगभग होगी। प्रति आतंकवादी अगर पाँच हजार रुपए मासिक भी व्यय होता होगा तो लगभग एक सौ करोड़ रुपए प्रतिमाह अर्थात् वर्ष का एक हजार दो सौ करोड़ रुपए इन आतंकवादियों पर व्यय होता होगा। कौन देता होगा? दुनिया की कुछ ताकतें हैं, जो इनको देती होंगी। इनके पास लाखों परंतु नाना प्रकार के शस्त्र हैं, वो अरबों रुपए की कीमत के हैं। कौन देता होगा? इसलिए पंजाब का आतंकवाद, जम्मू-कश्मीर का आतंकवाद, पूर्वोत्तर का आतंकवाद, बिहार, बंगाल, उड़ीसा, आंध्र, तमिलनाडु, छत्तीसगढ़, झारखंड के अंदर का माओवाद और नक्सलवाद कुछ बातें कहता है? पहली बात वह कहता है कि उसने किसी मसजिद पर, चर्च

पर, मदरसे पर, किसी पादरी और मौलाना पर हमला नहीं किया। इसलिए प्रश्न खड़ा होता है कि इस आतंकवाद में और इस विचार के लोगों में कौन सा रिश्ता है? इन इदारों व लोगों पर आक्रमण क्यों नहीं किया? दूसरा प्रश्न खड़ा होता है सन् 1924 में बनी कम्युनिस्ट पार्टी पर कि जब कभी भी इनकी नेशनल पोलित ब्यूरो की बैठक प्रतिवर्ष हुई तो क्या उन्होंने कभी आतंकवाद के विरोध में प्रस्ताव पारित करके आतंकवाद पीड़ित परिवारों की मदद करनी चाहिए? कम्युनिस्ट पार्टी ने आज तक ऐसा Resolution क्यों नहीं किया? इस देश के अंदर (स्वतंत्रता के बाद) इसलाम मतावलंबियों व ईसाइयत पर विश्वास रखने वाले मौलाना व पादरियों की भी conferences होती हैं, उन्होंने आतंकवाद की निंदा करते हुए उसके खिलाफ फतवा अथवा प्रस्ताव पारित क्यों नहीं किया? और आतंकवाद पीड़ित परिवारों की मदद के लिए क्यों कदम नहीं उठाया? ये तीनों राजनैतिक, आर्थिक व धार्मिक विचार, इसलाम, ईसाइयत और कम्युनिज्म भारत की धरती पर विदेशी है, और इसलिए आतंकवाद इन सभी के ऊपर एक प्रश्नचिह्न खड़ा करता है—ये ही आतंकवाद व आतंकवादी के निर्माता व मार्गदर्शक हैं और पालक-पोषक हैं। जबकि इस देश का हर कम्युनिस्ट, इस देश का हर मुसलमान, इस देश का हर ईसाई स्वयं आतंकवादी नहीं होगा परंतु अंतरराष्ट्रीय रूप में ये तीनों विचार इस देश के अंदर इस आतंकवाद का कारण हैं। आतंकवाद का एक छोटा कारण गरीबी, बेरोजगारी हो सकता है, परंतु देश का भिखारी भी आतंकी बनकर हिंदुस्तान मुर्दाबाद नहीं बोलता, यह भी सोचना आवश्यक है।

एक बात और समझने में किसी को कठिनाई नहीं होनी चाहिए। इस देश के अंदर तीन करोड़ तक घुसपैठी हैं। मुझसे कल 'तिब्बत में आतंकवाद' विषय को लेकर संगोष्ठी में एक पत्रकार ने प्रश्न किया कि तिब्बती शरणार्थी क्यों माना गया? नेपाली शरणार्थी क्यों नहीं माना गया? और बँगलादेशी घुसपैठी क्यों माना गया? मैंने उत्तर में कहा, तिब्बत के ऊपर चीन ने सन् 1949 में आक्रमण करके सन् 1959 तक उसको अपने अधीन कर लिया और तिब्बत का नागरिक वहाँ पर विदेशी सत्ता के आक्रमण से उत्पीड़न के कारण निर्वासित हुआ, इसलिए भारत में वह शरणार्थी बनकर आया। नेपाल के अंदर माओवाद के कहर के कारण वहाँ का नागरिक पीड़ित हुआ, परंतु वह छोटे भाई के रूप में आया, इसलिए इस देश के अंदर निर्वासित और शरणार्थी नहीं माना गया। बँगलादेश से आने वाला हिंदू मतावलंबी है, जो कि विभिन्न संप्रदाय और जाति का है। वह वहाँ के इसलामिक

कट्टरवाद, अत्याचार के कारण भारत के अंदर आया, इसलिए वह निर्वासित है, परंतु बँगलादेशी मुसलमान किसी अत्याचार व उत्पीड़न के कारण यहाँ नहीं आया, इसलिए देश की जनता ने संवैधानिक रूप में तथा इस देश की राजनीति ने भी उनको घुसपैठिया माना है। प्रति घुसपैठिया अगर पाँच रुपए भी प्रतिदिन का व्यय होगा तो पंद्रह करोड़ रुपए प्रतिदिन, उसको 365 से गुणा करिए तो लगभग 4-5 हजार करोड़ रुपए प्रतिवर्ष इस देश का देश के विकास और खुशहाली की बजाय, देश की सुरक्षा की बजाय केवल विदेशी घुसपैठियों के पालन-पोषण पर व्यय होता हुआ दिखाई देता है, जबकि दुनिया के अंदर 45 से अधिक मुसलिम देश हैं। दुनिया के अंदर जो अपने आपको डेमोक्रेट कहते हैं, ऐसे भी अनेक बड़े देश हैं, परंतु किसी भी देश में यह Resolution पास नहीं किया कि अगर बँगलादेशी गरीब हैं, बेरोजगार हैं, अनपढ़ हैं तो पाँच-पाँच, दस-दस लाख बँगलादेशी हमें दे दिए जाएँ, क्योंकि वे हमारे मजहब को माननेवाले हैं। दुनिया के किसी डेमोक्रेट देश ने भी यह प्रश्न नहीं उठाया कि भारत, जिसकी जनसंख्या विश्व के अंदर 16.7 प्रतिशत है। हम जानते हैं कि विश्व की जनसंख्या 619 करोड़ है, वर्तमान में भारत की जनसंख्या 107 करोड़ है, इसलिए हमारे पास विश्व की 16.7 प्रतिशत जनसंख्या है, जबकि विश्व की धरती का हमारे पास केवल 2.4 प्रतिशत है। दुनिया के डेमोक्रेट देशों और इसलामिक देशों ने भी इन घुसपैठियों के प्रति हमदर्दी जताते हुए इनको अपने लिए नहीं माँगा। क्या सारी मानवता भारत और भारतीयों के हिस्से में ही आती है कि वे खुशहाली को अपनी गरीबी में बदलते चले जाएँ तथा अपनी सुरक्षा के ऊपर इतना बड़ा प्रश्नचिह्न लगाकर इस देश को पूर्णतया असुरक्षा में धकेल दें? अब हमें यह स्वीकार नहीं। इसलिए विद्यार्थी परिषद् के नेतृत्व में एक माँग उठी—ये जो घुसपैठिया है, इसको पहले पहचाना जाए। फिर उसको मतदाता सूची से निकाला जाए, फिर उसको इस देश से भी निकाला जाए। इसे d^x अर्थात् Detect, Delet, Depot कहा गया है। दुनिया के जिन-जिन देशों को मजहब से, डेमोक्रेसी और मानवता से प्यार है, उन देशों से मैं आग्रह करता हूँ कि अगर आपकी सचमुच मानवतावादी दृष्टि है तो उनको पाँच-पाँच, दस-दस लाख घुसपैठिए लेकर दुनिया के अंदर बिखेर देना चाहिए, ताकि भारत गरीब न बने। और भारत की असुरक्षा और गंभीर न बने, इसलिए आज इसकी भी आवश्यकता है।

इसी के साथ-साथ देश के अंदर आज एक भयानक मतांतरण भी दिखाई

देता है। भारतीय संविधान ने सन् 1952 के अंदर जब गणतंत्र को मानते हुए एक नई राह दुनिया के सामने प्रस्तुत की तो हमने अपने संविधान के अंदर व्यवस्था की थी कि धर्म स्वातंत्र्य की हर व्यक्ति को जाति के रूप में, धर्म के रूप में पूर्ण स्वतंत्रता है और इसलिए उसकी जाति की, उसकी भाषा की, उसके भूगोल की और उसके पंथ व संप्रदाय की सुरक्षा करना भारतीय लोकतंत्र का नैतिक दायित्व बनता है। अगर उसकी पहचान को नष्ट किया जाता है, बरबाद किया जाता है, बदला जाता है तो वह असंवैधानिक है, अनैतिक है, अराष्ट्रीय है, देश के लिए खतरे का नाद है। इसलिए धर्मांतरण द्वारा धर्म स्वातंत्र्य के ऊपर एक बहुत बड़ा प्रहार है। यह आक्रमण आज हिमाचल के अंदर होता हुआ दिखाई दे रहा है। आज और कल आपका नाम बदलेगा, परसों आपकी वेश-भूषा बदलेगी, चौथे दिन आपका लोकनृत्य-लोकसंगीत बदलेगा, पाँचवें दिन आपका पूजा-स्थल व देवी-देवता और ग्रंथ बदलेंगे, धीरे-धीरे जब आप अपनी पहचान खो बैठेंगे तो फिर आप किस भूमि से, किन परंपराओं से, किन पूर्वजों का सम्मान करेंगे। यह एक बड़ा प्रश्न खड़ा हो जाएगा? इसलिए धर्मांतरण धर्म स्वतंत्रता के विरोध में है, इसलिए असंवैधानिक और अनैतिक है। हमें हिमाचल प्रदेश सरकार से और भारत सरकार से इस उद्‌घाटन समारोह में यह माँग करना सर्वदा उचित है कि हि.प्र. सरकार को धर्म स्वतंत्र्य का बिल लाकर इस प्रदेश के नागरिक की पंथीय, जातीय, भाषायी एवं भौगौलिक, लोकनृत्य, लोकसंगीत एवं परंपराओं की पूर्ण सुरक्षा का विश्वास हि.प्र. की जनता को देना चाहिए। भारत सरकार को भी इस ओर कदम उठाकर संविधान के सम्मान का अभ्यास बनाना चाहिए।

आज देश के अंदर बढ़ता भ्रष्टाचार! लोगों ने यह मान लिया है कि भ्रष्टाचार Uncompromising है, इससे compromise ही करना पड़ेगा और इसलिए धीरे-धीरे भ्रष्टाचार से compromise करता हुआ देश और प्रदेश की जनता दिखाई दे रही है। आज जिस गति से भ्रष्टाचार बढ़ रहा है, उस गति से शायद राक्षस भी नहीं बढ़ता, यह एक घोर संकट की ओर संकेत देता है। एक सरकार का भ्रष्टाचार होता है, जिस पर अंकुश लगना चाहिए। एक स्वभाव का भी भ्रष्टाचार होता है। विद्यार्थी परिषद् के युवक और युवती के रूप में स्वभाव के भ्रष्टाचार से लड़ेंगे और व्यवस्था के भ्रष्टाचार को नहीं सहेंगे, इस ओर संकल्प के साथ बढ़ना आवश्यक है। स्वभाव के भ्रष्टाचार जीवन के अंदर कैसे जन्म लेते हैं, "मैं चंडीगढ़ में इंजीनियरिग कॉलेज में पढ़ता था। छुट्टियाँ थीं, इंजीनियरिंग का पाँचवाँ सत्र संपन्न कर हम घर जा रहे

थे कि मार्ग में पिहोवा स्थान आया। वहाँ एक जोड़ा अपने दो बालकों के साथ बस में चढ़ा। वे पढ़े-लिखे थे। परिचालक आया, टिकट माँगा और दंपती ने टिकट के लिए कहा तो परिचालक ने बच्चों की ओर देखकर मैडम से पूछा कि यह बालक साथ है तो माँ ने तुरंत कहा, भैया यह तो अभी तीन साल का भी नहीं हुआ है, तो बच्चा अनपढ़ व नासमझ होता है, इसलिए बच्चा तुरंत चहका—'मम्मी-मम्मी, अभी तो मेरा 8th Happy Birthday to you मनाया गया'। परिचालक ने माँ को देखा, माँ ने बच्चे को देखा। बच्चे ने सोचा, माँ अभी तो बड़ी प्यारी-प्यारी लग रही थी, अभी ऐसे कठोर-कठोर क्यों लग रही है ? उसको समझ में नहीं आया कि क्या गड़बड़ हो गई। आधा टिकट लेना था, परंतु नहीं लिया तो लोगों को लगता है कि चलता है, टिकट लेना लगता है कि बड़ी तौहीन की बात है, जबकि टिकट लेने से सदाचार का व्यवहार पनपेगा। मुझे ध्यान में आता है कि 20-25 वर्ष पूर्व मैं एक पत्रिका पढ़ रहा था। उसके अंदर एक घटना लिखी हुई थी—कॉन्वेंट में पढ़नेवाला एक बालक विद्यालय से छुट्टी होने पर रोता हुआ निकलता है, ऑटो में बैठता है, घर पहुँचता है, माँ receive करती है। पिता दफ्तर से छुट्टी करके घर पहुँचते हैं, पूछते हैं, बालक कैसा है, क्यों रो रहा है ? पता लगता है कि मैम ने स्कूल में मारा। फिर पूछने पर बालक कहता है कि मैंने स्कूल में किसी का पेन चुराया था। पिता कहते हैं, चोरी बड़ा पाप है, अधर्म है, इससे बड़ी बदनामी होती है। बच्चा चुप हो जाता है। बाप बच्चे को कंधे पर उठाता है, माँ गाना गाती है, बच्चा खुश हो जाता है, बच्चा मुसकराने लगता है, बाप बड़े प्यार से कहता है कि बेटा जब कभी भी पेन, स्टेशनरी खत्म हो जाए तो चुराना नहीं, मुझे कहना, मैं तुम्हें दफ्तर से लाकर दूँगा। चलता है, लगता नहीं है कि इसमें nothing is wrong , लगता नहीं है कि यह गलत है। आज समाज, सरकार-तंत्र में मनुष्य उसका living organ है। मनुष्य के स्वभाव में दोष आया तो वह व्यवस्था में भ्रष्टाचार लाया। व्यवस्था में राजनैतिक तथा प्रशासनिक तंत्र ने भ्रष्ट होकर उसको भ्रष्ट किया और नेतागिरी व अफसरशाही से भ्रष्टाचार ने राक्षस का आकार धारण कर लिया। फिर मुर्गी पहले कि अंडा पहले, समझ में नहीं आता है। परंतु युवा शक्ति अपने स्वभाव के अंदर इस भ्रष्ट दोष को आने नहीं देगी और प्रशासन तथा राजनीति में आए हर भ्रष्टाचार और भ्रष्टाचार के प्रतीक के रूप में हिमाचल की सरकार व देश के अफसर, राजनेता व समाज को सहेंगे नहीं। इस क्रांति का अभिनंदन करेंगे तो मैं भी आपका अभिनंदन करने के लिए आगे बढ़ रहा हूँ।

इसी के साथ-साथ आज देश के अंदर बढ़ता प्रदूषण है, जातिवाद अर्थात् छुआछूत, बढ़ता व्यसन है, बढ़ती बेरोजगारी है। नए-नए आयाम संकट के रूप में भी देश के सामने खड़े होते हुए दिखाई देते हैं और इसलिए आज हमें उन सबसे भी लड़ना है। प्रखर समाजसेवी व राष्ट्रदृष्टा बालासाहेब ने कहा था कि अगर छुआछूत पाप नहीं तो दुनिया में कुछ भी पाप नहीं, और इसलिए शिक्षा अगर संस्कारयुक्त रहती है तो वह संपूर्ण व योग्य मनुष्य को जन्म से बढ़ावा देती है। अगर शिक्षा में संस्कार नहीं रहते हैं तो मनुष्य पढ़ा-लिखा जरूर बनता है, फिर वह लालू, राजीव, हर्षद मेहता, शहाबुद्दीन, आजम खाँ और डेविड का प्रतीक बनेगा कि नरसिम्हाराव का प्रतीक बनेगा—यह नहीं कहा जा सकता है। जातिवादी हिंसा, अपराध व व्यसन भड़कानेवाला कीड़ा बनेगा, इसलिए शिक्षा संस्कारयुक्त हो, यह आवश्यक है। व्यसन से दूर, प्रदूषण नहीं स्वच्छता, छुआछूत नहीं बल्कि समरसता अर्थात् सब भाई-बहन हैं, अनपढ़ को पढ़ाने का, गरीब-दुःखी की सेवा आधुनिक युग का फैशन बनना चाहिए, आस्था बननी चाहिए। अगर शिक्षा में राष्ट्रीय संस्कार हैं तो वह शिक्षा का भगवाकरण है, अगर शिक्षा में से राष्ट्रीय संस्कार निकाल दो तो वह वामपंथी सेक्यूलर शिक्षा है। आपको सोचना व निर्णय करना है, कौन सी शिक्षा चाहिए ? इसलिए शिक्षा का वामपंथीकरण रोकना होगा।

आज दुनिया बहुत तेज गति से प्रगति कर रही है। केवल शिक्षा के अंदर वैश्वीकरण के नाम पर आधुनिकीकरण में आर्थिक प्राप्ति की होड़ रही तो उसे अंदर से एक गुमराह मनुष्य मिलेगा, युवक मिलेगा और एक भटकता हुआ राष्ट्र उसके अंदर से उत्पन्न होगा, इसलिए आज आवश्यक है, इन्हीं जीवन-मूल्यों को भी अपने अंदर प्राप्त करना। मुझे दो छोटे से संस्मरण ध्यान में आते हैं। पानी बरसा। जब आपने पानी को बरसते देखा, तो आपने विचार किया कि इसको किनारे दे दिए जाएँ। जैसे ही आपने किनारे दिए तो वह एक नदी के रूप में आगे बढ़ा तो उस पर बाँध बनाकर उससे ऊर्जा का निर्माण हुआ। जब वह पानी आगे बढ़ा तो आपने उसमें से नहरें निकाल लीं तो उसने आपके खेत को खुशहाल किया, जब वो पानी आगे बढ़ा तो आपने उसके अंदर से बावली, तालाब खड़ा करके नाल से पानी घर में लिया तो उसने आपकी प्यास बुझा दी, आपको जीवन दे दिया। जब वह पानी आगे बढ़ा तो उसके अंदर नए-नए आयाम पैदा होने लगे। परंतु जब वह पानी बरसा, आपने उसे किनारे नहीं दिए तो उसने आपका घर, खेत और आपको उजाड़कर फेंक दिया तथा विनाश को जन्म दिया। प्रश्न खड़ा होता है कि यह किनारे

बंधन हैं या विकास का मार्ग हैं। दूसरा उदाहरण एक घोड़ा खड़ा है। उस घोड़े पर घुड़सवारी करने के लिए आप चढ़े। उसे लगाम डाली हुई थी। आपने लगाम थामी। लगाम खींची तो घोड़ा दौड़ा। जिस समय घोड़ा दौड़ा था और लगाम उसके अंदर नहीं होती तो घोड़ा दौड़ते-दौड़ते रास्ते से हट सकता था। रास्ते से हटते-हटते उसके मन में आ सकता था कि यह खामखा का एक नौजवान मेरे ऊपर सवारी कर रहा है ? मेरी स्वतंत्रता का अपहरण कर रहा है ? और वह आपको उठाकर पटक सकता था। क्यों ? इसलिए, क्योंकि घोड़े को लगाम नहीं है। अब घोड़े को लगाम है, यह उसका बंधन है या सही मार्ग पर तेज गति से मंजिल पर पहुँचाने का साधन है। आज इस देश के अंदर शक्ति चाहिए, परंतु वह अनुशासन में चाहिए। इस देश के अंदर ऊर्जा चाहिए परंतु, वह संयम में, नियमों में बँधी होनी चाहिए। अगर वह नियमों में बँधी होगी तो वह विकास का आधार बनेगी अन्यथा वह विनाश का आधार बनेगी।

आज वर्तमान में इस शक्ति के अनेक नाम हैं। उसमें से एक नाम 'करंट' है। करंट एक ऐसी शक्ति है कि जिसको आपने अपनी तार में डाल दिया तो वह बल्ब और ट्यूब से अँधेरा दूर करेगी। एक पंखे में डाल दिया तो वह गरमी दूर करेगी। जब किसी हीटर के अंदर जाएगी तो वह पकवान बनाएगी। जब किसी कल-कारखाने या मशीन के पुर्जे में जाएगी तो नई-नई वस्तुओं का निर्माण करेगी, नए-नए उद्योगों का निर्माण करेगी। परंतु आपने सोचा कि इतनी प्यारी शक्ति है, जो इतना विकास करती है, जरा इसको छेड़ लिया जाए। जिसने ऐसा किया, चार लोग कंधे पर उठाएँगे, पचास-सौ पीछे बोलेंगे 'राम नाम सत्य है।' उसका दाह संस्कार या दफनाने का काम कर चले जाएँगे। शक्ति का उपहास किया, छेड़छाड़ की तो वह सबक सिखाती है और उसका सम्मान किया तो वह विकास व खुशहाली ही नहीं देती, सम्मान व स्वतंत्रता की रक्षक भी होती है। इस युवा शक्ति का विकास, सुरक्षा व सम्मान के लिए उपयोग हो, इसलिए यह युवा छात्र movement है। आपके ऊपर, हम सबके सामने एक बड़ी चुनौती है, दायित्व है। इसलिए आज बढ़ते प्रदूषण, व्यसन, जातिवाद, भ्रष्टाचार, अनपढ़ता व बेरोजगारी से लड़ना होगा। इन सबसे मुक्त भारत, अपना प्यारा शक्तिशाली भारत विश्व के सामने खड़ा करना है।

मैं पहले के भारत की चर्चा नहीं करूँगा, परंतु वर्तमान के भारत की एक-दो बात कहकर अपने वक्तव्य को विराम दूँगा। सन् 1947 में देश का क्रूरतापूर्ण विभाजन हुआ और पश्चिमी-पूर्वी पाकिस्तान बना। उसी समय मालदीव को भी

स्वतंत्र करके अंग्रेज गए। उससे पीछे की तरफ जाएँगे तो सन् 1937 में उसने म्याँमार को अलग किया। सन् 1935 में उसने श्रीलंका को अलग किया। उससे पहले सन् 1914 में उसने तिब्बत को स्वायत्तता देकर अपने अधीन करने की कोशिश की। सन् 1906 में भूटान, सन् 1904 (1955) में नेपाल, सन् 1876 (1934) के अंदर अफगानिस्तान पर आधिपत्य जमाने का प्रयास। विश्व की किसी भी इतिहास पुस्तक के अंदर 2500 वर्ष पूर्व यूनानियों से लेकर अंग्रेजों तक का एक वाक्य प्रयोग नहीं मिलता कि इन विदेशियों ने अफगानिस्तान पर, तिब्बत पर, नेपाल पर, भूटान पर, म्याँमार पर, सिलोन पर, पाकिस्तान और बँगलादेश और मालदीव को छोड़ ही दीजिए, ये तो 1947 में बने, इन पर कभी आक्रमण किया है। यह सब निरंतर भारतीय महासंघ के रूप में सत्ताधारी देश होने के बाद भी एक भारत खंड के हिस्से होते थे, इसलिए अंग्रेजों ने सन् 1947 में जो विभाजन किया, भारत का यह अंग्रेजों द्वारा किया गया सातवाँ विभाजन था।

भारत का वह 24वाँ विभाजन पच्चीस सौ वर्ष का था। परंतु मैं सन् 1947 से आज 2005 तक के भारत ने क्या खोया और क्या पाया, इसकी एक बात आपके सामने जरूर कहूँगा और वो यह है कि सन् 1947-48 में, 1965 में, 1971 में, 1989 में और 1999 से आज तक प्रत्यक्ष आक्रमण तथा आतंकवाद के रूप में पाकिस्तान (ISI) के आक्रमण हम भुगत रहे हैं। 1962 में चीन ने आक्रमण किया, हमने 80 हजार वर्ग कि.मी. खोया। पाकिस्तान के पास 82 हजार वर्ग कि.मी. जमीन हम खो चुके हैं। 1953 में पंडित नेहरू ने मणिपुर में घोषणा करके 7 हजार वर्ग कि.मी. म्याँमार को मणिपुर का, नागालैंड का और मिजोरम का क्षेत्र दिया। तीन बीघा और इस प्रकार कच्चा टीबू आदि क्षेत्र बँगलादेश और श्रीलंका को हमने भेंट करके दिए। So, we have lost one laks Seventy two thousand Sq. K.m. either to Pakistan or to Chaina or the Naughbouring countries, हमने कुछ प्राप्त भी किया है। जब भारत का विभाजन हुआ, उस समय भारत के अंतर्गत 562 रियासतें थीं, जो अंग्रेज से स्वतंत्र थीं। 555 रियासतों का भारत के अंदर सरदार पटेल के नेतृत्व में विलय किया। उसके पश्चात् सन् 1956 में हमने पांडिचेरी, मया और श्यामनगर (जो बंगाल और केरल में थे) क्षेत्र को फ्रांसीसी शासन से मुक्त करवाकर भारत में विलय किया। सन् 1961 में गोवा-दमन-दीव, नागर दादरा हवेली हमने पुर्तगलियों से स्वतंत्र करवाकर भारत में विलय किए। सन् 1970-71 में अमेरिका सिक्किम पर कब्जा करने जा रहा था, उस सिक्किम

का सन् 1983 में भारत में हमने विलय किया। यह हमने जमीन के रूप में खोया और पाया है। किसी भी युवा पीढ़ी के सामने और वर्तमान के सामने होता है कि वह अपनी भूमि की अखंडता को फिर से प्राप्त करे। भारतीय महासंघ इन दस देशों को मिलाकर बनना अनेक ज्वलंत समस्याओं का समाधान है।

एक प्रश्न खड़ा होता है, जिसका उत्तर समय ने माँगा है और नौजवान पीढ़ी ने दिया है—अगर झाँसी की रानी सोच लेती कि मैं कुशल गृहिणी बनूँगी, भगिनी निवेदिता सोच लेती कि मैं एक अच्छी प्राध्यापिका बनूँगी, लोकमान्य तिलक सोच लेते कि मैं एक अच्छा जज बनूँगा, लाला लाजपतराय सोच लेते कि मैं एक अच्छा वकील बनूँगा, अरविंद और सुभाष सोच लेते कि वे अच्छे प्रशासनिक अधिकारी बनेंगे। अगर रामप्रसाद बिस्मिल, चंद्रशेखर आजाद, भगतसिंह सोच लेते कि वे अच्छे कृषक बनेंगे, जमींदार बनेंगे; अगर सावरकर सोच लेते कि मैं एक अच्छा साहित्यकार, कवि और लेखक बनूँगा तो यह पक्की बात थी कि हम स्वतंत्र भारत के सम्मानित नागरिक नहीं होते। इसलिए जिस समय संस्कृति पर और राष्ट्र पर संकट होता है तो “Carrierism never save the life values, nation and progress. Always the struggle and sacrifice save our dignity, honour, independance and progress”. और इसलिए अगर इन सब 20 हजार से 2 लाख की संख्या के महापुरुषों ने सोच लिया होता कि हम भी carrierist बनेंगे, हमें क्या जरूरत है संघर्ष करने की तो देश स्वतंत्र नहीं होता, हम गुलाम होते। हो सकता है कि आज यहाँ बैठे हुए लोगों का धर्म यही रहता या ये भी धर्म व अपनी पहचान खोजते होते। इसलिए इतिहास (सुरक्षा व विकास) कॅरियरिस्टों के साथ नहीं, नैशललिस्टों के साथ चलता है। आप एक संकल्प लेकर अपने अच्छे भविष्य को प्राप्त करें, जिसमें मिशन हो, राष्ट्रीयता हो। दुनिया की जो भी है प्रगति व स्पर्धा विज्ञान के क्षेत्र में होगी, कॉमर्स के क्षेत्र में होगी, विकास के क्षेत्र में होगी, उद्योग के क्षेत्र में होगी, नए-नए डिजाइन-फैशन के रूप में होगी, हम दुनिया की स्पर्धा के अंदर दौड़ें। हम जब इंजीनियरिंग कॉलेज में पढ़ते थे, उस समय पंजाब व हरियाणा High Court के Chief Justice के रूप में रिटायर हुए जितेंद्र वीर गुप्ता, High Curt के वकील थे। वह हमारे पास आए। उन्होंने एक छोटी सी Exercies हमसे करवाई। हम 15-20 विद्यार्थी थे। उन्होंने कहा, “See upward” हमने ऊपर की ओर देखा, आकाश था, बादल थे, कुछ पक्षी उड़ रहे थे। उन्होंने कहा, “See downward,” हमने नीचे देखा, कुछ घास थी, कुछ कीट, पतंग थे, कुछ कंकड़-पत्थर थे। उन्होंने कहा, “See forward,” सामने देखा, कुछ मकान

थे, लोग चल रहे थे, दुनिया दौड़ रही थी। उन्होंने कहा—What is the purpose, aim and objective of this exercise? यह जो मैंने तुमसे exercise करवाई है, इसका क्या उद्‌देश्य है? पहले हमने सोचा कि रीढ़ की हड्‌डी ठीक रहे और गरदन के अंदर बल नहीं पड़ जाए तो शायद वकील साहब हमसे ऊपर देखो, नीचे देखो, सामने देखो गरदन का व्यायाम करा रहे थे। पर जब उन्होंने कहा कि what is the purpose of this exercise तो हमें लगा कि मामला कुछ गंभीर है और जब गंभीर लगा तो फिर ध्यान में आया, जब हमने ऊपर देखा तो देखा कि हजारों-लाखों लोग हमसे आगे हैं और जब हमने नीचे देखा तो करोड़ों से हम आगे हैं, और जब सामने देखा तो मंजिल हमें पुकार रही थी कि हम हजारों-लाखों जैसे बनने की स्पर्धा के लिए दौड़ेंगे, परंतु करोड़ों को ऊपर उठाने के लिए काम करेंगे। यह हमारा मिशन है, यह हमारी मंजिल है। इसके लिए भगवान् आपको शक्ति दें, सामर्थ्य दें, विवेक दें। इन्हीं शुभकामनाओं के साथ विद्यार्थी परिषद् के रूप में युवाशक्ति के बढ़ते कदमों के लिए मेरा शुभाशीष।

□

भारतीय महान् जनक्रांति सन् 1857 का संदेश

गुलामी, आतंकवाद, गरीबी, विषमता, व्यसन, मतांतरण आदि से मुक्ति का मार्ग दिखाया है स्वतंत्रता-संग्राम ने :

1. 10 मई न होती तो 15 अगस्त, 1947 का स्वतंत्रता-दिवस नहीं आता। अगर 15 अगस्त, 1947 नहीं आता तो 26 जनवरी, 1950 को गणतंत्र दिवस हम नहीं मना पाते, इसलिए 10 मई को राष्ट्रीय क्रांति-दिवस घोषित करना चाहिए।
2. सन् 1857 से थोड़ा पूर्व से लेकर सन् 1947 तक के स्वतंत्रता-संग्राम में शहीद, किसी भी जाति, पंथ, भाषा के हैं, उनका एक राष्ट्रीय रजिस्टर जिलाश: तैयार होना चाहिए।
3. स्वतंत्रता केवल गांधी-नेहरू से ही प्राप्त नहीं होती, यह तो सभी के प्रयत्नों का फल है, इसलिए पाठ्य-पुस्तकों में स्वतंत्रता-संग्राम के शहीदों को भी पढ़ाया जाए। स्वतंत्रता-संग्राम का इतिहास कांग्रेस की स्थापना सन् 1885से नहीं, बल्कि सन् 1857 की महान् जनक्रांति से भी पूर्व से पढ़ाया जाए।
4. देश में सामूहिक शहादतों के 300 से अधिक शहीद स्थल हैं। सभी शहीद स्थलों की जानकारी लें, उन्हें 'ऐतिहासिक दर्शनीय स्थल' घोषित करना व उसी रूप में उनका निर्माण कार्य भी होना चाहिए।
5. फिरंगियों यानी अंग्रेजों के विरोध में लड़े गए स्वंतत्रता-संग्राम में शहीद व अंग्रेजों के शासनकाल में महामारी, बाढ़, भूकंप व अकाल आदि में मारे गए लाखों-लाख भारतीय (80 लाख के लगभग),

जिनके जान-माल की सुरक्षा हेतु गोरों ने कोई कदम नहीं उठाया। इन क्रूर अत्याचारों के लिए आज के इंग्लैंड व अंग्रेजों को भारत व भारतीयों से क्षमा माँगनी चाहिए।

6. सन् 1857 की क्रांति को गदर, विद्रोह व बगावत कहकर अपमानित नहीं करना चाहिए। इसको स्वतंत्रता-संग्राम अथवा जनक्रांति की संज्ञा देनी चाहिए। उस समय की क्रांति का मुख्य नारा था—'हिंदी-हिंदी भाई-भाई, फिरंगी तेरी मौत आई', मजहब, जाति व भाषा (जुबान) के आधार पर एकता का नारा नहीं था। इसी राष्ट्रीयता के भाव को सभी जाति, पंथ (मजहब), दल व भाषा (जुबान) के मन में भरने की आवश्यकता है। राष्ट्रीयता यानी कौमियत वतन से होती है, न कि जाति, पंथ (मजहब) व भाषा (जुबान) से।
7. आतंकवाद को जेहाद का नाम देकर जो विदेशी इसलामिक ताकतें हिंदुस्तान के मुसलिम नौजवानों को गुमराह कर रही हैं, उनके षड्यंत्र को समझकर आतंकवाद की मजम्मत, यानी निंदा करनी होगी। आतंकवाद व आतंकवादी देश मानवता का विरोधी है। इसके विरुद्ध सख्त कानून व काररवाई जरूरी है। बंदूक, पिस्तौल यानी शस्त्र खुदा के नहीं, बल्कि शैतान के दोस्त व हथियार हैं। अगर ये खुदा के होते तो खुदा पूरी जनता यानी कायनात को शस्त्र सहित पैदा करता। जिसका खुदा व उसकी खुदाई से भरोसा उठ गया, वो शैतान का दोस्त बन हथियार उठाता है। इसलिए आतंकवाद शैतान के दिमाग की उपज है। अफजल गुरु जैसे सभी शैतानों को फाँसी देना एवं अति कठोरतापूर्वक दंडित करना ही मार्ग है आतंकवाद से मुक्ति का।
8. हम शहीदों की याद में चिराग रोशन कर चादर व फूल चढ़ाने आए हैं। शहीद मृतक नहीं हैं। कुर्बानियाँ सदा जिंदा व जीवंत रहती हैं, इसलिए हम उनको श्रद्धांजलि नहीं, प्रणामांजलि अर्पित करते हैं। श्रद्धांजलि मृतक शहीदों को, प्रणामांजलि जीवंत शहीदों को, परंतु प्रेरणा दोनों ही हालात में लेंगे।
9. मुसलमानों के लिए सबसे अजीम एवं पवित्र स्थान है—मक्का मदीना। परंतु जब सवाल वतन का आएगा तो हिंदुस्तान का मुसलमान अरब जिंदाबाद नहीं, बल्कि हिंदुस्तान जिंदाबाद बोलेगा। जब सर कटाने की

बात आएगी तो सिर अरब के लिए नहीं, हिंदुस्तान के लिए कटेगा।

10. रसूल साहब ने मुसलमान के ईमान में दो तरह के फर्ज बताए हैं— 1. दीनी फर्ज, और 2. वतनी फर्ज। दीनी फर्ज में पाँच बातें हैं : (क) हज, (ख) रोजा, (ग) जकात, (घ) नमाज, (ङ) तौहीद। वतनी फर्ज के बारे में कहा है, 'हुब्बुल वतनी निफसुल ईमान' अर्थात् अपने प्यारे वतन से मोहब्बत करना, उसकी हिफाजत करना और उसकी तरक्की के लिए जद्दोजेहद करना। अपना प्यारा वतन है हिंदुस्तान, उसकी तरक्की के लिए जद्दोजेहद करना। अपना प्यारा वतन है हिंदुस्तान, असीन होगी, क्योंकि वतनपरस्ती आधा फर्ज है।

11. रसूल साहब ने फरमाया है 'रब-उल-आलमीन' न कि 'रब-उल-मुसलमीन'। इससे जाहिर होता है कि रसूल साहब ने कभी नहीं कहा कि सबको मुसलमान बनाओ, क्योंकि उनकी नसीहत है 'लकुम द्वीनुकुम वलयुदीन' अर्थात् तेरा दीन तेरा, मेरा दीन मेरा, अपने-अपने दीन पर चलेंगे, एक-दूसरे के दीन में दखल नहीं देंगे, बल्कि एक-दूसरे के दीन की इज्जत करेंगे। इसलिए अपने-अपने पंथ, मजहब पर चलना यानी दुनिया में अनेक व अधिक पंथ (धर्म) रहेंगे। विश्व-बंधुत्व तभी संभव है, जब विश्व के लोग सर्वपंथ समभाव (समादर) के मार्ग को मानेंगे एवं चलेंगे। विश्व को यह मार्ग भारत व भारतीय समाज ही दिखा सकता है।

12. हदीस में है—"गाय का दूध मुफीद है, इलाज है तथा गोश्त बीमारी है।" उसके अनुसार गाय का वध करना कुफ्र हो जाता है। वैसे भी गाय एक ऐसा प्राणी है, जिसका दूध व गोबर दोनों इनसान के लिए फायदेमंद हैं, जबकि खुदा की कायनात में कोई भी दूसरा प्राणी ऐसा नहीं है, जिसके द्वारा जो भी उगला जाता है, वह सभी चीजें इनसान के काम आती हों। इसलिए गौकशी नहीं, बल्कि गऊ की हिफाजत इनसानी फर्ज बनता है।

13. सन् 1857 की जंगे-आजादी का एक ऐलान है, जिसमें 16 नुकते हैं। उसमें पहला नुक्ता था कि मुल्क की एकता व भाईचारे को मजबूत करने हेतु गऊकशी बंद की जाती है। जो गऊकशी करेगा, वह आजादी, जंगे-आजादी व जहाँपनाह का दुश्मन है, उसे सजाए मौत दी जाएगी।

14. फिरंगियों द्वारा गऊ व सूअर की चरबी का कारतूस उपयोग कर, मजहब बदलने का षड्यंत्र चल रहा था, उसके बारे में जंगे आजादी के नेताओं का ऐलान था कि आजाद हिंदुस्तान में बलात् धर्मांतरण नहीं होगा अर्थात् कानूनन अपराध होगा। सन् 1857 से 1947 तक केवल 0.7 प्रतिशत समाज का मतांतरण करने में चर्च की सत्ता सफल हो सकी। जबकि हैनन एलर्वी (फ्लोरिडा) के अनुसार पिछले 2000 वर्ष में चर्च ने विश्व की 100 सभ्यताओं का विनाश किया एवं 150 करोड़ लोगों की हत्या करने का अपराध किया है। कई का बलात् धर्मांतरण किया है। 1857 में जंगे-आजादी के समय मतांतरण या converstion गैरकानूनी, अमानवीय व असंवैधानिक घोषित किया तथा उससे निपटने के लिए सख्त कानून बनाए।
15. जनक्रांति 1857 के प्रतीक थे—'रोटी और कमल'।'रोटी' का मतलब विदेशी व गुलामी की रोटी नहीं, बल्कि इज्जत व आजादी की अपनी रोटी।'रोटी' अनेक जाति व पंथों के घरों के आटे से बनी थी।'कमल' का मतलब था विदेशी संस्कृति व विदेशी राज नहीं, बल्कि अपनी संस्कृति, अपना राज। घर-घर-रोटी कमल चला था और जन-जन इस जयघोष से गूँज रहा था ''फिरंगी मारो, आजादी लाओ''।
16. हिंदुस्तान में हम सभी अलग-अलग जात, मजहब व जुबान से जुड़े हैं, परंतु वतन हम सब का एक है। दुनिया में पहचान जात, जुबान व मजहब से नहीं, वतन से ही होती है। यही खुदा का दिया पैगाम है। अमेरिका, इंग्लैंड, इटली आदि के आदमी को ईसाई नहीं; अरब, सूडान, तुर्कीस्तान के आदमी को मुसलमान नहीं; चीन, रूस के आदमी को कम्युनिस्ट नहीं कहते हैं, बल्कि अमेरिकन, सूडानी, चीनी और जापानी ही कहा जाता है। इसी प्रकार से हिंदुस्तान के आदमी को भी दुनिया भर में भारतीय, हिंदुस्तान से हिंदू, हिंदी व हिंदुस्तानी तथा इंडिया से इंडियन कहते हैं। इसलिए विश्व में पहचान वतन से होती है, यह खुदाई (प्रभु) पैगाम व फैसला है।
17. हम याद करें कि पुरखों से हम कौन हैं? मोहम्मद करीम छागला (तत्कालीन शिक्षा मंत्री), मुहम्मद कुँवर अल्ली (पूर्व राज्यपाल-मध्य प्रदेश), मोहम्मद फजल (पूर्व राज्यपाल महाराष्ट्र, गोवा) आदि ने

स्पष्ट माना व कहा है कि दो-चार सौ साल पहले के हमारे पूर्वज मजहब-ए-इसलाम को माननेवाले हैं, परंतु पाँच सौ-एक हजार साल से पहले के हमारे पुरखे मजहब-ए-सनातन अर्थात् प्रकृति, ग्रंथ, मूर्ति, गुरु आदि को माननेवाले थे। हम दोनों तरह के पुरखों की इज्जत करते हैं तथा खुदा से प्रार्थना करते हैं कि जो अपने पुरखों का सगा नहीं हो सकता, वह अपने वतन एवं पड़ोसी का सगा कैसे होगा? हमने मजहब बदला है, न कि पुरखे व वतन। मुसलिम व ईसाई समाज में इस सत्य की रोशनी को फैलाया जाए।

18. हम गरीबी, भुखमरी, अनपढ़ता, प्रदूषण, नशा, अपराध एवं छुआछूत के विरुद्ध जंग का ऐलान करते हैं। इस जंग को लड़ने के लिए हमें अपने अंदर जजबात पैदा करना होगा कि हम तालीमयाफ्ता होंगे। तालिम तीन प्रकार की है—

    1. दीनी तालीम—इनसान बनाने के लिए, 2. दुनियावी तालीम—इनसानी तरक्की व खुशहाली के लिए और 3. हुब्बुल वतनी की तालीम—वतनपरस्त इनसान के लिए। हमारा नारा है—'आधी रोटी खाएँगे, बच्चों को पढ़ाएँगे।' 'तालीम जिंदगी के लिए, जिंदगी वतन के लिए'।

19. कुर्बानियों की पहचान जात, मजहब, जुबान से नहीं, बल्कि वतन की दीवानगी से है। इसलिए उनके तराने कैसे थे, जिनसे हमें उनकी भावनाओं का पता चलता है—

    (क) जब तलक गाजियों में बू रहेगी ईमान की, तख्ते लंदन तक चलेगी तेग हिंदुस्तान की।

    (ख) सरफरोशी की तमन्ना अब हमारे दिल में है।

    (ग) सारा लहू बदन का सरजमीं को पिला दिया, वतन का कर्ज बहुत था, सारे का सारा चुका दिया।

    (घ) है मातृभूमि तेरी पूजा कर रहे हैं, जेल हो या हो फाँसी, बेड़िया बजा-बजाकर तेरी वंदना करेंगे। मादरे वतन हिंदुस्तान जिंदाबाद। भारत माता की जय! वंदे मातरम्।

    (ङ) माई रंग दे बसंती चोला।

    (च) हे माँ अपने असली बेटे होने का सबूत, पैसा कमाकर नहीं, गाना गाकर नहीं बल्कि कुर्बान होकर दूँगा।

20. आधी दुनिया पर राज करनेवाली अंग्रेज जाति का नारा था कि उनके राज्य में कभी सूर्य अस्त नहीं होता। परंतु सन् 1857 की जनक्रांति ने अंग्रेजी राज के सूर्य के अस्त होने का बीज बो दिया था। हिंदुस्तान ने दो हजार पाँच सौ साल पहले विश्व सम्राट् बनने का सपना लेकर चलनेवाले सिकंदर को पराजित किया था और साठ साल पहले अंग्रेज को परास्त कर बता दिया था कि हिंदुस्तान अविजित है। परंतु आज हमें उस लायक बनना होगा। विश्व का प्रत्येक विकसित एवं शक्तिशाली देश 'स्व' पर ही आगे बढ़ा है। हमें भी दूसरे देशों की ओर देखने की बजाय 'स्व' आधारित आगे बढ़ना होगा।

21. दुनिया का सबसे अमीर देश अपना वतन हिंदुस्तान है। सबसे ज्यादा मजहब (पंथ), जात, जुबान, मौसम, पहनावे, खान-पान, संगीत, वाद्य, नदियाँ, पर्वत, वनस्पति, खनिज आदि-आदि देकर खुदा ने सबसे अमीर मुल्क बनाया है अपने प्यारे वतन हिंदुस्तान को। स्वयं रसूल साहब फरमाते थे ''मुझे तो पूर्व यानी हिंदुस्तान से सुकून की ठंडी हवाएँ आती हैं।'' यह वतन दुनिया का सिरमौर था, फिर से सिरमौर बनाना है। मजहब एक हो सकता है परंतु वतन अपना-अपना, इबादतगाह साँझी हो सकती है परंतु रोटी, बेटी व घर अपना-अपना।

स्वतंत्रता-संग्राम के शहीद—नाना साहब पेशवा, बहादुरशाह जफर, झाँसी की रानी लक्ष्मीबाई, तात्या टोपे, कुँवर सिंह, मंगल पांडे, अजीमुल्ला खाँ, मौलवी अहमद शाह, मैना, बिरसा मुंडा, टांटया भील, अजीजनबाई आदि से लेकर सन् 1947 तक के शहीदों को सच्ची प्रणामांजलि (श्रद्धांजलि) है शक्तिशाली, अखंड एवं खुशहाल भारत का निर्माण।

□

साहित्य का मर्म

- पिछले कुछ वर्षों में मुझे अलग-अलग प्रकार के एवं अलग-अलग प्रांतों में आयोजित कवि सम्मेलनों में अनेक कवियों को सुनने का सुयोग प्राप्त हुआ है। इनका आयोजन राष्ट्रीय कवि संगम ने किया था। नानाविध विधाओं से भरपूर कवियों ने देश यानी समाज की विभिन्न समस्याओं व हालात पर योग्य कटाक्ष किए। परंतु अनेक कवि एवं कवयित्रियाँ ऐसे भी थे, जो समाज को विधायक दृष्टिकोण प्रदान कर देश व समाज के कार्य हेतु जनता को जाग्रंत करते थे।
- यह सब देखते-सुनते एक विचार मन में उभरा, उसे संक्षेप में व्यक्त कर रहा हूँ। कवि के निर्माण हेतु विश्व भर में कोई भी प्रशिक्षण संस्थान क्यों नहीं बना? कारण ध्यान में आया कि जिस मनुष्य को यह वरदान यानी गुण प्राकृतिक रूप से दैवीय आशीर्वाद के रूप में प्राप्त होता है तथा अभ्यास करते-करते विकसित हो जाता है, वह व्यक्ति कवि होता है। इसके लिए आज तक किसी भी संस्थान की आवश्यकता अनुभव नहीं की गई। 'कविता' कवि के अंदर से प्रवाहित होती है।
- इतिहास पर दृष्टि दौड़ाएँ तो ध्यान में आता है कि समय-समय पर देश, धर्म व समाज पर छाए संकट में कुछ कवियों ने राष्ट्रीय कर्तव्य निभाने हेतु समाज जागरण व देश रक्षा में महत्त्वपूर्ण भूमिका निभाई है। मोहम्मद गोरी का भारत पर बार-बार आक्रमण, सम्राट् पृथ्वीराज चौहान की आँखें निकलवाकर उन्हें बंदीगृह में डालना, कवि चंदरबरदाई का कविता द्वारा शब्दभेदी बाण के प्रदर्शन को लेकर सूरदास बने पृथ्वीराज चौहान से मोहम्मद गोरी को समाप्त करवा देना, यह प्रसंग अविस्मरणीय धरोहर है।

कविता थी— *चार बाँस, चौबीस गज, अष्ट अंगुल प्रमाण।*
तहाँ बैठो सुलतान है, मत चूको चौहान॥

ऐसे ही औरंगजेब के अत्याचार के विरुद्ध भूषण कवि ने अपने कवित्व द्वारा देश, धर्म व समाज पर होनेवाले अत्याचार के विरुद्ध व्यापक जनजागरण कर बहू-बेटी का सम्मान व शील सुरक्षित किया।

बोल थे— *शिवाजी महाराज न होते, सुन्नत होती सबकी।*

सन् 1857 की महान् क्रांति के पश्चात् बंकिमचंद्र चटर्जी द्वारा रचित गीत 'वंदे मातरम्' भारत एवं भारतीयों का प्राणतत्त्व बन गया। यह गीत और उसमें से निकला उद्घोष देशभक्तों की मंजिल, मिशन व मार्ग बन गया।

गीत है—सुजलां, सुफलां, मलयज शीतलां, शस्यश्यामलम् मातरम्, वंदे मातरम्, वंदे मातरम्। रामप्रसाद बिस्मिल का "सर फरोसी की तमन्ना अब हमारे दिल में है, देखना है जोर कितना बाजू-ए-कातिल में है।" कवयित्री सुभद्राकुमारी चौहान "खूब लड़ी मर्दानी वह तो झाँसीवाली रानी थी," राष्ट्रकवि मैथलीशरण गुप्त "हम क्या थे, क्या हो गए हैं, क्या होना है अभी," आदि सैकड़ों कवि, गीतकार बंधु, भगिनी और उनकी रचनाएँ जागरण व समर्पण की चिनगारी हैं। अनेक राष्ट्रीय, धार्मिक, सामाजिक आंदोलनों का अध्ययन करने पर ध्यान में आता है कि सभी में गीत-गीतकार, कविता-कवि की भूमिका महत्त्वपूर्ण है।

• स्वतंत्रता के 60 वर्ष बीत रहे हैं। कवि व कविता की राष्ट्र-निर्माण में क्या भूमिका है, इसका मूल्यांकन नहीं हुआ है। आज सैकड़ों प्रकार की राष्ट्रीय आपदाओं, जैसे—आतंकवाद, अलगाववाद, माओवाद, घुसपैठ, सीमाओं पर बढ़ते कुछ पड़ोसी देशों से खतरे, धर्मांतरण (मतांतरण), अंतरराष्ट्रीय ताकतों के अंदरूनी षड्यंत्र, बदलता जनसंख्या का स्वरूप, बढ़ती जनसंख्या, अल्पसंख्यकवाद, तुष्टीकरण की वोट राजनीति, गऊवध का न रुकना, हिंदुत्व को संकुचित बताना, प्रगतिशीलता के नाम पर देवी-देवताओं का अपमान, कैलाश-मानसरोवर व अन्य भू-भाग चीनी कब्जे में, अफजल को फाँसी की बजाय माफी, कंधार प्रकरण में आतंकवादी छोड़ना, वंदे मातरम् न गाना, रामसेतु तोड़ना, एकराष्ट्र व राष्ट्रीयता का अभाव, समान कानून-संहिता के अभाव में बिखरता व भ्रमित समाज, जातिवादी विषमता का दंश, अपराध, भ्रष्टाचार, घोटाले, व्यसन, अशिक्षा, प्रदूषण, सांस्कृतिक जीवन-मूल्यों में गिरावट, उपभोक्तावाद आदि-आदि से घिरा अपना राष्ट्र-मुक्ति के लिए छटपटा रहा है। समाज को योग्य दिशा देने में कवि की महत्त्वपूर्ण भूमिका हो सकती है,

होनी चाहिए। कवि-सम्मेलन करना समाज का स्वभाव है, इसके लिए कोई विशेष प्रयास अथवा योजना की भी आवश्यकता नहीं होती। वर्ष भर देश में नाना अवसर पर कवि सम्मेलन होते हैं।

- यह सब विचार करते-करते ध्यान में आया कि अनेक प्रकार की गोष्ठियाँ अथवा कार्यशालाएँ अलग-अलग विषय अथवा व्यवसाय के बंधु अपने-अपने कार्य, कर्तव्य, अधिकार एवं समस्याओं पर विचार हेतु करते हैं। साहित्यकार, लेखक, अधिवक्ता (वकील), पत्रकार, महिला, चिकित्सक (डॉक्टर), अभियंता (इंजीनियर), जाति, भाषा, पंथ (पूजा-पद्धति), व्यापारी, कर्मचारी, विद्यार्थी आदि-आदि सभी एकत्र होते हैं। परंतु पिछले सैकड़ों वर्षों में 'कवि', जो कि दैवीय गुण से ओतप्रोत संपदा का मालिक (धनी) है, वह अखिल भारतीय अथवा अन्य स्तर पर एकत्र होकर नहीं आया और इस राष्ट्रीय संकट की घड़ी में अपनी भूमिका क्या हो तथा कैसे निभाई जाए, इसकी कोई भी कार्यशाला अथवा गोष्ठी नहीं हुई है। प्रश्न खड़ा होता है कि कवि अपने कर्तव्य पर सामूहिक चर्चा कर योजना क्यों नहीं बनाए?
- देश भर में प्रवास करते हुए अध्ययन में एक बात और भी ध्यान में आई कि कहीं-न-कहीं साहित्य एवं प्रचार-प्रसार माध्यम यानी मीडिया के क्षेत्र में दो-तीन विदेशी विचारों कम्युनिज्म, कट्टरतावाद एवं छद्म धर्मनिरपेक्षतावाले लोगों का वर्चस्व है। इस कारण देश का जनसामान्य हीं नहीं, बल्कि प्रबुद्ध वर्ग एवं नेतृत्वकर्ता भी उदासीन या भ्रमित दिखाई देता है। या तो समाज का शोषण हो रहा है या ये ताकतें उसे भड़काकर समाज का बाँटने व लड़वाने का काम कर रही हैं। परंतु कविरूपी संपदा में आज भी राष्ट्रीय व मानवीय भाव सर्वोच्च है अर्थात् राष्ट्रीयतावादी कवियों की बहुलता है। कवि बिखरा एवं भटका हुआ वर्ग नहीं है, बल्कि संगठित एवं दिशायुक्त समूह है, ऐसा उसका मूल्यांकन आवश्यक है। मैंने देश के कुछ मूर्धन्य कवियों एवं कवि-सम्मेलन आयोजकों के सामने यह विचार प्रस्तुत किया, सभी ने एकमत से इसको पसंद किया कि एक 'राष्ट्रीय कवि संगम' होना चाहिए।
- एक कविता दस बौद्धिक (भाषण) का निचोड़ होती है। भाषण

उपदेशात्मक है तथा ऊबाऊ भी हो जाता है। कविता रोचक है, समय कम लगता है। वर्तमान युवा पीढ़ी को जाग्रत् व क्रियाशील बनाने में कवि-कविता सर्वोत्तम साधन हैं। नवयुवक-नवयुवती शीघ्र आकर्षित भी होंगे, प्रभावित भी होंगे। युवक उपदेश नहीं, क्रिया (action) चाहता है। क्रियात्मक कार्यक्रम में वह बढ़-चढ़कर भाग लेता है। कविता का मतलब ही क्रिया है।

- संभवतया अखिल भारतीय स्तर का यह प्रथम 'राष्ट्रीय कवि संगम' होगा, जिसमें व्यक्तिगत स्वार्थ से ऊपर उठकर अनेकानेक राष्ट्रीय, सामाजिक चुनौतियों, यानी संकटों पर दिशा सुनिश्चित कर जाग्रत्, संगठित, क्रियाशील व समर्पित समाज-निर्माण का हिमालयीन कर्तव्य कवि, कवयित्री, बंधु-भगिनी निभाएँगे। इस संगम में राष्ट्रीय (संपर्क) भाषा हिंदी व मातृ (प्रांतीय) भाषाओं के परंतु राष्ट्रीयता से ओत-प्रोत कवि बंधु, भगिनी एकत्र होंगे। सन् 1857 की महान् क्रांति के 150 वर्ष एवं स्वतंत्रता प्राप्ति के 60 वर्ष पूर्ण हो रहे हैं। ऐसे पावन अवसर पर कवियों द्वारा एक नई क्रांति का सृजन सन् 2007 में होगा। शक्तिशाली, एकजुट एवं खुशहाल भारत—विश्व बंधुत्व एवं शांति का संदेश देता भारत, यह हमारा संकल्प है।

□

‘आम आदमी’ कैसा सोचता है?

पिछले अनेक वर्षों से समाज में कार्य करते हुए आम आदमी से बहुत अधिक मिलने का सुअवसर मिलता रहता है। वह आदमी, जो न तो बुद्धिजीवी अथवा विद्वान् है, न ही किसी पार्टी से जुड़ा राजनैतिक चालबाज है और न ही मुँह देखकर बोलता है। वह तो जो उसे समझ में आता है, कह देता है और स्वभाव से बहुत सरल है, जमीन से जुड़ा है। उसकी बात सुनकर लगता है कि तर्क करने के लिए बहुत ही स्कोप है, परंतु उस आम आदमी का कथन इतना सहज है जो कि विद्वान् लोग, राजनैतिक नेता व तथाकथित प्रगतिशील मानसिकता वालों को भी एक बार सोचने पर विवश कर देता है। ऐसे ही अनेक प्रसंगों में से कुछ का वर्णन इस लेख में कर रहा हूँ।

1. सन् 1975 में श्रीमती इंदिरा गांधी (जो कि अपने सलाहकारों से घिरी हुई थीं) ने तानाशाह बनने की ओर कदम बढ़ाया। 25 जून को आपातकाल घोषित कर सभी राजनैतिक नेता (विशेष रूप से विपक्षी दलों से संबंधित) जेलों में डाल दिए गए। जुलाई मास में रा.स्व. संघ जो कि एक गैर राजनीतिक संगठन और सांस्कृतिक एवं सामाजिक रूप में सक्रिय था, उस पर भी प्रतिबंध लगा दिया गया। स्व. श्री जयप्रकाश नारायण के नेतृत्व में चल रहे आंदोलन को कुचलने तथा स्वयं की सत्ता को निरंकुश बनाने का षड्यंत्र रच डाला गया। राष्ट्रवादी लोगों ने ‘लोक संघर्ष समिति’ का गठन किया। रा.स्व. संघ इसमें का सबसे मजबूत एवं बड़ा संगठन था। हजारों-लाखों लोग (महिला, पुरुष, वृद्ध, युवक, बच्चे) सत्याग्रह करते हुए जेलों में गए। तानाशाही इंदिरा राजनीतिक रूप से पराजित हुई और संघ ने सन् 1977 में विश्व का एक अभूतपूर्व इतिहास रचते हुए पुनः लोकतंत्र को भारत में स्थापित किया, परंतु उस समय के अनुभवों के आधार पर सन् 1979 में संघ ने राष्ट्रव्यापी जनसंपर्क अभियान करने का निर्णय लिया, जिसमें संघ पर लगाए

जानेवाले आरोप और उनका उत्तर अर्थात् इन आरोपों की असलियत क्या है, इसके लिए सभी स्वयंसेवक ग्राम-ग्राम व जन-जन तक संपर्क हेतु निकले। मुझे भी ऐसी ही अनेक बैठकों में से एक नागरिक बैठक, जो दिल्ली के एक गाँव बवाना में हुई थी, आज भी स्मरण में रहती है। मैं स्वयं बैठक में था। संघ (हिंदू संगठन) इस विषय पर मैंने विचार रखे तथा प्रश्नोत्तर का कार्यक्रम प्रारंभ हुआ। हिंदू शब्द की उत्पत्ति, अर्थ, हिंदू कौन, यह विषय चल रहा था कि एक अध्यापक ने प्रश्न किया, 'एक हिंदू जो 100 वर्ष पूर्व इंग्लैंड जाकर बस गया, उसकी चार-पाँच पीढ़ी वही जन्मीं, शादियाँ भी वहीं कर लीं, नागरिकता भी वहीं की ले ली, और वे हिंदुस्थान भी नहीं आए, उसको हम कैसे कहेंगे कि वह हिंदू हैं ? मैं उत्तर देता इससे पूर्व ही एक 72 वर्ष के वृद्ध, जो कि ग्राम मुखिया थे, खड़े हुए और कहने लगे, 'बाबूजी, मैं अपनी अनपढ़ ग्रामीण बुद्धि से इस पढ़े-लिखे मास्टर के सवाल का उत्तर देना चाहता हूँ।' मेरी अनुमति मिलने पर वह वृद्ध बोले, 'मास्टर, हूँ तो मैं निरा अँगूठा टेक परंतु तेरे से सवाल बुझू हूँ (पूछता हूँ)। मान लो, मेरा बेटा पढ़-लिख कै इंगलैंड चला गया, वहाँ जाकै उसने एक टिकट बनवा बापू के लिए भेज दिया कि बापू तू भी दो महीने मेरे पास आके रह ले। घर में तैयारियाँ शुरू हो गईं। कागज बनके तैयार हो गए। सारे घरवाले मेरे को खुशी-खुशी जहाज में चढ़ाने को गए। गरमी का मौसम था, बीबी बोली, पता नी अड़े आम मिले भी गे के नहीं, तू यो आमां की पेटी भी ले जा। मैं जहाज में चढ़ के इंग्लैंड पहुँच गया। बेटे के घर बैठे हमने आम चुपे और गुठली जमीन में फेंक दी।' उसते पेड़ उग आया, यह बात सुना उस वृद्ध ने मास्टर जी से पूछा, 'न्यू तो बता मास्टर जी, उस गुठली ते आम पैदा होएगा या कीकर' मास्टरजी ने कहा, 'कीकर तो न पैदा होगा, होएगा तो आम ही पैदा होगा।' इस पर वह वृद्ध बोला, देख भाई, मास्टर उस हिंदू ते चाहे और 100 साल बीतजें, पैदा तो हिंदू ही होएगा।'

2. श्रीमती इंदिरा गांधी की हत्या हो चुकी थी। देश भर में परंतु राजधानी दिल्ली में विशेष रूप से सिखों की नृशंस हत्याकांड का दर्दनाक दौर निकल चुका था। श्रीमती इंदिरा गांधी की लाश पर कांग्रेस ने राजनीति करते हुए अपनी डूबती नौका को बचाया और श्री राजीव गांधी देश के प्रधानमंत्री बन चुके थे। पंजाब में आतंकवाद का जोर था। सन् 1985 में दिल्ली-पंजाब-हिमाचल-हरियाणा-जम्मू-कश्मीर प्रांत के कार्यकर्ता व अन्य कुछ वरिष्ठ बंधुओं की संघ के तृतीय सरसंघचालक पूज्य बालासाहब के साथ बैठक थी। मैं झेलम एक्सप्रेस गाड़ी से जम्मू से चला,

गाड़ी प्रात:काल अंबाला छावनी पहुँचती है। अंबाला स्टेशन पर गाड़ी में बहुत सी सवारियाँ चढ़ीं। उस दिन भीड़ भी अधिक थी। हमारे वाले डिब्बे में भी अनेक लोग चढ़े और पाँच-छह ग्रामीण आदमी, जिनमें से दो के पास बड़े-बड़े लठ भी थे, हमारे कैबिन में आ गए। प्रात:काल होने के कारण सभी उठ चुके थे, दो-तीन शायिका खाली भी थीं, सो उन सभी को बिठा लिया। चाय का गरमागरम दौर चल रहा था। हमारे वाले कैबिन में दो-तीन बंधु पढ़े-लिखे थे, माता वैष्णो के दर्शन से लौट रहे थे। उनमें ऊँची आवाज में चर्चा चल रही थी, राजीव गांधी नौजवान है, होनहार है, राजनैतिक छुआछूत खत्म कर देश को नई दिशा देगा आदि-आदि, अर्थात् प्रशंसा के साथ-साथ काफी उम्मीदों को वे लोग मन में समाए थे। मैं तो श्रोता था, बीच-बीच में हुंकारा भर देता था। गाड़ी अंबाला से चल पड़ी थी। पढ़े-लिखों की बातों को उनमें से एक बुजुर्ग बहुत ध्यान से सुन रहा था। उसे करनाल उतरना था। जब कुरुक्षेत्र पार हुआ तो वह बुजुर्ग बोल पड़ा, 'भाई, तुम सारे घने पढ़-लिखे हो, समझदार हो, मैं तो निरा अँगूठा टेक जैसा ही हूँ, बस दसख्त ही करने आवे हैं। अपने जमीन के मुकदमे से करनाल जा रहा हूँ। न तो मैं किसी पार्टीबाजी में हूँ और न ही मेरे को ज्यादा इलम है, परंतु बाबू जी बुरा न मानो तो एक बात कहूँ!' सभी बोले 'हाँ-हाँ, आप जरूर कहें।' वह बुजुर्ग बोला, 'बाबूजी, न्यू तो बताओ, यो जो छोकरा माँरे मुल्क का प्रधानमंत्री है, इसने सारे मुल्क की करोड़ों बेटियों में से कोई भी बेटी पसंद को न आई। यो छोकरा मारे त और मारे मुल्क त कै प्यार करेगा, यो बात मारी समझ में को न आवे।' सब चुप थे, सोच में डूबे थे। इतनी देर में करनाल स्टेशन आ गया और वह बुजुर्ग भी उतरने लगा। मैंने पूछा, 'ताऊ, कौन से गाँव में रहते हो?' वह बोला, 'जगाधरी के पास के गाँव का हूँ।' आज भी उस बुजुर्ग की छवि मस्तिष्क में है, परंतु नाम व गाँव पूछा नहीं जा सका।

3. 13 दिसंबर, 2001, भारत के संसद् भवन पर आतंकवादी हमला, पूरा देश गुस्से से भरा था, सभी ओर एक ही आवाज थी—अब हमें पाकिस्तान को मुँहतोड़ जवाब देना चाहिए। प्रधानमंत्री श्री अटलजी गरजे—आर-पार की लड़ाई लड़ी जाएगी। विश्व की आतंकवाद को निपटने की दोहरी नीति स्वीकार नहीं की जाएगी। उन पर (यानी अमेरिका पर) हमला तो वैश्विक आतंकवाद को कुचलने के लिए सब एकजुट हो जाओ कहते हुए अफगानिस्तान पर बम वर्षा शुरू कर दी। भारत की पुलिस छावनी, सैनिक छावनी, जम्मू स्टेशन, विधानसभा आदि पर हमला होता है तो कहा जाता है कि सब्र करो, हमें पाकिस्तान को साथ लेकर

वैश्विक आतंकवाद कुचलना है। इस नीति की भी देश के नेताओं ने आलोचना की। भारतीय सेनाएँ अंतरराष्ट्रीय सीमा एवं एल.ओ.सी की तरफ प्रस्थान कर गईं। सीमाओं पर भारी गोलाबारी तथा युद्ध के हालात देखते हुए लोग सीमावर्ती गाँवों से उठने लगे और सेना द्वारा भी उठाए जाने लगे। जम्मू की सीमाएँ सबसे अधिक प्रभावित थीं, लाखों लोग उजड़ चुके थे, कैंप लगाए जा रहे थे। जनता स्वयं तैयार होकर इन दुःख के मारे विस्थापितों की मदद के लिए आगे आ रही थी—संघ की अनेक संस्थाएँ, जैसे—राजस्थान में सीमा जनकल्याण समिति, जम्मू में जम्मू-कश्मीर सहायता समिति के अंतर्गत कार्यकर्ता सीमाओं पर जाकर सैनिकों का हौसला बढ़ा रहे थे। उजड़ों को बसाने व भोजन आदि की मदद कर रहे थे। फरवरी 2002 में मैं तथा अनेक प्रमुख कार्यकर्ता जम्मू जिले के सीमांत क्षेत्र के प्रवास पर गए। फौजी चौकियाँ, जिन पर पाकिस्तानी बमबारी हुई थी, वहाँ जाकर सैनिकों से मिले। मार्ग में उजड़े ग्राम विनाश की विभीषिका बता रहे थे। लोग सहमे हुए थे, परंतु मन में एक आशा भी थी कि भारत इस बार पाकिस्तान को सबक सिखाकर ही रहेगा। सीमाओं से होकर हम आठ-दस बंधु दो गाड़ियों से पुरखु के पास के एक कैंप में पहुँचे। कैंप प्राइमरी स्कूल के भवन में था। उस समय कुछ सरकारी अफसर भी वहाँ थे। हमारे आगमन की पूर्व सूचना थी, सभा जुट गई, उनकी दुःख भरी गाथाएँ सुनीं, कुछ मदद वितरित की, कहा, कर्तव्य भाव से आए हैं, दया या उपकार करने नहीं। दुःख का सागर फूट रहा था। भवन के मैदान में अनेक कुरसियाँ लग गई थीं। एक ओर विद्यालय भी चल रहा था। हम बैठ गए। लोग पुनः हालात सुनाने लगे। एक 62 वर्षीय वृद्धा माँ खड़ी हुई और कहने लगी, बेटा, हमें मदद नहीं चाहिए, परंतु एक सवाल का जबाव चाहिए और कहने लगी, मैं बॉर्डर से पाँचवीं बार उजड़ी हूँ—दो बार तो घर भी टूट-फूट गया था। परंतु उसी दुःख भरी दास्तान में भारतीय नारी ने कहा, हमने टी.वी. देखा, भारत के प्रधानमंत्री ने कहा, 'आर-पार और भी नेता गरजे।' हमने सोचा कि इस बार फैसला पक्का और यह रोज-रोज की मुसीबत अब खत्म हो जाएगी। परंतु पंद्रह दिन बाद टी.वी. पर प्रधानमंत्रीजी को देखा तो मुंडी (सिर) एक तरफ को लटकाया हुआ है। मैं भी टी.वी. देख रही थी और बोली, ओ भाई प्रधानमंत्री जी बोल दे हल्ला, तेरे तो आगे-पीछे भी कोई नहीं, फिर तूँ क्यों घबराता है ? अब तो मुल्क को मजबूत नेता चाहिए—राज करनेवाली और जो विरोध में पार्टियाँ हैं, सारों के नेता बस बातें ही करते हैं, परंतु कुछ भी नहीं कर रहे हैं। बस हमारी

तो यही एक जरूरत है कि पाकिस्तान को सबक सिखाया जाए। अब हमें सामान की जरूरत नहीं, हम दो-चार महीने गुजारा कर लेंगे।

इस पर हमारे साथ आए एम.एल.ए. व वहाँ उपस्थित सरकारी अफसर के बारी-बारी भाषण हुए। जिसमें उन्होंने बताया, 'माँजी, इस बार युद्ध बहुत भयानक होगा, ऐसे-ऐसे बम चलेंगे कि लाखों लोग मारे जाएँगे, औरतें बाँझ हो जाएँगी, पुरुष बच्चे पैदा करने लायक नहीं रहेंगे। धरती में फसल नहीं होगी, भयानक बीमारियाँ फैलेंगी। खरबों का नुकसान होगा। शहर-के-शहर और सैकड़ों-हजारों ग्राम तबाह हो जाएँगे। पहले और दूसरे महायुद्ध से भी अधिक विनाश होगा। चारों ओर तबाही ही तबाही होगी। माँ, हम और आप को क्या करना है। बस बोलना ही तो है। लाखों बच्चे अनाथ होंगे, लाखों औरतें विधवा हो जाएँगी, माँ-बाप बिना सहारे के हो जाएँगे। और एक भयानक युद्ध का चित्र प्रस्तुत करते हुए बोले, भला हमारे देश का प्रधानमंत्री इतने लोगों को कैसे मरवाएगा? इसलिए युद्ध की बजाय कोई और रास्ता निकालना अच्छा है।' मैं भी सब सुन रहा था। सामने बैठी भीड़ पर उनके भाषणों का प्रभाव साफ झलक रहा था, परंतु जब उस माँ की तरफ देखता तो लगता, वहाँ कुछ और ही है। इनके खौफनाक युद्ध-विभीषिका बताने वाले भाषण खत्म हुए तो वह माँ फिर खड़ी हो गई और पूछने लगी, 'बेटा, यह तो बता, कितना नुकसान हो जाएगा, कितने लोग मर जाएँगे?' उस वृद्धा माँ के पूछने का अंदाज विचित्र था। एक बोल पड़ा, 'माँ, एक सौ लाख (अर्थात् एक करोड़) मर सकते हैं', जैसे ही उसने यह उत्तर दिया, भारत की वह माँ तुरंत बिना रुके और बिना झिझके बोली, 'बेटा, एक साल में पैदा हो जाएँगे (100 के 99 करोड़ रहेंगे और एक वर्ष में 100 करोड़ हो जाएँगे)।' मेरे मुँह से अकस्मात् ऊँची आवाज में निकला, 'माँ, भारत की संसद् में आपको होना चाहिए।' सारा वातावरण दु:ख व भय से निकल उस वृद्धा को देखते हुए गूँज उठा—'भारत माता की जय।'

4. नवंबर 2002 में नेपाल देश के प्रवास पर 'हिंदू स्वयंसेवक संघ' के निमंत्रण पर गया हुआ था। माओवादियों के भयानक हमलों के दौर के कारण चारों ओर दहशत का माहौल था। राजा ने सब अधिकार अपने में समेट लिये थे। लोकतांत्रिक सरकार गठन करने का प्रयास चल रहा था। सभी प्रकार के लोग राजावादी, लोकतंत्रवादी, बुद्धिजीवी, अफसर भारत की ओर निगाहें लगाए कि भारत ही नेपाल व हिंदू का हितचिंतक है। चीन, अमेरिका व आई.एस.आई.

का भरोसा नहीं। पोखरा में बैठक का आयोजन था। बैठक में हिंदुत्व, जो कि ईश्वर प्रदत्त मानवीय अवधारणा है कि चर्चा करते हुए मैंने बताया, 'आज उसको सिद्धांत में लेकर चलनेवाले संघ पर एक षड्यंत्र के तहत हिंदू व हिंदुत्व पर कैसे हमले हो रहे हैं ?' कार्यक्रम समाप्ति के पश्चात् आपसी वार्त्तालाप में एक सज्जन नजदीक आए और पूछने लगे कि आप मुझे एक छोटी सी बात बताएँगे ? मैंने कहा 'बताओ, क्या पूछना चाहते हो ?' वह बोला कि भारत और नेपाल में जितने भी आतंकवादी गिरोह हैं, चाहे कैसे भी हों, कोई भी हो, उन सबने अभी तक मंदिरों व गुरुद्वारों पर तो हमले किए हैं, परंतु अभी तक इन्होंने मसजिद व चर्च पर हमले क्यों नहीं किए हैं ?' यह एक सवाल बार-बार मन में उठता है, परंतु जबाव नहीं मिलता। मैं उसको देखता रहा और अपनी तरफ से योग्य तथ्यपरक जानकारी के आधार पर समाधान करवाने की कोशिश की कि उसकी बात में वजन है और सच भी है। उसका चिंतन जिस प्रश्न के रूप में आया, वह राजनेताओं, साम्यवादियों, मानवतावादियों, सेक्यूलरिस्ट, बुद्धिजीवियों से ठीक उत्तर जरूर चाहता है, क्योंकि पिछले 25 वर्षों का यही सत्य है कि आतंकवादी मसजिद व चर्च पर हमला तो दूर की बात, बल्कि इनमें ही शरण लेते हैं।

5. 22 नवंबर, 2002, वीरगंज, एक बैठक में एक प्रश्न वहाँ उपस्थित एक सामान्य महिला ने पूछा, 'भैया, यह बताओ कि कौन सी बात सरल होती है ?' मैंने कहा, 'बहनजी, जरा विस्तार से बताओ।' वह बहन बोली, 'जो अनपढ़ व ग्रामीण को समझ में आए वह बात सरल होती है या जो पढ़े-लिखे को समझ में आए वह सरल होती है ?' मैंने कहा, 'आप व अन्य बहनें बताओ कि आप सबका क्या मत है ?' सब एक साथ बोलीं कि जो अनपढ़ व आम आदमी को समझ आ जाए, वही तरीका और बात अच्छी होती है, सरल होती है। इस पर मैंने पूछा, 'बताओ बहन, आगे क्या कहना चाहती हो', तो वह बोली, 'हमारे देशी महीने व तारीखें गाँव-गाँव में अनपढ़ों को भी पता हैं, उन्हें ये अंग्रेजी महीने नहीं मालूम हैं, परंतु यह अंग्रेजी महीने पढ़े-लिखों को आते हैं और उन्हें ये देशी महीने आते ही नहीं।' बात स्वाभिमान तथा देशभक्ति की ओर संकेत कर रही थी। हम कब तक विदेशी व विदेशियत को ढोते रहेंगे ? अंग्रेजी महीने व तारीख सिखाने के लिए लाखों शिक्षा संस्थान हैं, जबकि नेपाली व भारतीय यानी हिंदू काल-गणना अर्थात् देशी तिथि व मास बताने हेतु कोई व्यवस्था नहीं, तब भी भारत व नेपाल की अधिकांश जनता देशी तिथियों को जानती है।

प्रसंग तो और भी हैं। समाज में कार्य करते हुए अतिसाधारण परंतु जमीन से जुड़े नागरिकों के कुछ संस्मरण लिखे, जो दिशा देते हैं देश के बुद्धिजीवी को, धार्मिक नेतृत्व को, समाजसेवी को, राजनेता को, मानवतावादियों को, वैश्वीकरण की रट लगाते स्वाभिमान को छोड़ चुके लोगों को।

□

कुछ प्रेरणादायी प्रसंग

कार्य हेतु प्रवास करते समय घर, परिवार, समाज से यात्रा में अथवा बैठकों में जो वार्त्ताएँ होती हैं, उसमें से समाज-जीवन व व्यक्ति-जीवन को दिशा देनेवाले अनेक प्रेरणादायी प्रसंग होते हैं, उन्हीं में से कुछ का वर्णन इस लेख में कर रहा हूँ।

1. बुद्धि पर आस्था की पकड़ जीवन भर कार्य करवाती है

सन् 1978-79 में घर से मुझे समाचार मिला कि हमारे माता-पिता बद्री-केदारनाथ यात्रा पर मुझे व बहन (जो परिवार में पाँच भाइयों की एक बहन है तथा आयु में सबसे छोटी भी) को साथ ले चलेंगे। बद्री-केदारनाथ यात्रा का सौभाग्य मिल रहा है, इसलिए मन बहुत प्रसन्न था। मैं उन दिनों दिल्ली में संघ प्रचारक था। उस यात्रा के अनेक प्रसंगों में एक प्रसंग, जिसकी चर्चा मैं इस लेख में कर रहा हूँ, जीवन का अविस्मरणीय ही नहीं बल्कि सदैव समर्पित व दिशा देनेवाला प्रसंग बन गया। हम लोग 16 कि.मी. लंबी व चढ़ाईवाली पैदल यात्रा पूर्ण कर अति सायंकाल में श्रीकेदारनाथ के दर्शनार्थ पहुँच गए। रात्रि को जिस स्थान पर रुके, वहाँ दो-तीन सज्जन (यात्री) ऐसे मिल गए, जो पंडे, पुजारियों के जीवन का बहुत ही घिनौना सा चित्रण करने लगे। उनसे यह सब सुनते-सुनते मन, बुद्धि में यह बात बैठ गई कि यहाँ के पंडे व पुजारी भगवान् से भी हेराफेरी करते हैं और समाज पर बोझ हैं। तीर्थ-विकास, यात्री-सुविधा पर कोई व्यय नहीं, हेराफेरी करते हैं, शराब पीते हैं, ऐश करते हैं, कोई-कोई तो लड़की यात्री रखते हैं, आदि-आदि। हमारी माँ ने टोका और कहा, 'तीर्थ पर आकर शुभ-शुभ बातें करनी चाहिए।' हम सभी उनकी बातें सुनना बंद कर प्रभु स्मरण कर निद्रा देवी की गोद में चले गए।

प्रात: उठे। भागीरथी में स्नान किया। पानी बर्फीला था, इसीलिए सेकेंडों में ही स्नान हो गया। हमारी माँ ने प्राइमरी भी पास नहीं की, परंतु उसके हम सब

बेटे-बेटियाँ आज की उच्च विद्यालयीन शिक्षा प्राप्त थे। मैंने मेकै. इंजी. चंडीगढ़ से किया, बहन रीता एम.एस-सी. कर चुकी थी। बाकी सभी उसके बेटे डॉक्टर, सी.ए. अथवा स्नातक हैं। हमारी माँ देवता को अर्पण करने हेतु काफी कुछ नकदी, सोना-चाँदी आदि लेकर गई थी। तैयार होकर हम चारों मंदिर में घुसे। रात्रि की बातें भी कुछ-कुछ मस्तिष्क में घूम रही थीं। मंदिर में भीड़ थी, तो सामने क्या देखा कि मूर्ति के दोनों ओर गर्भगृह के बाहर जो बड़े विशाल दान-पात्र हैं, जिन पर चाँदी का पन्ना आदि चढ़ा है, उन पर खुले मटकानुमा विशाल बरतन बनाए गए हैं। भक्त लोग अपना धन व सोना-चाँदी आदि उनमें डालते हैं। खाद्यान्न तथा अन्य सामान पुजारीजी हाथ में लेते हैं। दान-पात्रों पर ट्रस्ट के ताले लगे हैं। यह दृश्य देखते ही रात्रि की सुनी बातें जाग उठीं कि दिन-दहाड़े, सरेआम भगवान्‌जी व यात्रियों से धोखा। चढ़ने वाली सामग्री का बहुत कम (50 प्रतिशत तक) दान-पात्र में जाता है, शेष ऊपर से ही ये पंडे-पुजारी ले जाते हैं। स्वाभाविक रूप से यह सोचते-सोचते इधर-उधर व्यवस्थाओं पर भी नजर गई। मैंने व बहन ने माँ से कहा, 'देखो, वे लोग जो रात्रि में मिले थे, सच ही कह रहे थे कि मंदिर में पंडे-पुजारियों का चरित्र, धर्म एवं देवता के प्रति आस्था को आघात पहुँचाता है, देखो सामने ही इनकी हरकतें दिख रही हैं।' माँ ने तुरंत कहा, 'बेटा, पूजा के लिए आए हैं, उधर ध्यान दो।' हमने प्रतिवाद किया, 'देखो माँ, तेरा व सभी के चढ़ावे का ये पंडे-पुजारी कितना दुरुपयोग करेंगे।' माँ बोली, 'तुम पढ़-लिख क्या गए तो बस हर समय तर्क करते रहोगे या कुछ भगवान् का नाम भी लोगे। देखो बेटा, मैंने तो भगवान् को अर्पित करना है, वह चोर को दे या शाह को, गुंडे, चोर, लफंगे को दे या गरीब को, यह उसकी इच्छा।' प्रतिवाद रोक हमने पूजा की और मन में एक विचार कौंधा। हमारी माँ दूसरी-तीसरी पढ़ी, उसे मंदिर में भगवान् ही दिख रहे हैं, इसलिए वह पूजा कर रही है और हम दोनों पढ़े-लिखे हैं, हमारी बुद्धि इधर-ऊधर भटक रही है। हमें भगवान् छोड़, बाकी सब दीख रहा है। अक्ल चली तो दुर्घटना हुई, आस्था बढ़ी तो पूजा हुई। जीवन भर कार्य करना है तो बुद्धि पर आस्था की लगाम चाहिए। वह लगाम दायित्व-बोध, अनुशासन व कर्मठता है अन्यथा अहंकारी बन गलत मार्गदर्शन करती रहेगी। आस्था गुलामी नहीं, मार्गदर्शन है, पूजा है।

2. जीने का मर्म एक वृद्ध ने सिखाया

भगवानजी के घर उदास चेहरे व गंदे कपड़े में नहीं, बल्कि प्रसन्न मन, खिले चेहरे व अच्छे कपड़े में जाएँगे। सन् 1998 की घटना है कि मैं एक स्थान पर प्रवास

हेतु गया। आतंकवाद के उग्र अर्थात् भयानक रूप के कारण स्थान-स्थान पर रक्त की होली खेली जा रही थी। वातावरण सहमा-सहमा सा तथा किसी भी अनहोनी को घटता देखता रहता था। मुझे वहाँ के कुछ बंधुओं ने बताया कि यहाँ एक जोड़ा (पति-पत्नी) हैं। उसके बेटे, बेटियाँ सब विदेश में हैं। वे कभी भी उनके पास नहीं जाते, परंतु बेटे-बहुएँ, बच्चे वर्ष या दो वर्ष में एक बार मिलने आते हैं। परंतु इस वृद्ध जोड़े की एक विशेषता है कि प्रातः ही स्नानादि कर धुले हुए इस्तरी किए कपड़े पहनते हैं। इस बुढ़ापे में सजने का यह शौक बहुत विचित्र सा लगता है। शेष समाज से न तो बहुत Mixup हैं और न ही बिल्कुल दूर हैं। कम बोलते हैं, शांत रहते हैं, घर पर भजन, फिल्मी गाने तथा अन्य कुछ पढ़ते, सुनते, देखते हैं। प्रतिदिन स्नानादि कर धुले हुए इस्तरी किए वस्त्र पहनना तथा शेष आदि प्रतिदिन यह सब इस वृद्धावस्था में क्यों? मैंने कहा, 'भई, सोचते रहने से क्या लाभ, कौन सा उत्तर मिल जाएगा, चलो उन्हीं से मिलकर समस्या (प्रश्न) का समाधान (उत्तर) खोजा जाए।'

अगले दिन प्रातः की शाखा के पश्चात् उनके घर गए। सब निक्कर में थे। उनको भी जानकारी मिल गई थी। आव-भगत होने के पश्चात् उन्होंने ड्राइंग-रूम में ही बिठा दिया। परिचय के पश्चात् उन्होंने पूछा कि 'आप सब क्यों आए हैं?' तब मैंने सीधा उत्तर देते हुए प्रश्न किया कि 'एक उत्सुकता है, उसका निराकरण (Answer) क्या है, जानने आए हैं।' उन्होंने कहा, 'पूछो।' तब मैंने कहा कि 'आप दोनों इस आयु में भी प्रतिदिन प्रातः ही स्नानादि कर धुले हुए इस्तरी किए कपड़े पहनते हैं? यह जानने की इच्छा है।' इस पर वे दोनों जोर से ठहाका मारकर हँसे। माँजी बोलीं, 'अच्छा बेटा, आप सब बैठो, मैं चाय बनाकर लाती हूँ, फिर इस विषय पर बातें करेंगे।' ऐसा कह वे चाय बनाने चली गईं और वे बुजुर्ग इधर-उधर के सवाल-जवाब करने लगे। कुछ समय पश्चात् चाय, बिस्कुट आदि आ गए और हम सभी अपना-अपना कप ले चाय की चुस्की भी लेने लगे।

वह वृद्ध बोले, 'बेटा, यह बताओ कि आप लोगों को कभी जन्मदिन, विवाह, भवन उद्घाटन, यज्ञ, गृह प्रवेश आदि का निमंत्रण मिला या नहीं?' हमने कहा, 'हाँ, ऐसे निमंत्रण मिले हैं और उनमें जाते भी हैं।' उस वृद्ध जोड़े ने पूछा, 'जब ऐसे सामान्य निमंत्रण मिलते हैं और उसमें जाते समय आदमी शेव करता है, क्रीम-पाउडर लगाता है, कभी-कभी स्नानादि भी करता है; नए धुले कपड़े, वे भी बढ़िया कपड़े पहनता है, कभी-कभी तो जो सबसे बढ़िया व महँगे हैं, वे कपड़े पहनता

है। एक सामान्य निमंत्रण आने पर पहले से भी कितनी तैयारी करता है और उस निमंत्रण के कारण उस कार्यक्रम में खूब सज-धजकर जाता है।' ऐसा कह उन वृद्ध ने कहा, 'बेटा, यह बताओ, क्या आदमी ऐसे खुशी के अवसरों पर मैले कपड़े व खराब चेहरे से जाता है?' हमने कहा, 'नहीं, वह तो जितना बढ़िया से बढ़िया हो सकता है, वैसा पहनकर, सज-धजकर जाता है। कभी-कभी तो बिल्कुल नया ही सिलवाता है।'

इस वार्त्तालाप के पश्चात् उस वृद्ध ने हम सभी से एक बात और पूछी, 'इस धरती पर उस सर्वशक्तिमान के दर्शन अथवा उसे प्राप्त करने के लिए हमारे यहाँ कितने ही तपस्वी, विद्वान्, संत बहुत कठिन-कठिन साधनाएँ व तपस्या करते हैं, तब भी वह मिलता नहीं, बुलाता नहीं। देखो बेटा, अब हमारा भी ऐसा समय है, जब भगवान्जी भी अपने घर आने का निमंत्रण देनेवाले हैं, फिर उसके निमंत्रण पर क्या गंदे कपड़े पहनकर, उदास चेहरा लेकर जाएँगे? बेटा, बस प्रतिदिन प्रातः ही तैयार होकर बैठ जाते हैं और प्रभु से कहते हैं, जब तुम बुलाओगे, तुरंत चले आएँगे।' उनका यह उत्तर सुन हम सब आश्चर्यचकित थे। लगा कि जीवन में थकान, उदासी, घबराहट आदि सबसे जूझने का कितना सहज, सरल तरीका है, चिंतन है।

3. जिन्होंने झूठ बोला, बेईमानी की, वे सेक्यूलरिस्ट; जिन्होंने ईमानदारी से सच कहा, वे कट्टरपंथी, सांप्रदायिक हो गए

अगस्त 2001 की बात है। मैं एक नगरीय सभा में गया, परंतु उसमें आम समाज के लोग बुलाए गए थे। मैंने प्रारंभ में एक प्रश्न विषय रखने से पूर्व पूछ लिया कि आप में से कौन भा.ज.पा., कांग्रेस, समाजवादी अथवा अन्य दलों को मत देते हैं, थोड़ा हाथ के संकेत से बताना। सभा में कांग्रेस आदि दलों को मत देनेवाले लोग बैठे थे। विभिन्न जाति, उपजातियों के लोगों में कुछ पढ़े-लिखे तो कुछ बहुत कम पढ़े-लिखे लोग भी थे। मैंने उस बैठक में आज अपने स्कूलों, कॉलेजों में जो इतिहास व कल्चर आदि की पुस्तकें पढ़ाई जाती हैं, उसमें कौन-कौन सी बातें कितने गलत यानी भ्रामक ढंग से लिखी गई हैं और शुद्ध एवं सच्ची बातों को कैसे और क्यों उलटा-पुलटा या तरोड़-मरोड़ करके पढ़ाया जाता है। इसके पीछे कौन-सा विदेशी षड्यंत्र है और उन्होंने कैसे हमारे ही वतन, धर्म व जाति के विद्वान् लोगों को फँसा लिया है और वे आज कैसे गलत व गड़बड़ पढ़ा रहे हैं, अनेक बातों की चर्चा में जानकारी दी। यहाँ इस लेख में एक बात पर जो विशेष वार्त्ता हुई, उसे लिख रहा हूँ।

मैंने एक प्रश्न के रूप में विषय को आगे बढ़ाते हुए पूछा कि हम जब सातवीं, आठवीं में पढ़ते थे और अभी तक भी इतिहास की किताबों में मारे व मारे बच्चों को न्यू पढ़ाया जावे कि "अकबर बादशाह बहुत महान् थे, अंग्रेजी में कहवे हैं कि Akbar the Great क्या बता सको कि अकबर क्यों महान् था?" इस पर अनेक ने बताया कि उसके शासनकाल में बहुत सारे सुधार लागू हुए, कई आपसी भाईचारे की बातें हुईं, योजनाएँ बनीं। इसके साथ-साथ दो-चार ने यह भी बताया कि इस तरह के अच्छे राजा मारे मुल्क में भी बहुत हुए हैं, परंतु उन्हें तो यानी महाके राजा, महाराजाओं को महान् को न बताया और ये बात कहते-कहते मेरे से ही एक सवाल पूछ लिया कि बाबूजी, आप ही बताएँ Akbar तो महान् होवे परंतु महारा शिवाजी, राणा प्रताप महान् क्यों नहीं? मैं कुछ बताऊँ बल्कि मैंने बैठे हुए एक सौ से अधिक लोग, जिनमें युवा भी थे, वृद्ध भी और थोड़ी संख्या में महिलाएँ भी थीं, उनसे ही इस प्रश्न का उत्तर देने के लिए कहा, परंतु इस प्रश्न के साथ अपनी ओर से एक बात और जोड़ दी, वह है कि जो सेक्यूलरिस्ट लोग हैं, वो चाहे कांग्रेस, नाना प्रकार के जनता दल, समाजवादी पार्टियाँ हों या अपने आपको निरा बुद्धिजीवी कहे, ऐसे लोगों के घरों में भी आप में से कइयों को आने-जाने का अवसर मिला होगा तो क्या आपने ऐसा पढ़ानेवाले इतिहासकारों व नेताओं के घरों में कभी 'अकबर महान्' का फोटो लगा देखा है?

इस पर अनेक लोगों ने एक स्वर में कहा कि हम तो इंदिरा गांधी, राजीव गांधी की कोठी में भी गए हैं, तो एक बोला म्हारे में से कई तो भजनलाल, बंसीलाल की कोठी भी गए हैं, एक-दो बोले कि हम विश्वनाथ प्रताप सिंह व चंद्रशेखर के यहाँ भी गए हैं, परंतु म्हाने तो किसी के भी घर में अकबर का फोटो न देखा जी, न ही म्हाने किसी प्रोग्राम में आज तक अकबर का फोटो लगाया। फोटो तो हम भी घरों में तथा कार्यक्रमों में शिवाजी, राणा प्रताप, गुरु गोविंद सिंहजी का ही लगावें। औरंगजेब का तो सवाल ही नहीं खड़ा होवे है। इस पर दो-तीन सज्जन खड़े हुए और कहने लगे कि हमने बड़े-बड़े नेताओं को और पार्टियों को इस मीटिंग में नहीं घसीटना चाहिए। हम तो हिंदू की तथा अपने देश की बात करने वास्ते इकट्ठे आए हैं। मैंने बात को यहाँ से पकड़ करके कहा कि भई, यह बात सही है कि हमने पार्टियों तथा नेताओं से कुछ मतलब कोई नहीं, परंतु एक बात हम सबमें स्पष्ट हो गई, वह है कि हम संघवालों ने साफ कहा कि भई, अकबर ने कुछ बातें राज चलाने के लिए अच्छी की होंगी परंतु उसका मतलब यह नहीं कि अकबर को इतना

महान् बना दो कि अपने महापुरुषों को खराब कहना शुरू कर दो। इतना ही फर्क है कि हमने अपने घर में न अकबर की फोटो लगाई और न ही अकबर को इतना महान् कहा कि राणा प्रताप, शिवाजी, गुरु गोविंद सिंह, छत्रसाल को बदनाम कर दिया। यह जो सेक्यूलरिज्म का ढिंढोरा पीटनेवाले नेता, विद्वान् व इतिहासकार हैं, ये पढ़ाते कुछ हैं, परंतु घर में फोटो ये भी अकबर और औरंगजेब की नहीं लगाते हैं। मेरे यह कहते-कहते एक आदमी ने एक और बात कही। वह थी कि अकबर ने हम हिंदुओं की छोकरियाँ, औरतें तो ले लीं परंतु अपनी मुसलिम बेटी म्हारे हिंदुओं को कोई नहीं दी, वह बात भी म्हारे सबके ध्यान में रहनी चाहिए।

इस बात को पूरा करते हुए मैंने कहा कि मैं तथा मेरे साथ दो-तीन साथी-बंधु हिमाचल के कांग्रेसी मुख्यमंत्री राजा वीरभद्र सिंह से शिमला में उनके महल में मिलने गए थे। बातों-बातों में मैंने उनके सामने यह बात रखी थी। इस पर वे बोले, 'मैं आपकी बात समझ गया और आपने सच कहा है कि अकबर में कुछ बातें अच्छी थीं, परंतु इतना महान् नहीं कि उसे आदर्श के रूप में पढ़ा जाए।' मैंने कहा, 'सेक्यूलरिज्म के नाम पर देश से धोखा, बेईमानी नहीं करनी चाहिए।'

□

भ्रष्टाचार रूपी राक्षस से जूझता भारत

आज भ्रष्टाचार रूपी राक्षस भारत को खा रहा है। नाना प्रकार की अंतहीन समस्याओं के सिलसिले में भ्रष्टाचार ने सबसे अधिक विकराल रूप धारण किया है। तत्कालीन प्रधानमंत्री राजीव गांधी ने स्वयं कहा कि आज सरकारी कामकाज में 100 रुपए में से केवल 15 रुपए ही जनकल्याण अथवा विकास पर खर्च होते हैं, शेष 85 रुपया राजनेताओं, अफसरों, ठेकदारों आदि अर्थात् बिचौलियों की जेब में चला जाता है। पिछले अनेक वर्षों में कोई भी वर्ष तो क्या, मास भी संभवतया ऐसा नहीं है, जब कोई स्कैंडल अथवा स्कैम न उभरा हो अथवा पकड़ा न गया हो। मुझे भ्रष्टाचार के संदर्भ की ताजा घटना स्मरण आती है। मैं एक बार एक विद्यालय के चित्रकला प्रतियोगिता कार्यक्रम में मुख्य अतिथि के रूप में गया। माध्यमिक कक्षाओं के छात्र-छात्राएँ प्रतियोगिता में भाग ले रहे थे। अध्यापक ने उनके सामने दो विषय 'पर्यावरण' एवं 'भ्रष्टाचार' पर चित्र बनाने को कहा। अनेक बालकों के पैंसिल एवं रंग तेजी से ड्राइंग सीट पर बिखरने लगे। अध्यापक कक्षा में चक्कर लगा रहे थे, ताकि बच्चे अपने काम को पूरी तन्मयता से करें। चित्र बनाने का समय पूर्ण होने पर सभी की ड्राइंग सीट समेट ली गईं। अध्यापक चित्रों को देखते-देखते दो चित्रों पर रुक गए। दोनों चित्र अलग-अलग बालकों ने बनाए थे। परंतु अकस्मात् अध्यापक ने बालकों को चुप करवाते हुए पूछा कि 'ये दोनों चित्र किसके हैं?' अनेक बालक जोर से बोले 'भ्रष्टाचार'। परंतु दो-तीन बालक बोले, 'हम बताएँ, असल में चित्र किसके हैं?' अध्यापक के पूछने पर वही दो-तीन बालक बोले, 'सर, यो तो नरसिंहराव व लालू के फोटो हैं।' मेरे मन में प्रश्न उठा कि ये बालक तो किसी राजनैतिक दल के सदस्य भी नहीं हैं और न ही किसी राजनैतिक दल की सभा सुनने जाते हैं, फिर भी इन्होंने ये फोटो भ्रष्टाचार में कैसे बनाए, क्यों बनाए? पूछताछ करने पर पता चला कि घर में जब दूरदर्शन पर समाचार

आते हैं, तब बड़े लोग समाचार सुनते हैं तो ये बालक भी कभी-कभी उस समय दूरदर्शन देख रहे होते हैं। उसमें जब भ्रष्टाचार पर समाचार आता है तो अनेक बार नरसिंहराव व लालू के फोटो इन्होंने देखे हैं। घर में चर्चा भी होती है। इस कारण बालमन पर यह प्रभाव पड़ा है कि शायद भ्रष्टाचार की शक्ल-सूरत यही है। एक देश के प्रधानमंत्री रहे, दूसरे बिहार के मुख्यमंत्री रहे।

स्वतंत्रता से पूर्व देश का भ्रमण करते हुए स्वामी विवेकानंद अनेक प्रांतों व छोटे-बड़े नगर, ग्रामों में गए। भ्रमण करते-करते जब वे कन्याकुमारी पहुँचे तो उनके मुख से अत्यधिक व्यथा भरे शब्द निकले—'केरल तो नरक है, भारत गंदगी का ढेर तथा रूढ़ियों का देश बना है।' प्रश्न खड़ा होता है कि क्या सचमुच भारत ऐसा ही देश था? यह प्रश्न मेरे मन में इसलिए उठता है, कहते हैं कि आज को जानना है तो उसके अतीत को अवश्य जानना चाहिए। उससे पतन के कारण ध्यान में आएँगे अथवा समस्याओं से उभरने हेतु किए गए प्रयत्न ध्यान में आएँगे। उसमें से ही वर्तमान को सँवारने अथवा सँभालने का मार्ग दिखाई देगा।

भारत का गौरवमयी अतीत

हजारों वर्ष पूर्व भारतीय जीवन-मूल्यों ने विश्व को 'वसुधैव कुटुंबकम्' का श्रेष्ठ विचार देकर सभ्यताओं के टकराव को रोककर 'विश्वगुरु' का उच्च स्थान प्राप्त किया था। 'भा' यानी ज्ञान, 'रत' यानी साधना। भारत यानी ज्ञान की साधना में जुटे लोगों का भू-भाग। विदेशी यात्री फाह्यान ह्वेनसांग, अलबरूनी ने भारत का वर्णन करते हुए कहा कि इस देश में घी-दूध की नदियाँ बहती हैं, लोग अपने घरों को ताला नहीं लगाते हैं। भारत 'सोने की चिड़िया' के अलंकार से विभूषित अर्थात् जहाँ गरीबी, भुखमरी के कारण मौत नहीं होती हैं। हजारों-हजार संप्रदायों, जातियों, देवी-देवताओं की भूमि, अनेकानेक भाषाएँ, वेशभूषाएँ, ऋतुओं की भूमि ही विश्व में वंदनीय हुई। भारत को माता का उच्च स्थान प्राप्त हुआ, इसलिए स्वाभाविक रूप से 'भारतमाता' शब्द का जयघोष लगता है। अन्य किसी भी देश के साथ 'माता' शब्द नहीं लगा है। इसका कारण है भारत को ही सर्वशक्तिमान् (अर्थात् God, Allah, Bhagwan) की कोख व गोद बनने का सौभाग्य मिला है। इस भूमि की संस्कृति अनेक धर्मों (संप्रदायों) के रूप में जियो और जीने दो से आगे जिओ मगर दूसरों के लिए सर्वे भवन्तु सुखिना, अतिथि देवो भवः, विश्व का कल्याण हो, सर्वधर्म समभाव से ओतप्रोत गुण व व्यवहार की धरोहर लिये है। विश्व को भारत ने विज्ञान, ज्योतिष, अर्थशास्त्र, रामराज्य (अर्थात् एक सुखी खुशहाल राज्य

का उदाहरण), सांस्कृतिक जीवन-मूल्य, व्याकरण, भाषा, चिकित्सा आदि सभी क्षेत्रों में बहुत दिया है।

विदेशी षड्यंत्र का शिकार भारतीय समाज

कालक्रम में अनेक विदेशी (हूण, शक, कुषाण, यूनानी, पुर्तगीज, फ्रेंच, मुगल, अंग्रेज आदि-आदि) आक्रांता जातियों ने लगातार भारत की संस्कृति व समृद्धि पर आक्रमण कर हत्याकांड रचे व भयानक लूटपाट की। अंतिम आक्रांता अंग्रेज ने इस देश को दिग्भ्रमित कर हिंदुत्व के प्रति ऐसी हीनता पैदा की कि हम सबकुछ भुला बैठे, गँवा बैठे। स्वभाषा, स्ववेशभूषा, स्वराज, स्वतंत्रता, परंपराएँ, जीवन-मूल्य, त्योहार, देवी-देवता सबसे नाता टूटता गया। आधुनिकता के नाम पर पश्चिम का अंधानुकरण करने लगे। अंग्रेज की चापलूसी कर उसे खुश करने में देश का विद्वज्जन स्वयं को धन्य मानने लगा। सन् 1947 की 15 अगस्त को लाखों बलिदानों, हजारों संघर्षों में से प्राप्त स्वतंत्रता का मूल्यांकन करने में भूल कर बैठे। देश को जीवन-मूल्यों पर से विकास की ओर ले जाने की बजाय अंधाधुंध आर्थिक दौड़ में जुटा दिया गया। अंग्रेज बहुत चतुर था। वह जानता था कि अगर किसी भी देश को गुलाम रखना है तो उस समाज के विभिन्न रूप में नेतृत्व प्रदान करनेवालों को दिग्भ्रमित करो, इतिहास को तोड़-मरोड़कर कलंकित कर दो, नैतिकता को भ्रष्ट कर दो, स्वाभिमान को चापलूसी में बदल दो, इससे उस समाज (देश) पर वर्षानुवर्ष राज किया जा सकता है। अर्थात् स्वाभिमानशून्य भ्रष्ट समाज मुर्दा जैसा होता है, जो गुलामी को भी वरदान मानता है। अंग्रेजों ने भारत में यही काम अत्यंत चतुराई से किया, जिसका परिणाम है वर्षों की स्वतंत्रता के पश्चात् भी देश स्वाभिमान से शून्य, भ्रष्टाचार में डूबा दिन-प्रतिदिन अनेकानेक समस्याओं के भँवर में फँसता जा रहा है। स्वस्थ भारत की बजाय बीमार, खुशहाल की बजाय गरीब, सशक्त की बजाय कमजोर (कायर), सदाचारी की बजाय बेईमान, स्वच्छ की बजाय प्रदूषित, भाईचारे की बजाय कलह-ग्रस्त, शांति की बजाय आतंकवादयुक्त, सर्वधर्म समभाव की बजाय धर्मांतरणयुक्त भारत हमारे सामने है। आज प्रधानमंत्री से लेकर सामान्य जन तक, पढ़े-लिखे बहुत बड़े अफसर से लेकर चपरासी तक, उद्योगपति से लेकर मजदूर तक भ्रष्टाचार में आकंठ डूबा हिंदुस्तान सामने नजर आ रहा है। एक बार एक छोटे परंतु विद्वज्जन समूह में चर्चा चली कि ईमानदार व बेईमान कौन है? दोनों में अंतर क्या है? मेरे मुख से अकस्मात् निकला— 'भई, आज ईमानदार वह है, जो पकड़ा नहीं गया।' सत्य सचमुच ऐसा ही है। ऐसा नहीं है कि ईमानदार

सज्जन लोग नहीं हैं, परंतु उनका अस्तित्व गौण सा नजर आता है। स्वतंत्रता के 54 वर्षों में पिछले 25-30 वर्ष तो ऐसे हैं, जैसे भारत स्कैंडलों का ही देश है। निम्न अनेक स्कैंडल तो आज भी भारत की आत्मा को कचोट रहे हैं—

नरसिंहराव (रिश्वत); हर्षद मेहता (शेयर); जयललिता (तांसी जमीन घोटाला); तहलका (रक्षा सौदा); राजीव गांधी (बोफोर्स); लालू प्रसाद (चारा); सुखराम (संचार); नागरवाला कांड आदि।

भारतीय जीवन-मूल्यों से टकराते पश्चिमी जीवन-मूल्य

अगर हम भ्रष्टाचार की जड़ में जाना चाहते हैं तो हमें इसकी भूमि व बीज खोजना होगा, तभी हम जड़ पर मजबूती से प्रहार कर सकते हैं। अन्यथा भ्रष्टाचार तो 'कांग्रेस घास' के समान है, जितना उखाड़ने का प्रयास करेंगे, उससे कई गुणा अधिक फैलती जाती है। पहले तो सेना व न्यायालयों को ईमानदार व देशभक्त माना जाता था, परंतु अब तो न सेना अधिकारी और न ही न्यायाधीश भ्रष्टाचार से बचे हैं। उच्चतम न्यायालय के अवकाश प्राप्त मुख्य न्यायाधीश श्री वैंकटचलैया ने स्वयं कहा कि 20 प्रतिशत जज आज बेईमान हैं। अनेक सेनाधिकारी भ्रष्टाचार के विभिन्न आरोपों के कारण कठघरे में हैं अथवा नौकरी से निकाले जा चुके हैं। जैसा मैंने कहा कि भ्रष्टाचार की जमीन वे बीज खोजने का अधिक प्रयास करना आवश्यक है तो कुछ मौलिक सिद्धांत ध्यान में आते हैं और वे सिद्धांत ऐसे हैं कि जो भी समाजजीवन उनका अनुसरण करेगा, वह समाज भ्रष्ट होगा ही। जैसे आज की राजनीति में सत्ता संचालन का एक नियम है 'Survival of Fittest' अर्थात् जो सर्वशक्तिमान है, वही जिएगा, वही राज करेगा। जैसे-जैसे इस सिद्धांत का जोर बढ़ता गया और उसको मान्यता मिली, उतना ही स्वाभाविक रूप से अनेक व्यक्ति एवं व्यक्ति समूह तथा देश स्वयं को अधिक-से-अधिक राजनैतिक, आर्थिक, मजहबी रूप से शक्तिशाली बनाने में जुट गए हैं, जिसके कारण शोषण एवं भ्रष्टाचार बढ़ता चला गया। मुसलिम देश, पश्चिमी देश और भी अन्य अनेक देश इसी सिद्धांत के आधार पर विश्व के अधिकाधिक संसाधनों पर कब्जा किए हैं। अमेरिका स्वयं को सुपर-पावर के रूप में स्थापित करने की दौड़ में धन व शस्त्र बल के आधार पर विश्व में अस्थिरता निर्माण करता चला जा रहा है। मुसलिम देश मजहब के नाम पर उन्माद पैदा कर विश्व को भयानक आतंकवाद की लपेट में ले चुके हैं। चीन साम्राज्यवादी है, जो हिमालय की शांति को भी भंग कर अपने खूनी पंजों का विस्तार करता दिखाई देता है और अनेक देशों को खा चुका है। धीरे-धीरे

सभ्यताओं का टकराव बढ़ रहा है, विज्ञान का उपयोग विकास की बजाय विनाश के लिए हो रहा है। धन का उपयोग भ्रष्ट कर आपसी कलह पैदा करने में हो रहा है। आतंकवाद, नशीली दवाओं का व्यापार, देह का व्यवसाय, दूसरे देशों की शांति व एकता भंग कर उन पर कब्जा जमाने की होड़ लगी है। आज तो देश की सुरक्षा को भ्रष्टाचार रूपी काला धन खाए जा रहा है। विदेशी घुसपैठ, शस्त्रों व विस्फोटक का आना सब सरेआम हो रहा है। देश पूर्णतया विदेशी षड्यंत्रों का अड्डा बन चुका है। स्थान-स्थान पर बम विस्फोट, संसद् पर हमला, भ्रष्टाचार का सुरक्षा के क्षेत्र में घुसना सबसे भयानक रूप है। एकता-अखंडता-सुरक्षा ही दाँव पर लगी है। पैसे एवं ताकत से बलात् धर्मांतरण हो रहा है। जहाँ भी हिंदू कम होता है, वहाँ अलगाव के, भारत विभाजन के स्वर उठने लगते हैं। वहाँ पर खून की नदियाँ बहने लगती हैं।

इसी प्रकार से एक और सिद्धांत है कि व्यक्ति की तरक्की से देश खुशहाल होगा (Individual Progress is an National Prosperity)। इस सिद्धांत के व्यवहार में आने पर 'मैं' यानी मनुष्य अधिकाधिक तरक्की करने हेतु सब प्रकार के साधन, पद एवं धन को प्राप्त करने में लग गया है। इनको प्राप्त करने के लिए कोई भी मार्ग और प्रकार अनुचित नहीं मानता। बस सबकुछ मिले, यही उसकी कामना है। कोई दूसरा आगे न निकल जाए, इसलिए दूसरे को कैसे नीचा दिखाना है, इसके लिए भी षड्यंत्र रचता रहता है। इसलिए दल, जाति समूह (बिरादरी), समाज, संस्थाएँ एवं परिवार टूट रहे हैं। बलात्कार व अपराध बढ़ रहे हैं। आदमी जायज का विचार छोड़ नाजायज प्रकार से धन कमाने एवं पद प्राप्त करने में लगा है। धीरे-धीरे समाज में गुणों की बजाय धन की पूजा होने लगी है। आज बच्चों को मेडिकल, इंजीनियरिंग में सीट मिलें, उसके लिए मेरिट को धन से तोड़कर प्राप्त करने का प्रयत्न सफलतापूर्वक हो रहा है। दो-चार कारवाला बड़ा, विशाल बँगलेवाला बड़ा, पदवाला बड़ा इसलिए अनेक गाड़ियाँ और ज्यादा बड़ा बँगला यही सम्मान का सूचक है। गाँव में कटाक्ष के रूप में कहावत प्रसिद्ध है 'धनवाले का कमला (मूर्ख) भी सयाना, गरीब का पढ़ा-लिखा भी मूर्ख'।

प्रगतिशील देशों ने मानव एवं मानवसमूह के लिए एक और नारा दिया कि मूलभूत आवश्यकताएँ रोटी, कपड़ा और मकान हैं। धीरे-धीरे अब इसमें शिक्षा भी जुड़ गई है। परंतु यह नारा जहाँ बहुत लुभावना है, वहाँ भ्रष्टाचार का जन्मदाता भी है। मुझे रोटी, कपड़ा, मकान व शिक्षा मिलनी चाहिए, फिर देश व मानवीय

जीवन-मूल्य चाहे जाएँ भाड़ में, मुझे क्या मतलब ? यह स्थिति आज निर्माण हो गई है। मूलभूत आवश्यकताओं में से धर्म (संस्कृति, सदाचार), स्वतंत्रता (सम्मान) निकाल दिया गया है। मनुष्य आज शिक्षित होने पर भी भ्रष्ट है, गुलाम जैसा है, जीवन-मूल्यों को मानने की बजाय उनका उपहास करता दिखाई देता है। अधिक कमाना, कैसे भी कमाना, यह जीवन का स्वरूप बन गया है। धर्म और स्वतंत्रता ही तो अनाचार, अनैतिकता, अमानवीय प्रवृत्ति, हिंसा आदि पर अंकुश लगाती है। परंतु इनको मूलभूत आवश्यकतओं में से निकालकर मनुष्य को मात्र आर्थिक प्राणी बना दिया गया है। देश के प्रति कर्तव्य गौण, मानवीय जीवन-मूल्यों का उपहास, नारी के सम्मान को लुटना; कहीं नारी तंदूर में जलती है तो कहीं उसकी सरेआम इज्जत लुटती है। जिस देश ने नारी के सम्मान की रक्षा हेतु राम-रावण युद्ध व महाभारत को रच दिया, आज उस देश में नारी वासना की, उपभोग की वस्तु बनकर विज्ञापनों की सज्जा बन गई है। आज भवन, पुल, सड़क बनते हैं, परंतु बनने से पूर्व ही टूट जाते हैं। बिहार में कहते हैं—'खड्डों में सड़क है या सड़क में खड्डे-ही-खड्डे', मालूम नहीं पड़ता।

नीचे से घुसकर सामान्य जन को डँसता भ्रष्टाचार

भ्रष्टाचार भी अनेकानेक रूप धारण कर चुका है। मिलावट, घूस, अनुचित दाम लेना, खराब वस्तु देना, कम तौलना एवं नापना, इसके लिए ज्यादा झूठ बोलना आदि-आदि। भगवानजी के प्रति भक्ति का पाखंड, इस कारण हर बड़ा आदमी भगवानजी को खरीदने का प्रयास करता दिखाई देता है। देवता से, संत से भी लेनदेन करता है। पूजास्थान बनाएगा, आश्रम बनाएगा, पूजापाठ भी करेगा परंतु समाज शोषण भी पूरा-पूरा करेगा। रोना रोएगा कानून का, नेताओं का, अफसरों का, जमाने का, सभी को दोष देगा परंतु आज कोई भी अपने अंदर झाँक कर देखने को तैयार नहीं है।

'चलता है' के नाम पर बढ़ता भ्रष्टाचार

धीरे-धीरे समाज का नैतिक स्तर गिरता चला जाता है। बड़े-से-बड़े और सामान्य से सामान्य जन में आज वह नाना प्रकार से प्रकट होता दिखाई देता है। इस रूप का वर्णन करना हो तो कहेंगे—"भई, यह तो दुनियादारी है, इतना तो चलता है।" इस बात को अंकित करने के लिए मैं जीवन में घटे अनेक में से चार-पाँच अनुभवों को प्रस्तुत करता हूँ। सन् 1968 की बात है। हम तीन-चार विद्यार्थी कैथल

से चंडीगढ़ जा रहे थे। उन दिनों मैं पंजाब इंजीनियरिंग कॉलेज, चंडीगढ़ में पढ़ता था। छुट्टियाँ समाप्त कर कॉलेज जा रहे थे। मार्ग में पिहोवा पार करते समय एक परिवार (पति-पत्नी तथा दो बच्चे) बस में चढ़ा। बस चल पड़ी। कंडक्टर ने टिकट माँगा। पिता (पुरुष) ने दो टिकट के पैसे आगे बढ़ाए। कंडक्टर ने तुरंत कहा कि ये दो बच्चे, इनका टिकट? माँ ने एक बच्चे की ओर संकेत कर कहा कि यह तो अभी तीन वर्ष का ही है (हम सब जानते हैं कि 4 वर्ष से नीचे की आयु के बच्चे का टिकट नहीं लगता है तथा 11 वर्ष तक के बच्चे का आधा टिकट लगता है)। इतनी देर में दूसरा बालक बोला, 'ममी, ममी मेरा तो अभी-अभी 8th Happy birth day to you (हैप्पी बर्थ डे टू यू) मनाया था।' कंडक्टर ने महिला, पुरुष की ओर देखा। माँ बालक को घूर-घूरकर देख रही थी। परंतु बच्चे को समझ नहीं आ रहा था कि माँ क्यों घूर रही है, क्योंकि बच्चा मासूम होता है, मन का सच्चा होता है, नासमझ होता है। जब बड़ा होता है, समझदार बनता है और ऐसी हेराफेरी सीख जाता है। पिता ने जेब से आधे टिकट के पैसे दिए। मैं इस परिवार के पीछे वाली सीट पर बैठा था। इस सारी घटना को लेकर मन में प्रश्न उठा कि मनुष्य औसतन 75-80 वर्ष जीवित रहता है और कोई महिला-पुरुष अपनी पूरी आयु में कितनी बार ऐसे बच्चों को, जिनका आधा टिकट लगता है या पूरा टिकट माफ होता है, लेकर यात्रा करते हैं, संभवतया जीवन भर में 50 से 100 बार ऐसे अवसर आते होंगे। प्रति अवसर 10-15 रुपए इस प्रकार से झूठ बोलकर बचा भी लिए तो पूरे जीवन में 500-1000 रुपए बचा पाएगा। अब प्रश्न खड़ा होता है कि जीवन भर में ऐसे झूठ बोलकर क्या 500-1000 रुपए बचा लेने से वह परिवार धनी हो जाएगा? नहीं! परंतु बच्चों को इस प्रकार के व्यवहार से क्या संस्कार मिलेगा तथा अपना भी स्वयं का क्या स्वभाव बनेगा? धीरे-धीरे हेराफेरी, झूठ बोलकर कानून से धोखा करना, थोड़े से धन के लिए ईमान का सौदा कर लेना। समाज में कहावत चलती है कि बेटा वो, जो बाप के नक्शेकदमों पर चले और बाप से भी आगे निकल जाए। परंतु यहाँ विचार करने पर ध्यान में आता है कि न तो कानून, न ही राजनेता, न ही बड़ा अफसर और न ही मनुष्य की मजबूरी अथवा आवश्यकता उस पर दबाव बनाती है कि वह इस प्रकार से भ्रष्टाचरण करे। परंतु वह कानून, ईमानदारी एवं अपने अंतर्मन सबसे धोखा करता है और स्वयं तथा समाज को समझाता है कि यह तो दुनियादारी है और इतना तो चलता है। समाज में भी लोग ऐसी बातों को देखते हैं, सुनते हैं और सुनाने व करनेवाला अपमानित महसूस न करके गौरव का अनुभव करते हैं।

मैं दिसंबर 2001 में समाज कार्य से हिमाचल प्रदेश के प्रवास पर था। समाचार-पत्र पढ़ रहा था। उसमें एक पृष्ठ पर चुटकुले छपे थे। मैंने पढ़ने प्रारंभ किए। उसमें एक चुटकुला समाज की मानसिकता को दरशानेवाला था। कॉन्वेंट स्कूल में छुट्टी होने पर तीसरी कक्षा का एक छात्र रिक्शा में अन्य मित्रों के साथ बैठा है। वह पूरे मार्ग में उदास व रोनी-सी सूरत बनाए है। घर पहुँचते ही जैसे मम्मी दिखाई देती है, वह जोर-जोर से रोने लगता है। माँ पूछती है, 'बेटा, बात क्या है ?' प्यार से पूछने पर भी वह बालक और जोर-जोर से रोना जारी रखता है। इतने समय में डैडी दफ्तर से छुट्टी करके घर पहुँचते हैं। ममी कहती है कि देखो, आपका लाड़ला जब से स्कूल से आया है, रोता ही जा रहा है, बता भी कुछ नहीं रहा। डैडी ने प्यार से पूछा, 'बेटा, बात क्या है ?' बालक थक चुका होता है, थोड़ा चुप होता है और कहता है कि मैंने मैम का पेन चुरा लिया था और इस पर मैम ने मुझे मारा। माँ-बाप बच्चे को समझाने लगे कि बेटा, चोरी करना पाप है, बेइज्जती (अपमान) होती है, बहुत बुरी बात है, अच्छे बच्चे इस तरह का गलत व गंदा काम नहीं करते हैं। ऐसा समझाते-समझाते डैडी बोले, 'बेटा, जब कोई ऐसी चीज खत्म हो जाए तो तुम्हें अपने पापा को बताना चाहिए। मैं तुझे अपने दफ्तर से लाकर दे देता।' चुटकुले के अंत में लिखा था, बेटे को चोरी करना पाप है, बाप को चोरी करना माफ है ? परंतु यह आज जीवन की सच्चाई है, जो व्यंग्यकार ने चुटकुले के रूप में व्यक्त की है। विचार करें कि एक व्यक्ति सरकारी नौकरी में औसतन 35 वर्ष रहता है। प्रतिवर्ष दफ्तर से 200-300 रुपए की स्टेशनरी चुरा भी लाया तो जीवन भर में 7000-8000 रुपए का सामान चोरी से, धोखे से घर ले आएगा। प्रश्न खड़ा होता है कि क्या इससे बालक के पढ़ा-लिखा व होनहार बनने में सहारा मिलेगा, सुविधा होगी। इस प्रकार की चोरी अथवा बेईमानी करने के लिए कौन मजबूर करता है ? क्या वह यह भ्रष्ट आचरण नहीं करेगा तो कोई उसे नौकरी से निकाल देगा ? परंतु दुनियादारी के नाम पर यह चलता है। कोई दूसरे को रोकता नहीं, घर में भी कोई टोकता नहीं कि आप यह गलत काम मत करो। धीरे-धीरे वही आदमी प्रारंभ में दफ्तर से स्टेशनरी लाया और फिर अनेक प्रकार का सामान और घूस का धन आने लगता है। 'चलता है' के नाम पर भ्रष्टाचार का राक्षस विकराल रूप धारण करता चला जाता है।

मुझे एक और अनुभव ध्यान में आ रहा है। मैं किसी के साथ कपड़े की दुकान पर गया था। मेरे साथी को कपड़े काफी खरीदने थे। दुकान में उस समय

और भी अनेक ग्राहक थे। एक ग्राहक ने कपड़ा देखा। रंग, गुणवत्ता व कीमत से उसको कपड़ा जँच गया और खरीद लिया। परंतु दो-तीन व्यवहार मुझे बहुत विचित्र लगे। एक, दुकानदार ने कपड़ा देते समय रंग तो वही रखा, परंतु क्वालिटी में थोड़ा गड़बड़वाला दिया (अर्थात् कपड़े का थान बदला गया)। नापते समय भी लगा कि वह इस तरह से नाप रहा है, जिसके कारण 100 सें.मी. (एक मीटर) की बजाय 98-99 सें.मी. ही नापा जाता है। मन में प्रश्न उठा कि दाम तो ठोक-पीटकर अच्छे और पूरे कपड़े के लिये, परंतु देते समय क्वालिटी व नाप दोनों में बेईमानी की। दाम अधिक, माल घटिया तथा नाप में कम। धीरे-धीरे समाज का विश्वास टूटता चला जाता है। बेईमानी में प्रत्येक दूसरे को कोसता है। खरबूजे को देखकर खरबूजा रंग पकड़ता है। कहते हैं कि अच्छाई एक वर्ष में एक कदम चलती है, परंतु बेईमानी एक वर्ष में अनेक मील चलती है। बुराई छूत की बीमारी के समान है, परंतु दुनियादारी के नाम पर यह सब चल रहा है।

संघ कार्यालय, वीर भवन, जम्मू। घटना सन् 1998 की है। दूध बेचनेवाला बंधु प्रतिदिन के अनुसार आया। उस समय दूध का भाव 16 रुपए प्रति किलो था। मैं भी थोड़ा तसल्ली से था, इसलिए दूध वाले को देखकर कहा, 'भई, दूध में पानी बहुत मिलाया है।' वह मेरे से थोड़ा खुला था, तुरंत बोला, 'साहब, आप तो जानते ही हैं कि आज महँगाई बहुत बढ़ गई है, घर-परिवार भी चलाना होता है। अगर शुद्ध दूध बेचता रहूँगा तो बाबूजी, जिंदगी कैसे चलेगी ? फिर आजकल बच्चों को शुद्ध दूध पचता भी नहीं है।' मैंने उसे कहा कि 'भई, तुम एक काम करो, दूध के तीन प्रकार कर लो। 1. दूध यानी दूध 16 रु. किलो; 2. दूध परंतु पानी मिला 12 रु. किलो; 3. दूध यानी पानी में दूध मिला 8 रु. किलो। फिर जिसको जैसा दूध चाहिए, वह खरीद लेगा। परंतु तुम दाम तो शुद्ध दूध के लेते हो, बेचते हो मिलावट भरा, ऐसा क्यों हो ?' प्रश्न खड़ा होता है कि कौन उसे मजबूर करता है। एक बात जल्दी अमीर बनो, कैसे भी अमीर बनो। यही दुनियादारी है, इतना तो चलता है। कोई दूसरे को रोकता नहीं। कारण रोकनेवाला जानता है, वह भी ऐसा ही है ? भारतीय संस्कृति ने पढ़ाया था ईमानदारी धर्म है—पश्चिम ने पढ़ाया Honesty is best policy अर्थात् ईमानदारी नीति है, न कि धर्म। आज जनता को लगता है धर्म तो खराब चीज है, ईमानदारी से जिंदगी चलेगी नहीं, बस कमाओ, कैसे भी कमाओ। इसलिए भ्रष्टाचार के राक्षस को खुराक मिल रही है। वह दिन दोगुनी-रात चौगुनी बढ़ रहा है।

भ्रष्टाचार का नया संस्करण है 'सुविधा शुल्क'

अनेक लोग कहते हैं कि कानून ही ऐसे बने हैं कि ईमानदार रहा ही नहीं जा सकता, इसलिए नं. 2 का खाता जरूरी है। कुछ लोग नेताओं को तो कुछ अफसरों को, कुछ लोग व्यापारी, उद्योगपति को तो कुछ लोग ठेकेदारों को, कुछ लोग कहते हैं आज जब जहाँ जिसका बस चले, सब लूट रहे हैं। चपरासी भी जब तक पहिया न लगाओ, दफ्तर के अंदर घुसने ही नहीं देता। आज दफ्तर हो या बैंक, अनेक कल्याणकारी योजनाएँ तथा उनके लिए कर्ज दिए जाने की घोषणाएँ होती हैं और उनके लिए धन आता है तथा व्यवस्था भी बनाई जाती है। परंतु सामान्य-जन तो दफ्तरों के चक्कर काट-काटकर तथा फाइलों के पेट भरते-भरते इतना थक-टूट जाता है कि कुल धन का मुश्किल से 25-30 प्रतिशत हाथ लगता है। स्थान-स्थान पर, व्यक्ति-व्यक्ति को घूस देनी पड़ती है। इसलिए वर्तमान में घूस का नया नाम पड़ा है—सुविधा शुल्क। कर्मचारी, अफसर कहता है, 'भई, हमें तुम्हारा काम करने के लिए कितनी मेहनत करनी पड़ेगी। तुम्हें भी चक्कर लगाने पड़ेंगे। समय व धन बरबाद होगा। क्या करें, कानून ही ऐसा है। तुम्हारा काम सरलता से व शीघ्र हो जाए, इसके लिए यह सुविधा शुल्क है। इससे तुम्हारा ही भला होगा। कर्मचारी भी तुम्हारा भाई है, उसे भी मकान बनाना है, बच्चे पढ़ाने हैं, तुम उसकी मदद करो, वह तुम्हारी मदद करेगा। इसको घूस नहीं बल्कि सुविधा शुल्क, काम के बदले में ईनाम अथवा मित्र को incentive देना मानो, इससे सुखी रहोगे। नहीं तो दुःख सहोगे।' प्लेटफॉर्म पर टिकट खरीदने में अनेक बार अनुभव होता है। इसी प्रकार से एक बार ट्रेन में चढ़ने के लिए स्टेशन पहुँचे, साथ में दो-तीन बंधु चढ़ाने आए थे। मैंने कहा, 'भई, प्लेटफॉर्म टिकट खरीद लेना चाहिए।' इतनी देर में एक परिचित मिल गए। वे बोले, 'अरे भई! तुम लोगों की यह ईमानदारी सबको दुःखी करती है, अरे कौन पूछ व देख रहा है?' और बड़े गर्व से कहने लगे कि मैंने तो आज तक प्लेटफॉर्म टिकट नहीं खरीदा।

धीरे-धीरे घूस का स्तर इतना बढ़ गया है कि सैकड़ों-हजारों को तो आज अनेक लोग घूस ही नहीं मानते हैं। कुछ लोगों का स्तर लाख से तथा कुछ का स्तर करोड़ों पर पहुँच गया है। कहते हैं कि चोरी चोरी है। चाहे एक पैसे की हो अथवा एक लाख की। बदनामी से क्या फर्क पड़ता है? भगवान् से माफी माँग लेंगे, बाकियों को खरीद लेंगे। आजकल की नई कहावत बनी है—बाप बड़ा न इज्जत, सबसे बड़ा रुपया। धन होगा तभी दानी कहलाओगे। धन होगा तभी तो देवता को खुश करने के लिए उसका भव्य मंदिर बनेगा।

भ्रष्टाचार—घुसता नीचे से है, आता ऊपर से है

आज सरकारी तंत्र में कानून भी ऐसे बनते जा रहे हैं, जिससे जटिलताएँ बढ़ती जा रहे हैं। व्यक्ति को मूल रूप से बेईमान मानकर कानून बनते हैं। इसलिए कानून बनाने वाले व कानून तोड़नेवाले दोनों ही ताकतवर हैं। आम जनता व ईमानदार इसमें पिस रहे हैं। फाइलों का पेट भरते-भरते, मेजों के चक्कर लगाते-लगाते व्यक्ति पिस जाता है। इससे बचने के लिए वह सरल उपाय ढूँढ़ता है, जिससे भ्रष्टाचार मजबूत होता चला जाता है। एक हास्यकार (व्यंग्यकार) ने भ्रष्टाचार पर कार्टून बनाया। एक आदमी पकड़ा गया और फिर छूट गया तो उससे किसी ने पूछा, 'भई, तुम पकड़े क्यों गए और छूट कैसे गए?' उसने कहा, 'घूस लेते पकड़ा गया, घूस देकर छूट गया।'

आज सारा समाज भ्रष्टाचार से संतप्त है। परंतु सभी को लगता है, जैसे भगवान् कण-कण में, वैसे ही भ्रष्टाचार रग-रग में व्याप्त है। भ्रष्टाचार से छुटकारा पाना असंभव है, परंतु मेरा निश्चित मत है कि हम भ्रष्टाचार रूपी राक्षस को परास्त ही नहीं कर सकते, मार भी सकते हैं। परंतु इसके लिए संकल्प कर जूझने की आवश्यकता है। प्रत्येक व्यक्ति को अकेले-अकेले भी तथा सामूहिक रूप से भी लड़ना होगा। यह सोचने से काम नहीं चलेगा कि मैं अकेला क्या कर लूँगा? भेड़ों में एक शेर, तम में एक दीपक, अंधड़ में जड़ जमाया वृक्ष, भीड़ में एक बहादुर, निराशा में एक भक्त, समय की चाल बदल देते हैं। सभी प्रकार से अध्ययन करने पर ध्यान में आता है कि बेईमानी यानी भ्रष्टाचार व घूसखोरी नीचे से घुसती है, परंतु आती ऊपर से है।

व्यक्तिगत व सामूहिक संकल्पशक्ति से ही भ्रष्टाचार को मारा जा सकता है

मुझे महाभारत का एक बहुत सुंदर प्रसंग ध्यान में आता है। सुदामा कृष्ण के घर पहुँचते हैं। आवभगत के पश्चात् सुदामा कृष्ण से पूछते हैं कि 'मित्र, मैंने पूर्वजन्म में ऐसे क्या पाप-कर्म किए हैं, जिसके कारण इतना पढ़ा-लिखा, विद्वान् होने पर भी अत्यंत गरीब हूँ?' इस पर भगवान् कृष्ण (सखे) बोले, 'सुदामा, तू जो कह रहा है, वह सच है और उसमें कुछ भी अनुचित नहीं। मैं तुमसे एक बात पूछता हूँ, देखो, जब लोग तुम्हें देखते हैं या तुम्हारे बारे में सुनते हैं, कहते हैं, सुदामा बहुत विद्वान् है, सदाचारी है, ईमानदार है, दूसरों की सेवा में सुख मिलता है उसे। वह तो सबकी इज्जत करता है, अहंकारी नहीं है। भगवान् के निकट है। परंतु पता

नहीं क्या कर्म किए हैं कि बेचारा बहुत गरीब है। इसी तरह से जब लोग मंत्री व बड़े श्रेष्ठी (धनवान्) को देखते हैं, तो कहते हैं, बहुत अहंकारी है। हमेशा दूसरों को छोटा समझकर अपमान ही करता है, गरीबों का खून सींचता है, धर्मात्मा के वेश में कपटी है, परंतु पता नहीं पिछले जन्म में कौन से कर्म किए हैं जो धनवाला है, लक्ष्मी इसी के पास आकर जमा हो गई है।' ऐसा सुनाते-सुनाते कृष्ण कहने लगे, 'सखे सुदामा, तुम्हीं बताओ, तुम्हें क्या चाहिए?' सुदामा तुरंत बोले, 'प्रभु (मित्र), मैं अपनी गरीबी में पूर्णतया संतुष्ट हूँ।' यह कथानक भ्रष्टाचार से लड़नेवालों का हर प्रकार से मार्गदर्शन करते हुए उनमें संकल्पशक्ति भरता है।

भ्रष्टाचार से लड़ने व इससे बचकर इस राक्षस को खत्म करने के लिए प्रत्येक व्यक्ति को व्यक्तिगत रूप से तथा संस्थाओं व संस्थानों को कुछ करना होगा। हमारे थोड़ा-थोड़ा प्रयत्न करने से सदाचार का कद बढ़ता जाएगा। जैसे सदाचार का कद बढ़ेगा, वैसे-वैसे भ्रष्टाचार रूपी राक्षस छोटा होता जाएगा। भ्रष्टाचार रूपी राक्षस को यह वरदान है कि बेईमानी व अनैतिकता उसकी ताकत है। कुछ उपाय सूझते हैं : 1. कानून मार्ग से अर्थात् कोई भी व्यक्ति कानून से बड़ा नहीं—सब कानून के अंतर्गत हैं। आज तो यह प्रधानमंत्री है, राज्यपाल है, सेना का सर्वोच्च पदाधिकारी है, न्यायाधीश है, राष्ट्रपति है— इन नामों व पदों को कानून से बड़ा बना दिया गया है। कानून अर्थात् न्याय की दृष्टि से न कोई छोटा है, न कोई बड़ा। कानून यानी न्याय, न्याय यानी धर्म सम समान है। इसलिए अपने देश में बड़ा कौन, जो न्याय करते समय स्वयं को तथा स्वयं की पत्नी व पुत्र को भी कठोरतम दंड देते थे। राम क्यों बड़े थे, क्योंकि स्वयं राज्य त्यागा। सीता क्यों महान् थीं, क्योंकि उसने अपने सतीत्व की अग्निपरीक्षा दी। युधिष्ठिर क्यों धर्मराज थे, क्योंकि उन्होंने अपने धर्म हेतु स्वयं की प्रतिष्ठा को दरकिनार कर रथ को पृथ्वी पर आने दिया। चंद्रगुप्त, विक्रमादित्य, हर्ष, अशोक क्यों महान् कहलाए, क्योंकि ये गुणों के उपासक थे। शिवा, प्रताप, गोविंद, रणजीत ये क्यों सर्वमान्य हैं, क्योंकि देशहित में जिए। झाँसी की रानी लक्ष्मीबाई, दुर्गा, अहिल्या क्यों पूजी जाती हैं, क्योंकि इनका अपना सुख गौण था, देश की सुरक्षा प्रमुख थी। गांधी, तिलक, सुभाष, सावरकर, भगतसिंह, डॉ. हेडगेवार, दीनदयाल आदि के चित्र क्यों घरों में लगाए जाते हैं? क्योंकि ये मनुष्य होने पर भी सदाचार, ईमानदारी व राष्ट्रहित को सर्वोपरि मानते थे। इन्होंने स्वयं को धर्म से अर्थात् कानून से छोटा माना। 2. बालमन पर संस्कारों की चिंता करनी होगी। 'चलता है', 'यह तो दुनियादारी है' के नाम पर (छोटे-छोटे स्तर पर, जिसका वर्णन मैंने चार-पाँच घटनाओं में दिया, ऐसे लाखों उदाहरण मिलेंगे)

चलनेवाले व्यवहार को बदलना होगा। ईमानदार का सम्मान, बेईमान का तिरस्कार। ये छोटे-छोटे भ्रष्ट आचरण रोके जा सकते हैं। हर स्तर पर प्रत्येक व्यक्ति को 'मैं' से प्रारंभ करना होगा। राष्ट्रीय स्वयंसेवक संघ इसी को व्यक्ति-निर्माण कहता है। 3. यह सिद्धांत कि सर्वशक्तिमान् ही जिएगा, अब नहीं चलेगा, बल्कि 'जियो और जीने दो' से आगे बढ़कर 'जिओ मगर दूसरों के लिए' का बोलबाला होना चाहिए। व्यक्ति की तरक्की में देश की खुशहाली की बजाय देश की उन्नति में मेरी खुशहाली (National Progress is mine prosperity) अर्थात् व्यक्तिगत हित समाजहित पर न्योछावर करने का भाव, राष्ट्रहित सर्वोपरि एवं प्रथम इसके साथ-साथ व्यक्ति की मूलभूत आवश्यकता रोटी-कपड़ा-मकान, शिक्षा, संस्कृति (धर्म) व स्वतंत्रता (सम्मान) को भी जोड़ना होगा। किसी ने पूछा, मनुष्य या जाति की स्वतंत्रता की सीमा क्या है ? कहते हैं, जब उसकी स्वतंत्रता, सम्मान व स्वाभिमान दूसरे को तकलीफ देने लगे तो समझ में आ जाना चाहिए कि यह उसकी सीमाएँ हैं। 4. धीरे-धीरे मैं के दायरे का विस्तार करना। उसकी तकलीफ मेरी तकलीफ है, क्योंकि जहाँ 'मैं' जुड़ता है, वहाँ आदमी बेईमानी नहीं करता, बल्कि सर्वस्व न्यौछावर तक कर देता है। दुकानदार स्वयं के घर में मिलावटवाली खराब वस्तु नहीं देगा। बैंक या दफ्तर का अफसर अपने घर-कॉलेज के काम के लिए सुविधा-शुल्क नहीं माँगेगा। अपने को चोट लगी है तो सब काम छोड़ तकलीफ उठाकर भी सेवा करेगा। 'अपना है' तो काम शीघ्र व अच्छा करके देगा। मेरी बहन अथवा माँ के साथ दुर्व्यवहार हुआ तो मनु छाबड़ मरेगा। मेरे देश की सीमाएँ यानी सर्वस्व न्यौछावर करने की तमन्ना। इसलिए, व्यक्ति के 'मैं' का विकास 'हम' यानी देश और मानवता में व्याप्त कर देना। ऐसों का सम्मान, जिससे देश में नैतिकता का बोलबाला होता है। विश्व में जहाँ भी, जो भी अच्छा है, उसे ग्रहण करेंगे परंतु अपना सब कुछ हीन समझने की हीन ग्रंथि को निकाल भ्रष्टाचार रूपी राक्षस का दमन करने का संकल्प जन-जन में पैदा करना होगा। प्रत्येक चुनौती के उत्तर को स्वयं से शुभारंभ करें।

माँ-बाप बालक को, अध्यापक विद्यार्थी को, अफसर चपरासी को, नेता सामान्य कार्यकर्ता को, संत भक्त को ध्यान में रखकर अपने व्यवहार को नियंत्रित करें। अगर यह सावधनी रखी कि मेरी कृति से कल (भविष्य) धूमिल होनेवाला है तो तुरंत गलत करने से पहले 'सावधान' अर्थात् Warning मिल जाएगी। इन छोटी-छोटी बातों यानी चिंतन यानी आदतों को सुधारने से ही 80 प्रतिशत भ्रष्टाचार समाप्त हो जाएगा।

□

मतांतरण से राष्ट्रांतरण होता है

भारत में हजारों-लाखों वर्षों में समय-समय पर अनेक मत (संप्रदाय) प्रारंभ हुए हैं। भारतीय संस्कृति 'गंतव्य एक, पंथ अनेक' अर्थात् सभी मत उस सर्वशक्तिमान् से ही प्रारंभ होते हैं और उसी में विलीन होते हैं, पर विश्वास करते है। समाज में व्याप्त कुरीतियों, अंधकार एवं अज्ञान को दूर करने हेतु समय-समय पर अनेक महापुरुषों द्वारा मानव कल्याण एवं समाज सुधार के जो प्रयत्न हुए, उनमें से अनेक प्रयत्नों को संप्रदाय का रूप प्राप्त हुआ। इन सब विचारों (संप्रदाय) में बौद्धिक स्तर पर शास्त्रार्थ (वाद-विवाद) होते थे, धर्म सभा जुड़ती थी, परंतु यह सब शोध व खोज के मार्ग को प्रशस्त करने का उपाय रहा है। इस प्रकार धार्मिक सहिष्णुता के वातावरण में मनुष्य एवं मनुष्य समूह विचरण करते थे। भारत में जन्मे, पनपे संप्रदायों में से कभी भी एक से दूसरे संप्रदाय में कोई व्यक्ति, परिवार, जाति अथवा किसी भी प्रकार का जनसमूह चला गया, उसे धर्मांतरण अर्थात् मतांतरण नहीं माना जाता था। केवल उसे साधन बदलना, कक्ष बदलना अथवा वस्त्र बदलना मात्र माना जाता था। मूल मानवीय एवं राष्ट्रीय निष्ठाओं में कोई बदलाव नहीं होता था। शैव, वैष्णव, राधास्वामी, निरंकारी, दादुपंथी, नवबौद्ध (अंबेडकरवादी), रामानुजाचार्य, बल्लभाचार्य, स्वाध्याय, मध्वाचार्य, द्वैत-अद्वैत, गायत्री परिवार, साईं, बाल्मीकि, रैदासी, शाक्त, आर्यसमाजी, सिख, कबीरपंथी, जैन, बौद्ध, प्रकृति-पूजक आदि-आदि संप्रदायों में कभी भी तलवार नहीं खिंचती थी और न ही आपस में खून की नदियाँ बहाई जाती थीं। कभी-कभी मनुष्य के अहंकार भरे स्वभाव के कारण अथवा विदेशी कुचक्र के प्रभाव के कारण टकराव उभरे हैं, जैसे अल्पसंख्यकवाद और उनके लिए आरक्षण, यह जातीय विविधता न होकर सांप्रदायिक विभाजन अंग्रेज द्वारा खड़ा किया गया, जिसके कारण भारतीय (हिंदू) समाज का बहुत नुकसान हुआ है। परंतु ये टकराव लंबे अंतराल तक टिके नहीं रहे। विश्व में कहीं

भी जन्मे संप्रदायों (मजहब) को भारत में सम्मान प्राप्त हुआ। भारत ने उनको भी सर्वशक्तिमान् से निकलने व विलीन होनेवाले मानव कल्याण के मार्ग (मत) मान अपना लिया। इसलिए भारत ही विश्व में एकमात्र ऐसा देश है, जिसे विश्वगुरु की उपाधि प्राप्त हुई तथा मानव-धर्म के सिद्धांतों को देनेवाला माना गया। आज तक विश्व का अन्य कोई देश भारत से विश्वगुरु की उपमा अथवा उपाधि को हटाकर स्वयं के साथ नहीं लगवा सका है। भारत व भारतीय संस्कृति मूलत: सर्वधर्म (संप्रदाय) समभाव, प्राणियों में सद्भावना, विश्व के कल्याण एवं मानव-मानव में प्रेम का उद्घोष करती है।

परंतु 8वीं शताब्दी में इसलाम एवं 14वीं-15वीं शताब्दी में ईसाइयत ने इस आर्यावर्त (भरतखंड) में प्रवेश किया। इसलाम तलवार व षड्यंत्रों के बल पर तथा ईसाइयत तथाकथित सेवा, शिक्षा, सहायता के नाम पर, परंतु समाज को बाँटो और लड़वाओ के सिद्धांत के सहारे—इन दोनों संप्रदायों (मजहब-Religion) ने भारत में विस्तार किया। हजारों मसजिद व चर्च भारत के प्रत्येक प्रांत में दिखाई देते हैं। इनमें से बहुत बड़ी संख्या में इनका निर्माण भारतीय उपासना स्थलों (मंदिर आदि) को ध्वंस करके किया गया है। ये दोनों मजहब (रिलीजन) भारत से बाहर जन्मे, फले-फूले तो भी भारत में इनका अनादर नहीं, बल्कि आदर किया गया। परंतु भारत में किसी भी भाषा, बोली, जाति-उपजाति, संप्रदाय आदि का कोई भी व्यक्ति या व्यक्ति-समूह जब इसलाम अथवा ईसाइयत में गया, उसे मतांतरण (धर्मांतरण) माना गया। यह भी दिखाई देता है कि वह केवल मतांतरित नहीं हुआ, बल्कि उस भारतीय (हिंदुस्तानी) का दृष्टिकोण देशभक्ति (वतनपरस्ती) का नहीं रहा। उसकी निष्ठाएँ भारतमाता से हटकर कहीं और फिसलती दिखाई दीं। साधारणतया भारत के प्रति की आस्था बदल वह पाक जिंदाबाद, अरब की निष्ठा, वेटिकन व पोप के प्रति श्रद्धालु दिखाई देता है। फिर भी, भारतीय मुसलमान व ईसाइयों में ऐसे तत्त्व मिलते हैं, जिनकी आस्था भारत में है, परंतु वे तत्त्व कमजोर व संख्या में कम हैं।

सन् 2002 अप्रैल मास में प्रवास के दौरान मुझे एक ईसाई व दो मुसलिम प्रतिनिधि-मंडलों से भेंट करने का अवसर प्राप्त हुआ। ईसाई व मुसलिम प्रतिनिधि-मंडल अलग-अलग तिथि व स्थान पर मिले, परंतु भाग्य से वार्त्ता में कुछ मुद्दे समान थे। सद्भावनापूर्ण वातावरण में आपसी परिचय के पश्चात् बातचीत आगे बढ़ी। उन्होंने प्रश्न किया कि संघ ईसाई व मुसलमानों का विरोधी क्यों है ? मैंने कहा कि संभवतया यही प्रश्न मैं भी पूछ सकता हूँ कि आप लोग संघ के बारे में

गलत धारणाओं के शिकार होकर विषवमन क्यों करते हैं ? इन प्रश्नों को आरोप न मानकर, आपसी संवाद व भेंटवार्त्ता कर कैसे समाप्त किया जा सकता है, इसका प्रयत्न ही मुलाकात का उद्देश्य होना चाहिए। आप लोगों ने मिलने का समय लिया है, इसलिए ही आपके प्रश्न का उत्तर देना चाहिए। मैंने कहा कि वार्त्ता हेतु मैं आपसे दो-तीन प्रश्न करता हूँ, उसी में से आपस में कुछ समझने-समझाने का प्रयत्न करेंगे।

प्रश्न : क्या आप सर्वधर्म (संप्रदाय) समभाव को मानते हैं? जैसे ईसाइयत में कैथोलिक, प्रोटेस्टेंट, बापटिस्ट, मैथोडिस्ट, सीरियन आदि अनेक मत हैं। इसलाम में भी सुन्नी, शिया, अहमदिया, वाहवी आदि अनेक मत हैं। ऐसे ही भारतीयता (हिंदुत्व) में भी सनातन, वैदिक, जैन, सिख, बौद्ध आदि अनेकानेक मत हैं। आप लोगों का इन सबके बारे में क्या कहना है? क्या ये सभी इनसान को सन्मार्ग पर चलने की शिक्षा देते हैं?

उत्तर : प्रारंभ में वे थोड़ा झिझके और फिर कहने लगे, सभी के तौर-तरीकों में बहुत अंतर है। अपने-अपने ढंग से काम करते हैं। परंतु सभी की शिक्षा इनसानियत की ही है। बुरे कर्म नहीं, अच्छे काम करने की नसीहत (उपदेश) देते हैं। सच बोलने की, दूसरों को दुःख न देने की शिक्षा देते हैं। सभी की बहुत सारी बातें समान हैं, परंतु फिर भी सभी में बहुत अंतर है। मैंने कहा कि तौर-तरीकों में अंतर है, परंतु शिक्षा तथा उद्देश्यों में तो ज्यादा भिन्नता नहीं है, बल्कि अनेक बातें पूरी तरह से समान ही हैं। वे कहने लगे कि सभी अपनी-अपनी ओर ही खींचते हैं। सभी अपने मार्ग को दूसरों की तुलना में अच्छा बताते हैं। परंतु भारतीय (हिंदू आदि) संप्रदायों में आपसी बदल के कारण कोई झगड़ा नहीं होता है, जबकि कैथोलिक-प्रोटेस्टेंट, शिया-सुन्नी इनमें झगड़े प्रायः होते रहते हैं और झगड़े भी खून-खराबे से भरपूर होते हैं।

प्रश्न : एक भारतीय अगर मंदिर, गुरुद्वारे, जैन स्थानक, बौद्ध गोंफा, आर्यसमाज आश्रम आदि कहीं भी जाए, न ही उसकी पहचान को कोई खतरा है, न ही उसकी देशभक्ति में अंतर आता है, और न ही वह दूसरों को खत्म अथवा उसका अहित करने की सोचता है। क्या चर्च व मसजिद में वह वर्षानुवर्ष जाए, उसकी हिंदू (विभिन्न संप्रदाय) पहचान व देशनिष्ठा को कोई आँच नहीं आएगी?

उत्तर : इस पर वे थोड़ा असमंजस में पड़ गए कि हम तो कुछ नहीं कहते,

हम तो देशभक्त हैं। मैंने कहा कि क्या मैं वर्षों मसजिद व चर्च में जाऊँ और जाते समय, जाने पर तथा सतत जाते रहने पर भी मेरी पहचान, जो अब है, वह बनी रहेगी। इस पर वे चुप बने रहे और कहने लगे कि आप पूरी बात कहें, हम सुनना चाहते हैं। मैंने कहा कि जब कोई मुसलमान, ईसाई बनता है तो उसमें दूसरे संप्रदायों (मजहब) के बारे में नफरत पैदा की जाती है। दूसरों को निकृष्ट बताया जाता है। उनकी कमियों को Exploit किया जाता है। उसके लिए अनेक कथाएँ-किस्से गढ़े जो हैं, जिनका आधार झूठ होता है। अपने को अच्छा बताने के लिए अनेक कथाएँ रची जाती हैं। परंतु एक बात आपको ही स्पष्ट करनी होगी कि मैं वर्षानुवर्ष चर्च अथवा मसजिद में जाऊँ, परंतु मेरी हिंदू पहचान, चाहे किसी भी जाति अथवा संप्रदाय की हो, वह बनी रहेगी?

इसलिए मेरा आगे कहना है कि अगर आप मानवतावादी (सर्वधर्म समभाव वाले) हैं तो मतांतरण की आवश्यकता नहीं। अगर आप मेरी पहचान को समाप्त कर नई पहचान देते हैं अर्थात् मतांतरण करते हैं तो आप नफरतवादी हैं। इस बारे में वे कोई निश्चित बात अर्थात् कुछ भी आश्वासन नहीं दे सके।

प्रश्न : क्या वर्षभर में मसजिद से जुड़े मदरसा तथा चर्च व उससे जुड़े कार्यों के कार्यक्रमों में आप हिंदुस्तान जिंदाबाद का नारा लगाते हैं? क्या राष्ट्र गान जन-गण-मन गाते हैं? क्या भारतीय राष्ट्रीय झंडा तिरंगा लहराते हैं? ये तो किसी संप्रदाय (Relgion-मजहब) विशेष के नहीं हैं, ये तो वतनपरस्ती के प्रतीक हैं। क्या गणतंत्र दिवस 26 जनवरी, स्वतंत्रता-दिवस 15 अगस्त एवं गांधी जयंती 2 अक्तूबर मनाते हैं, ये तो किसी मजहब (संप्रदाय) के उत्सव नहीं, राष्ट्रीय कार्यक्रम हैं।

उत्तर : वे थोड़ा बगलें झाँकने लगे और कहने लगे कि हम तो केवल अपने मजहब की व इनसानियत की ही शिक्षा देते हैं। मैंने कहा, 'वह तो ठीक है, परंतु जिस मजहब में वतनपरस्ती (देशनिष्ठा) न हो तो फिर शंका (संदेह) उभरती है कि ऐसा क्यों किया जा रहा है? इसलिए तो नहीं कि मुसलमान अथवा ईसाई अगर देशभक्त बना तो विदेशियों के भारत के तोड़ने व गुलाम बनाने के षड्यंत्र सफल नहीं हो सकेंगे? देश व विश्व के बुद्धिजीवी तथा राष्ट्रनिष्ठ लोगों का यह निष्कर्ष है कि इसलाम व ईसाई बनना ही मतांतरण (धर्मांतरण) है और केवल मतांतरण ही नहीं, बल्कि राष्ट्रांतरण है, इसलिए संघ कहता है कि आप भारत के प्रति इस कारण उसको भारत व भारतीय समाज से जो अपनापन चाहिए वह पैदा

ही नहीं, देशभक्ति की पहली सीढ़ी पर अपने मजहब के आदमी को चढ़ने ही नहीं देते हो। इस कारण उसमें भारत व भारतीय समाज से जो अपनापन चाहिए, वह सौहार्द नहीं होता। वह खाता भारत का है परंतु गाता विदेश का है। मैंने प्रश्न में उन महत्त्वपूर्ण बातों अर्थात् कार्यों की ओर केवल संकेत किया है, जिनसे बालक वतनपरस्त बनता है।

वार्त्ता में समय अधिक हो रहा था। जलपान लग गया था। जलपान के साथ-साथ दुनियादारी एवं हँसी-मजाक में बातचीत करते हुए फिर मिलेंगे और मिलते रहेंगे के भाव से एक-दूसरे से विदा हुए। विदा होते-होते इस निर्णय पर जरूर पहुँचने का प्रयत्न किया कि मजहब अपना-अपना, सभी मजहबों का सम्मान, परंतु वतन सब का साँझा है और वतनपरस्ती से समझौता नहीं हो सकता। सभी संप्रदायों के इदारों (कर्मक्षेत्र या कार्यस्थल) के कार्यक्रमों में वतनपरस्ती (देशभक्ति) के भाव जगानेवाली क्रियाएँ व कार्यक्रम होने चाहिए।

□

भारत ही माता है

विश्व भर में 200 से अधिक छोटे-बड़े देश हैं। कुछ देश ईसाइयत में विश्वास रखते हैं तो कुछ देश इसलाम संप्रदाय को माननेवाले हैं, कुछ ऐसे देश हैं, जो बौद्ध मत के अनुयायी हैं, परंतु भारत हिंदू-सस्कृति का देश है, हिंदुत्व इसका प्राण है। भारत अनेक मत, पंथ, संप्रदायों की जननी है। भारत में मत, संप्रदायों की इतनी अधिकता है कि इस कारण लगता है कि कहीं समाज खंड-खंड तो नहीं हो जाएगा, परंतु इस सबके बावजूद आपसी टकराव में हिंसा नहीं है। मतभेद हैं, परंतु कत्लेआम नहीं है। बुद्धि के स्तर पर वाद-विवाद है, जिसको शास्त्रार्थ कहते हैं, परंतु उसमें घृणा नहीं है। इसलिए, क्योंकि हिंदुत्व एक जीवन-पद्धति है, जिसमें कट्टरता को स्थान नहीं है। हिंदुत्व से ओतप्रोत भारत में विविधता में एकता का मंत्र है—'पंथ अनेक, गंतव्य एक' का सिद्धांत है। आपसी भाईचारा है, सहिष्णुता है, सभी पंथ साथ-साथ चलते हैं। हिंदू पूजा-पद्धति से सनातनी है, वह आर्यसमाजी हुआ; बौद्ध, सिख, जैन बना, राधास्वामी, निरंकारी, लिंगायत अथवा कबीरपंथी भी है। परंतु हजारों संप्रदायों में बँटने के बावजूद एक है। इन संप्रदायों में जाना और एक से दूसरे संप्रदाय में चले जाना आज भी धर्मांतरण अथवा मतांतरण नहीं माना गया, परंतु अगर भारतीय (हिंदू) जन मुसलमान अथवा ईसाई बना तो इसको धर्मांतरण अर्थात् मतांतरण माना जाता है।

ईसाइयत में, इसलाम में अनेक पंथों व विचारों को स्थान नहीं है, इसलिए ये मत कट्टरवादी कहलाते हैं। परंतु कालक्रम में इनमें भी अनेक मत जन्म ले रहे हैं। इसलाम में दो बड़े धड़े हैं—शिया और सुन्नी। ईसाइयत के दो प्रमुख वर्गीकरण हैं—कैथोलिक और प्रोटेस्टेंट। ये आपस में खून बहाते हैं। इनके आपसी वैमनस्य एवं संघर्ष के किस्से विश्वविख्यात हैं। इसलाम और ईसाइयत जीवन-पद्धति कम, राजनैतिक विचार अधिक हैं। जहाँ-जहाँ भी ये संप्रदाय गए, इन्होंने वहाँ-वहाँ रक्तपात करके ही अपना साम्राज्य फैलाया।

विश्व के मानचित्र पर इंग्लैंड, अमेरिका, कनाडा, चीन, जापान, ईरान, इराक, फ्रांस, जर्मनी आदि अनेक छोटे-बड़े देशों में हमारा भी एक देश है, जिसका नाम 'भारत' है, हिंदुस्तान है। प्रत्येक देश में रहनेवाला एक जनसमुदाय है और वह जनसमुदाय प्राय: अपनी-अपनी धरती में नाम से पहचाना जाता है, जैसे चीन के रहनेवाले चीनी, जापान निवासी जापानी, अमेरिका के अमेरिकन, फ्रांस के लोग फ्रांसीसी, ईरान के नागरिक ईरानी। इसी प्रकार से इस वैश्विक सत्य सिद्धांत के अनुसार भारत के नाम से भारतीय, हिंदुस्तान के नाम से हिंदू जाने जाते हैं। भारतीय और हिंदू का नाता शरीर और आत्मा का संबंध है। शरीर बिना आत्मा मृत है और आत्मा बिना शरीर बे-रूह है। जब दोनों एक-दूसरे के धारक बनते हैं, तभी जीवन है।

जब हम विश्व के मानचित्र पर नजरें दौड़ाते हैं, तब एक और प्रश्न मन में उठता है कि भारत एक ऐसा देश है, जिसके साथ 'माता' शब्द विश्व भर के लोग लगाते हैं, अर्थात् 'भारत माता'। विश्व के अन्य किसी भी देश के साथ 'माता' शब्द सार्वजनिक रूप से, आम बोलचाल में नहीं बोला जाता है। इसलिए कभी न तो पढ़ा और न ही सुनने में आया कि लोग कह रहे हों चीन माता, जापान माता, इंग्लैंड माता, कनाडा माता, ईरान माता, इराक माता आदि-आदि। विभिन्न देशों के लोग भी अपनी-अपनी भाषा में अपनी-अपनी भूमि के साथ 'Motherland' or 'Fatherland' जैसे शब्द लगाते हैं, परंतु फिर भी जैसे 'भारत माता' शब्द का प्रयोग प्रचलित है, वैसा अन्य देशों के साथ 'माता' शब्द अपनी-अपनी भाषा में ही क्यों न हो परंतु प्रचलित नहीं है। इसमें से एक और महत्त्वपूर्ण प्रश्न जन्म लेता है कि भारत के साथ ही 'माता' शब्द क्यों, अन्य किसी भी देश को 'माता' के नाम से सार्वजनिक रूप से क्यों नहीं पुकारा गया?

सर्वप्रथम हम 'माता' किसको कहते हैं और क्यों कहते हैं तथा इसका सृष्टि में कैसा व कौन सा स्थान है, इसका विचार करना आवश्यक है। 'माता' अर्थात् जननी अर्थात् जीवनदायिनी अर्थात् संरक्षिका अर्थात् पालन-पोषण करनेवाली अर्थात् जीव को जन्म देने वाली को हम माता कहते हैं। जब हम 'माता' के दर्जे (स्थान) की चर्चा करते हैं तो ध्यान में आता है कि सभी संप्रदायों, ग्रंथों, संतों एवं विद्वानों ने कहा है कि सृष्टि में भगवान् के पश्चात् माँ का स्थान है (on the known earth if there is any truth after God that is mother)। इसका कारण स्पष्ट है 'प्रभु' के पश्चात् सृष्टि की रचना करने की क्षमता नारी में और जो

नारी जीव अर्थात् प्राणी-मात्र को जन्म देती है, वह 'माता' कहलाती है। प्रभु राम ने भी जननी व जन्मभूमि की महिमा का निम्न शब्दों में गुणगान किया है—

अपि स्वर्णमयी लंका न मे लक्ष्मण रोचते।
जननी जन्मभूमिश्च, स्वर्गादपि गरीयसी॥

मनुष्य कितना भी बड़ा और महान् क्यों न हो जाए, वह राजनैतिक दृष्टि से देश के राष्ट्रपति अथवा प्रधानमंत्री के पद पर बैठा हो, आध्यात्मिक दृष्टि से वह महर्षि, ब्रह्मर्षि ही क्यों न हो, विद्वत्ता में मनुष्य चाहे वैज्ञानिक, ज्योतिषी, डॉक्टर, इंजीनियर, आचार्य, लेखक अथवा कवि ही हो, आर्थिक दृष्टि से मानव चाहे करोड़पति, अरबपति हो अथवा अति सामान्य मजदूर, किसान हो, प्रशासनिक दृष्टि से मनुष्य मुख्य सचिव, निर्देशक पद पर कार्यरत हो, परंतु जब भी मनुष्य अस्वस्थ होता है और उस शारीरिक अस्वस्थता में असहय दर्द के कारण चिल्लाता है, पुकारता है तो आपने कभी यह नहीं सुना होगा कि उसने कहा हो 'हाय बाप', वह सदैव चिल्लाएगा 'हाय माँ!' इस स्वाभाविक व्यवहार से स्पष्ट होता है कि 'माता' ही मनुष्य के कष्ट में सहारा है, प्यार है, दुलार, पालन-पोषण है। माता ही वह सामर्थ्य रखती है, जिससे शारीरिक कष्ट में मनुष्य को साहस व धैर्य मिलता है।

एक और अनुभव भी जीवन में आता है, जब मनुष्य अबोध शिशु होता है। दो-तीन मास की अबोध अवस्था में वह यह भी नहीं जानता कि कपड़ा मखमली है या रेशमी, परंतु वह कहीं भी नं. 2 कर देता है। इस शौच या लघुशंका को करते हुए वह नहीं जानता है कि अच्छा-बुरा क्या है, ठीक-गलत किसको कहते हैं। शिशु उस गंदगी में स्वयं लिपट जाता है तथा दूसरों को भी गंदा कर देता है। ऐसी अवस्था में घर में जो नारी होती है, वह दौड़ती है। उसी को आवाज देकर बुलाया जाता है और वह निःसंकोच भाव से बच्चे को साफ-सुथरा कर स्वच्छता, निर्मलता, पवित्रता प्रदान करती है। उसी नारी को दुनिया में 'माता' कहा जाता है।

विश्व के सभी विद्वज्जन कहते हैं कि माता कुमाता नहीं हो सकती, परंतु पूत कपूत हो सकता है। बच्चा कितना भी अवज्ञाकारी, अनाचारी क्यों न हो, माँ-बाप की उपेक्षा करनेवाला बन जाए तो भी माँ की ममता (प्यार) ऐसी चीज है, जो बेटे का कभी भी अनिष्ट नहीं माँगेगी और अनिष्ट करने का कभी सोचेगी भी नहीं। वह तो हर समय स्वयं कितने भी कष्ट में रहेगी, परंतु बच्चे के लिए सदा सुख की ही कामना करेगी। पुस्तकों में एक प्रसंग आता है कि एक युवक अपनी प्रेमिका

के चक्कर में फँसा, माँ का कलेजा निकालकर अपनी प्रेमिका को भेंट करने दौड़ा जा रहा था। मार्ग में ठोकर लगकर गिर गया, कलेजा दूर जा गिरा, युवक चोट के कारण कराहने लगा। दूर पड़े कलेजे से आवाज आई—बेटा, कहीं चोट तो नहीं लगी, जरा सँभलकर दौड़ो। सत्य कहा है, माता कभी कुमाता नहीं हो सकती।

भारत के लोगों ने ही भारत को माता कहा और दुनिया के लोगों ने भारत को विश्वगुरु मान माता के रूप में भारत को धरती-माता की मान्यता दी। हम विचार करें तो ध्यान में आता है कि यह हमारी संस्कृति की विशेषता है। भिन्न-भिन्न धरती पर पनपने वाली संस्कृतियों की अपनी-अपनी विशेषताएँ हैं। भारतीय संस्कृति उपकार की, सहिष्णुता की, मानवता की विशेषताएँ लिये है, मजहब एवं जाति का नहीं, बल्कि प्राणी-मात्र का विचार इसमें किया गया है। हम विचार करें कि मनुष्य जीवन भर धरती को अपनी गंदगी देता ही चला जाता है, परंतु एक आश्चर्य होता है कि धरती न तो मनुष्य से रूठती है और न ही कभी फटकारती या डाँटती है, न ही कभी दुत्कारती अथवा नफरत करती है, न ही किसी ने देखा होगा कि धरती ने मनुष्य को पीटा हो। धरती सहती चली जाती है, सहती चली जाती है, बल्कि बदले में मनुष्य को जीवनयापन हेतु अन्न, फल, सब्जियाँ, फूल, प्राण वायु, शीतल जल आदि नाना प्रकार के खनिज व अन्य अनेक प्रकार की वस्तुएँ प्रदान करती है। हम गंदगी देते हैं और वह रक्षण-पोषण करती है। इसलिए हमने धरती को माता का स्थान दिया। यही हमारे देश भारत की संस्कृति तथा ईसाइयत और इसलामिक संस्कृति में अंतर है, जिसने हम पर इतना उपकार किया, बदले में हमने उसे सृष्टि में अति श्रेष्ठ व ऊँचा दर्जा दिया है। जो हम पर उपकार करे, बदले में उसका सम्मान व सत्कार कर उसके एहसान अथवा परोपकार को कभी न भुलाते हुए बल्कि उस उपकार को जीवन में ऋण के रूप में मान, उस ऋण को कैसे चुकाएँ, यही चिंता रहती है।

यह एक सत्य है और विश्व के सभी संप्रदाय एवं जातियाँ इस बात को स्वीकार करती हैं कि जब-जब पृथ्वी पर दुराचार, अधर्म, भ्रष्टाचार, अनैतिकता, पाप बढ़ता है— तब-तब वह सर्वशक्तिमान् विभिन्न रूप लेकर पृथ्वी पर अवतरित होते हैं। 'सर्वशक्तिमान्' को विश्व समुदाय अपनी-अपनी भाषा, बोली में अलग-अलग नाम से स्मरण करते हैं। हम हिंदू उसे प्रभु, भगवान्, ईश्वर, ब्रह्मा, विष्णु, महेश, राम, कृष्ण कहते हैं। मुसलमान उसे अल्लाह या रब कहते हैं। ईसाई उसे 'God' के नाम से स्मरण करते हैं। सर्वशक्तिमान् प्रभु (अल्लाह, God) के संसार

में आने के दो प्रकार हैं। एक, वह स्वयं आते हैं, जिसको हम अवतार कहते हैं। दूसरा, समय-समय पर वे अपने रूप अर्थात् अंश को देवी, देवता एवं दूत के रूप में भेजते हैं। भगवान् कृष्ण ने गीता में कहा—

यदा यदा हि क्ष्मर्मस्य ग्लानिर्भवति भारत।
अभ्युत्थानमधर्मस्य तदात्मानं सृजाम्यहम्॥
परित्राणाय साधूनां विनाशाय च दुष्कृताम।
धर्मसंस्थापनार्थाय संभवामि युगे युगे॥

11 नवंबर, 1997 की घटना है। हम कश्मीर घाटी के तीन दिवसीय प्रवास पर थे। लगातार 8 वर्ष आतंकवाद के भयानक दौर से गुजरी घाटी के अब कैसे हालात हैं, यह देखने व जानने के लिए हम गए थे। प्रात: क्षीरभवानी के दर्शन तथा पूजा कर हम लोगों ने यह विचार किया कि 'हजरत बल' भी जाना चाहिए। मन में अनेक आशंकाएँ उठीं कि वहाँ जाने पर क्या परिचय देंगे तथा बात क्या करेंगे। माथे पर तिलक धारण किए हुए ही हम सभी बंधु दोपहर दो बजे पवित्र हजरत बल पहुँच गए। सुरक्षा जाँच से निकल हम लोग 'हजरत बल' के भीतर जाने की इच्छा में आगे बढ़े। उसी समय वहाँ उपस्थित मौलवी साहब ने कहा कि अभी नमाज हो रही है और हम कुछ देर तक बाहर रहें तथा घूमकर देखा कि सैनिक काररवाई के समय आतंकवादी एवं सेना के लोगों के मोरचे कहाँ-कहाँ थे तथा उनकी गतिविधियाँ कैसे चलती रहीं। नमाज होने के पश्चात् हम लोगों ने अपना परिचय स्पष्ट दिया कि हम राष्ट्रीय स्वयंसेवक संघ के कार्यकर्ता हैं तथा इस पवित्र स्थान के दर्शन करने आए हैं। परिचय के पश्चात् बातचीत प्रारंभ हो गई। हम लोग कुल मिलाकर चालीस मिनट से अधिक समय वहाँ रहे। अनेक प्रकार के वार्त्तालाप में मैंने प्रश्न पूछा कि यह पवित्र स्थान सरकारी धन से बना है या जनता के धन से बना है ? वहाँ उपस्थित प्रमुख मौलवी ने कहा कि यह तो जनता के धन से बनाया गया है। तभी मैंने वार्त्तालाप को आगे बढ़ाते हुए कहा कि धन केवल मुसलमानों से ही लिया गया अथवा सभी लोगों से, दूसरी तरफ से तुरंत उत्तर आया कि हमें तो हिंदू व सिख ने भी धन दिया है। मेरे मुँह से निकला कि फिर तो यह पवित्र स्थान सभी संप्रदाय व जातियों के लोगों के सहयोग से बना है, इसलिए यह मिली-जुली अर्थात् साँझी इबादतगाह यानी पूजास्थल है। हिंदू ने धन देते समय संकुचितता नहीं दिखाई, फिर हिंदू की बात करनेवाले लोग व संस्थाएँ सांप्रदायिक क्यों कही जाती हैं ? यह बात कहते ही एक बार तो मुझे तथा साथियों को लगा कि कुछ अधिक

कह दिया गया है, इसलिए कहीं कुछ गड़बड़ न हो जाए, परंतु मेरी यह बात सुनते ही वे क्रोधित नहीं हुए, बल्कि अति सुरक्षात्मक ढंग से बोले कि इसलाम में भी 'रब उल मुसलमीन' नहीं कहा जाता, बल्कि 'रब उल आलमीन' पुकारते हैं अर्थात् रब यानी भगवान् केवल मुसलमानों का नहीं है, बल्कि सारे जहान अर्थात् चराचर का है। इसलाम में निरपराध हत्याओं को अपराध माना जाता है, दूसरों के धर्मस्थान को गिराना पाप मानते हैं। मेरे मन में तुरंत एक बात आई कि सचमुच हिंदुस्तान के इसलाम मतावलंबी इन बातों को व्यवहार में लाएँ तो इस देश और विश्व के अधिकांश आतंकवादी आंदोलन समाप्त हो जाएँ, सांप्रदायिक दंगे कभी देखने व सुनने को नहीं मिलेंगे। इसी प्रकार ईसाई भी यह मानते कि 'God' यानी परमेश्वर सारे संसार का है। विश्व के सभी मत, पंथ इस सिद्धांत को स्वीकार करते हैं। सचमुच अगर ईसाई इसी सच्ची भावना से व्यवहार करें तथा सेवा, शिक्षा और सहायता के माध्यम से मतांतरण (धर्मांतरण) के कुचक्र को न चलाएँ तो देश तथा विश्व में मानवता फलने-फूलने लगेगी।

इसी प्रकार संसार के सभी मत, संप्रदाय यह भी मानते हैं कि सर्वशक्तिमान् अगर एक नहीं होता, वह अलग-अलग होता तो प्रत्येक सर्वशक्तिमान् (प्रभु, अल्लाह, गॉड) अपनी-अपनी मानव आकृतियाँ घड़ता और जो कि अलग-अलग प्रकार की होतीं, परंतु ऐसा नहीं है। हम सारे विश्व में कहीं भी भ्रमण करें, सभी मानव चाहे ईसाई हों या मुसलमान, हिंदू हों या बौद्ध अर्थात् कोई भी मनुष्य हो, सभी के एक सिर, दो पाँव, दो हाथ, एक पेट, दो कान, एक नाक, एक मुँह है। सभी का दिल (हृदय) बाईं ओर है, सभी के खून का रंग एक है। यानी प्रत्येक भगवान् अगर अलग-अलग होते तो संभावनाएँ होतीं कि कोई-न-कोई तो अपने मानव को दो पाँव की बजाय तीन, चार पाँव का बना डालता, आँख दो की बजाय तीन या चार, पाँच लगा सकता या हृदय बाईं ओर की बजाय कहीं ओर फिट कर सकता था। मनुष्य की उत्पत्ति नर-नारी के समागम से है, वह इस सिद्धांत को बदल देता, परंतु ऐसा कुछ भी नहीं है। इसलिए पूरे जहान का सर्वशक्तिमान् एक है और विश्व के रचनाकार 'प्रभु' हैं।

एक तथ्य विश्व की सभी मानवजातियाँ मानती हैं कि 'प्रभु' सृष्टि में किसी भी रूप में विद्यमान हैं, वह ज्ञात रूप भी हो सकता है, अज्ञात रूप भी हो सकता है। यह बात भी मानवमात्र जानता है कि 'प्रभु' जन-जन में है, कण-कण में है और इसलिए वे कहीं भी, कभी भी रूप धारण कर सकते हैं, उनके लिए जल, थल, नभ सब समान हैं। पृथ्वी पर जब-जब भ्रष्टाचार, पाप, अधर्म, अन्याय, अनैतिकता का

बोलबाला हुआ, 'प्रभु' विभिन्न रूपों में अपनी कुछ शक्तियों के साथ अनेकानेक रूप धारण करवाते हुए देवी, देवता व दूत के रूप में पृथ्वी पर आते रहे। कभी ईसा के रूप में तो कहीं मोहम्मद के रूप में। संसार के विभिन्न प्राणी उसको मानते हैं। भारत में 'प्रभु' कभी हनुमान तो कभी गणेश, कभी कार्तिकेय तो अनेक बार विभिन्न शक्तियों (माँ) के रूप में इस संसार में। आकर दुष्टों का दलन करते रहे तथा सज्जन व संतों का सहारा देकर उद्धार करते रहे। परंतु कभी-कभी प्रभु स्वयं भी अवतरित हुए और उनके सीधे अवतरित होने के दो स्वरूप चराचर में सर्वाधिक मान्य व प्रचलित हैं। एक हैं 'राम', दूसरे हैं 'कृष्ण'। राम और कृष्ण के रूप में प्रभु ने सृष्टि में अन्यत्र कहीं भी अवतरित न होकर व अन्य कोई भी धरती नहीं चुनकर भारत को अपनी लीलाओं की कर्मस्थली बनाया। उन्होंने राम के रूप में अयोध्या तथा कृष्ण के रूप में मथुरा को चुना। उसकी महिमा वही जानता है, मानव तो उनका नाम ले अपने जीवन को सफल करने में ही धन्यता मानता है। ये दोनों अयोध्या एवं मथुरा नामक पवित्र स्थान भारत में ही विद्यमान हैं।

इस आध्यात्मिक व श्रेष्ठतम कर्म से यह ज्ञात होता है कि भारत की धरती को विश्व में यह सौभाग्य मिला कि यह धरती 'प्रभु' की कोख है और गोद भी है। जैसे हम मानव जन्म लेते हैं और रोते हैं, हँसते हैं, शरारतें करते हैं, खाते हैं, पीते हैं तथा अनेक प्रकार की क्रियाएँ करते हैं, उसी प्रकार से 'प्रभु' ने भी जननी व जन्मभूमि के रूप में भारत माता को अपनी सभी प्रकार की क्रियाओं से सुभोभित किया है। यह सब सोचने, देखने व सुनने में अत्यधिक सुखदाई लगता है। प्रश्न खड़ा होता है और समाधान भी मिलता है कि विश्व के सभी देशों की धरती पवित्र है, परंतु उन सभी में भारत की धरती पवित्रतम है, कारण इस धरती को प्रभु की कोख व गोद बनने का उच्चतम व श्रेष्ठतम सौभाग्य प्राप्त हुआ है। पृथ्वी पर भारत ही एक ऐसा देश है, जिसको विश्वगुरु के रूप में मान्यता मिली और इसी रूप में यह संसार में पूज्य भी हुआ। सृष्टि के मानवमात्र को ज्ञान का प्रकाश चाहे आध्यात्मिक हो, चाहे सांसारिक (आर्थिक), चाहे वह ज्ञान सामाजिक हो अथवा राजनैतिक, सभी प्रकार का प्रकाश भारत से ही उसको प्राप्त होता रहा है। भारत ही एक ऐसा सौभाग्यशाली देश है, जिसको 'माता' की उपाधि प्राप्त हुई है। इसलिए भारत विश्ववंद्य है।

□

भारतीय संस्कृति विश्वबंधुत्व एवं विश्वशांति की गारंटी है

मुझे एक घटना स्मरण आ रही है। जीप से प्रवास चल रहा था। चलते-चलते मेरी आँख लग गई कि चालक ने अचानक जोर से ब्रेक लगाया। जीप एकदम झटका खाकर रुक गई, इसी बीच मेरी आँख भी खुल गई। अपना जीप चालक गुस्से में गाड़ी से नीचे उतरा। मैंने देखा कि जीप के सामने एक नंग-धड़ंग आदमी खड़ा है। कुछ गड़बड़ हुई है, ऐसा सोचकर मैं भी जीप से नीचे उतर आया। इतनी ही देर में आसपास के 5-7 लोग भागते हुए आए और कहने लगे, 'बाबूजी इसे बचा लो, इसे मत मारो, यह तो पागल है!' मैंने उन लोगों से उस पागल का नाम पूछा। लोगों ने बताया—ओमप्रकाश। शरीर से पूर्णतया स्वस्थ, खून का रंग भी लाल। फिर मन में प्रश्न खड़ा हुआ, यह पागल क्यों? और हम सब ठीक-ठाक क्यों? आखिर मनुष्य कब पागल माना जाता है, जब वह अपने अतीत को भूल जाता है और अतीत को भूल जाने के कारण वर्तमान से जुड़ता नहीं, इसीलिए उसे पागल (अर्धविक्षिप्त) कहा जाता है। क्योंकि उसे अपना-पराया, सही-गलत, अच्छा-बुरा, ऊँच-नीच, नंगा रहना अथवा कपड़े पहनना, कहाँ पर कैसे बैठना-लेटना, कब हँसना-रोना, कैसे और क्या खाना-पीना आदि किसी भी सामान्य मानवीय व्यवहारों का ज्ञान नहीं रहता। बस, यही बात समाज व राष्ट्र पर भी लागू होती है। सच है, किसी भी मानव अथवा समाज को भूतकाल (इतिहास) का विस्मरण हो जाए तो वह वर्तमान से जुड़ नहीं पाता और जब वह वर्तमान से जुड़ता नहीं तो फिर भविष्य के सपने भी सँजो नहीं सकता। स्वाधीनता अर्थात् 15 अगस्त, 1947 से पूर्व अंग्रेज शासकों ने इसी नीति का अनुसरण कर, हमारी सांस्कृतिक धरोहर अर्थात् इतिहास, परंपरा, भाषा, वेशभूषा, महापुरुष, जाति, संप्रदाय आदि सभी को विकृत रूप में पेश कर

इस देश के विद्वानों व राजनेताओं को भ्रमित अवस्था में ला खड़ा कर दिया। हमारे देश के 'विविधता में एकता' के मंत्र को तोड़-मरोड़, विविधताओं की खूबसूरती को टकराव में बदल दिया। इसलिए सर्वप्रथम हमारी आवश्यकता यह है कि हम समझें, हम कौन हैं? हमारी सांस्कृतिक धरोहर क्या है? हमारा इतिहास, परंपरा, भाषा, पुरखे, तीर्थ आदि कौन हैं, कहाँ हैं?

भारत प्राचीन और एक राष्ट्र है

प्रश्न उठता है कि हम कौन हैं? हमारी संस्कृति क्या है? क्या हमारा तथा हमारी संस्कृति का कोई विशेष नाम अथवा पहचान भी है? इतिहास को विकृत रूप में पेश करने (बिगाड़ने) वाले कहते हैं कि भारत एक राष्ट्र (देश) नहीं है, यह तो अनेक छोटे-बड़े देशों का समूह है, अर्थात् भारत एक उपमहाद्वीप है। कुछ विद्वानों ने विदेशियों के बहकावे (चंगुल) में फँसकर कहा कि भारत कभी एक देश रहा ही नहीं, बल्कि अंग्रेजों के आने के पश्चात् भारत एक देश बनने लगा है अर्थात् India Nation in the Making है। अन्य अनेक विद्वानों तथा कवियों ने तो लिख ही डाला—काफिले बसते चले गए, हिंदुस्तान बनता चला गया तथा यह भी पढ़ा-पढ़ाया जाने लगा कि आर्य बाहर से आए हैं। इसका अर्थ हुआ कि हम सब विदेशी हैं। राष्ट्र, राष्ट्रीय एवं राष्ट्रीयता के बारे में भ्रमित राय अर्थात् एकदम कन्फ्यूजन दिखाई देता है। इसलिए सर्वप्रथम हमें अपने देश एवं समाज का ही विचार करना उचित रहेगा। पृथ्वी की आयु 1 अरब 97 करोड़ 49 लाख से भी अधिक वर्ष की है। ग्रंथ, शास्त्र कहते हैं कि जब से पृथ्वी पर मानव की उत्पत्ति हुई, तभी से इस देश (भारत) एवं इसकी सनातन संस्कृति का जन्म हुआ है। इसलिए कहते हैं कि Bharat is as old as the earth is old अर्थात् भारत उतना ही प्राचीन है, जितना कि यह पृथ्वी। भारत विश्व का प्राचीनतम राष्ट्र है। हमारे देश को समय-समय पर अनेक नाम मिले। जैसे—आर्यावर्त, भारतवर्ष, हिंदुस्थान आदि और वर्तमान काल में पश्चिम ने भी भारत को एक अंग्रेजी नाम 'इंडिया' दिया है। विश्व सिद्धांत एवं परंपरा के अनुसार भूमि के टुकड़े का जो नाम होता है, वही नाम उस देश के निवासियों के लिए रूढ़ हो जाता है। जैसे—जापान-जापानी; चीन-चीनी; इंगलैंड-अंग्रेज; फ्रांस-फ्रांसीसी; ईरान-ईरानी आदि-आदि। इसलिए हम आर्यावर्त के कारण आर्य, भारतवर्ष के कारण भारतीय, हिंदुस्थान के कारण हिंदू; अंग्रेजी शब्द इंडिया के कारण इंडियन कहलाते हैं। विचार करने पर यह बात ध्यान में आएगी कि समय-समय पर हजारों वर्षों से जो नाम हमारे देश को मिले,

ये सभी नाम विश्व में हमारे देश के लिए और समान भूखंड के लिए प्रचलित हैं। इसी प्रकार से किसी भी देश की संस्कृति, उस देश अथवा समाज के नाम पर ही जानी जाती है। अनेक बार वहाँ प्रचलित धर्म और रिलीजन के नाम पर संस्कृति की पहचान की जाती है।

हमारी सांस्कृतिक पहचान भारतीय, हिंदू, आर्य ही है

अनेक विद्वान्, उच्चवर्गीय लोग, स्वयं को धर्मनिरपेक्ष एवं मानवतावादी कहलाने वाले लोग कहते हैं कि भारतीय नहीं, भारतवासी कहो, हिंदू नहीं, हिंदुस्तानी कहो, क्योंकि भारतवर्ष मिली-जुली संस्कृतियों (Mixed & Multi-Culture) का देश है। गहराई से विचार करने पर ध्यान में आता है कि भारतीय अथवा हिंदू अथवा आर्य ये शब्द अपरिवर्तनीय हैं, जबकि हिंदुस्तानी, भारतवासी परिवर्तनशील है। दूसरी बात यह भी ध्यान में आती है कि भारतीय, हिंदू, आर्य यह विशुद्ध भारतीयों के रूप में प्रयुक्त होता है, जबकि भारतवासी, हिंदुस्तानी यह इस देश में रहने वाले किसी वर्ग, मत, संप्रदाय, भाषा-भाषी लोगों के, जो सामान्यत: विदेशों से आकर यहाँ निवास करने लगे हैं, के लिए प्रयुक्त होता है। इस प्रकार से यह एक मिलावट का द्योतक है। यह एक प्रकार की घुसपैठ है। आज घुसपैठ या मिलावट की संभावना ही नहीं है, बल्कि मिलावट तथा घुसपैठ हो चुकी है। जो कि देश, समाज के लिए अत्यंत खतरनाक है। आज हमें अनेक स्थानों पर एक ही वाक्य अलग-अलग ढंग से पढ़ने को लिखा मिलता है—

- ❖ हम सब भारतीय/भारतवासी हैं, इसलिए हम सब एक हैं, यह देश हम सबका मिलकर है।
- ❖ इस देश को उन्नति की ओर ले जाना हम सब भारतीयों/भारतवासियों का कर्तव्य (धर्म) है।

इन दो प्रकार के एक ही वाक्य में अंतर केवल 'भारतीय' और 'भारतवासी' शब्द का है। 'भारतीय' और 'भारतवासी' इन दोनों में क्या अंतर है? इसको स्पष्ट करने के लिए उदाहरण प्रस्तुत करता हूँ। मान लो न्यू राजेंद्र नगर, नई दिल्ली में कोठी नं. 365 है और उसके मालिक का नाम श्री रामसिंह है। अगर कोई कहे कि श्री रामसिंह का पता क्या है? तो लिखा, बोला, पढ़ा एवं बताया जाएगा—श्री रामसिंह, कोठी नं. 365, न्यू राजेंद्र नगर, नई दिल्ली। उनकी कोठी तीन मंजिले की है—जिसमें नीचे वे स्वयं तथा एक मंजिल (बीच वाली) पर मोहम्मद अशरफ तथा एक मंजिल (ऊपर की) पर डेविड जोजेफ किरायेदार के रूप में आकर रहने लगे।

चर्चा चली कि मोहम्मद अशरफ एवं डेविड जोजेफ का पता क्या है, तो बताया जाएगा—कोठी नं. 365, न्यू राजेंद्र नगर, नई दिल्ली। सेक्यूलरिस्ट बुद्धिजीवी के कहने के अनुसार इन तीनों को मिलाकर क्या वाक्य लिखा जाएगा? सर्वश्री रामसिंह, अशरफ, जोजेफ एक ही मकान के वासी हैं, इसलिए हम (वे) सब एक हैं। यह मकान हम सबका मिलकर है। प्रश्न खड़ा होता है कि ऐसे समय में मुसीबत किस पर आएगी, नुकसान में कौन रहेगा? ध्यान रहे कि श्री रामसिंह मकान मालिक है, अशरफ एवं जोजेफ मकान में किरायेदार हैं। भारतीय, हिंदू, आर्य यह मालिकपना है। भारतवासी, हिंदुस्तानी में किराएदारी है और इसमें बाहरी तत्त्वों के घुसने की पूरी-पूरी संभावना है।

इस देश अथवा किसी भी देश का नागरिक विश्व में कहीं भी रह सकता है। उस कारण वह वासी तो उस शहर व देश का बन जाएगा, परंतु उसकी मूल पहचान उसके अपने देश की बनी रहेगी। विश्व में भारतीय कहीं भी रहने लगे, वह जापानवासी, इंगलैंडवासी, अमेरिकावासी, जर्मनवासी, फ्रांसीसी अथवा ईरानवासी तो कहलाएगा, परंतु उसकी मूल पहचान भारतीय ही रहेगी। वह जापानी, अंग्रेज, अमेरिकन, जर्मन, फ्रांसीसी अथवा ईरानी नहीं बन सकेगा। इसी प्रकार से विश्व के किसी भी देश का नागरिक कानून-सम्मत तरीके से भारतवर्ष में आकर रह सकता है। इस कारण वह भारतवासी, हिंदुस्तानवासी तो कहलाने लगेगा, परंतु भारतीय (हिंदू, आर्य) या हिंदुस्तानी नहीं कहा जाएगा।

इस बात को और अधिक पुष्ट करने के लिए मुझे अपने जीवन का एक संस्मरण याद आता है। सन् 1967 में बवाना ग्राम (दिल्ली) में अनेक ग्रामों के मुख्य-मुख्य लोगों की एक गोष्ठी थी। मैं उस गोष्ठी में बोलने के लिए गया था। उस गोष्ठी में उपस्थित एक अध्यापक ने प्रश्न पूछा कि अगर कोई भारतीय वर्षानुवर्ष अर्थात् 50-100 वर्ष से भी अधिक समय से इंगलैंड में रह रहा है, उसकी पाँच-छह पीढ़ियाँ वहीं जन्म ले लें तो कैसे कहेंगे कि वे अब भी भारतीय हैं। गोष्ठी में उपस्थित एक सरपंच, निरा अनपढ़, आयु यही कोई 70-72 वर्ष से ऊपर, कहने लगा—बाबूजी, इस मास्टरजी को मैं उत्तर दूँगा, आप मुझे मौका दें। उस बुजुर्ग सरपंच ने अध्यापक एवं गोष्ठी को संबोधित करते हुए कहा कि मान लो, मेरा (सरपंच का) एक बेटा पढ़ा-लिखा हुआ है। नौकरी मिली, इसलिए इंग्लैंड चला गया। दो-तीन वर्ष के पश्चात् उसने अपने बापू (सरपंचजी) के लिए टिकट बनवाकर भेज दिया और कहा, बापू तू भी एक महीने के लिए इंग्लैंड आ जा। वह सरपंच तैयार

होकर इंग्लैंड गया और अपने साथ उस मौसम के फल की एक पेटी आम भी ले गया। इंग्लैंड जाकर आम चूसे और गुठली वहीं पास की जमीन में दबा दी। ऐसा कहने के पश्चात् उस सरपंच ने गोष्ठी में उपस्थित सभी से पूछा—बता मास्टरजी, उस गुठली से आम पैदा होगा या कीकर। इस पर से उसी सरपंच ने कहा—मैं हिंदू (भारतीय) दुनिया में कहीं भी चला जाऊँ, मेरे से पैदा होने वाली संतान हिंदू ही होगी। एक बात का विचार और करें। अगर विभिन्न देशों के नक्शे सामने पड़े हों और कहा जाए कि भारतवर्ष, हिंदुस्तान, आर्यावर्त किस देश के नाम है तो ये तीनों नाम एक ही भौगोलिक सीमा के देश के नाम हैं अर्थात् तीनों नाम एक ही देश व समाज का बोध करवाते हैं। इसलिए अपना यह देश भारत, हिंदू, आर्य राष्ट्र है। भारतीय, हिंदू, आर्य ही यहाँ का राष्ट्रीय है। इसलिए इस देश की संस्कृति को भी इसी नाम से विश्व में पहचाना जाता है।

सांस्कृतिक धरोहर का सम्मान एवं रक्षा ही उन्नति का मार्ग है

संस्कृति का महत्त्व तथा रूप क्या है, इसको जानने के लिए एक उदाहरण प्रस्तुत करता हूँ। एक सामान्य नागरिक गुब्बारे बेचने का काम करता था। वह अनेक रंगों के गुब्बारे बेचता था। परंतु आमदनी बढ़ाने के लिए उसने अनेक रंगों के साथ-साथ अनेक आकार के गुब्बारे बेचने भी प्रारंभ कर दिए। धीरे-धीरे उसकी आमदनी स्थिर हो गई। प्रगति मनुष्य का स्वभाव है। अत: अब उसके नाना रंग व अनेक आकारवाले गुब्बारों के साथ-साथ कई प्रकार की आकृतियों के गुब्बारे बेचने आरंभ कर दिए। आमदनी बढ़ी, परंतु फिर धीरे-धीरे स्थिरता आने लगी। अब वह एक यंत्र लाया और नाना रंग, अनेक आकार, विभिन्न आकृतियों के गुब्बारों में गैस भरकर उड़नेवाले गुब्बारे बेचने शुरू कर दिए। अकस्मात् एक दिन एक छोटा बालक आया और गुब्बारे बेचनेवाले की कमीज पीछे से खींचने लगा। अपने काम में व्यस्त गुब्बारेवाले का ध्यान उस बच्चे की ओर गया। बालक ने तुरंत पूछा कि ओ भाई गुब्बारेवाले, क्या यह काले रंग का गुब्बारा भी उड़ता है ? तो उसने सहज ही कहा, ये गुब्बारे रंग, आकार व आकृति के कारण नहीं उड़ते हैं, बल्कि इनके अंदर एक विशेष गैस होती है, जिसके कारण ये उड़ते हैं। रंग, आकार, आकृति ये सभी मनुष्य व समाज की जाति, मजहब, भाषा, धन, शिक्षा आदि-आदि के पर्याय हैं। चाहे मनुष्य हो या समाज अथवा राष्ट्र—इनकी उन्नति निर्भर करेगी Inside of the Balloon पर। यह Inside of the Baloon (गुब्बारे के भीतर उपस्थिति गैस) है संस्कृति अर्थात् सांस्कृतिक धरोहर एवं संगठित समाज। जो व्यक्ति व राष्ट्र

अपने नैतिक जीवन-मूल्यों अर्थात् संस्कृति की रक्षा कर उसे जीवन में अपनाते हैं तथा संगठित रहते हैं, वे कभी मार नहीं खाते हैं, बल्कि वे सतत प्रगति की ओर बढ़ते हैं।

भारतीय संस्कृति ही समन्वयवादी, सहिष्णु एवं सर्वमतसमभाव (सर्वधर्मसमभाव) की संस्कृति है

भारतवर्ष एक ऐसा देश है, जिसके बारे में विचार करने से यह ध्यान में आएगा कि भारतीय संस्कृति विश्व की एकमात्र ऐसी संस्कृति है, जो विश्वबंधुत्व एवं विश्वशांति की गारंटी है। आज विश्व की कुल जनसंख्या 6 अरब के नजदीक पहुँच रही है। विश्व की इस 6 अरब जनसंख्या से प्रश्न पूछा जाए—(क) ऐसे देश का नाम बताओ, जिसको कभी 'विश्वगुरु' की उपाधि प्राप्त हुई? (ख) ऐसे देश का नाम बताओ, जिसको 'सोने की चिड़िया' कहा जाता था? इस पूरे प्रश्न के उत्तर में अगर किसी ने भी अमेरिका, जापान, इंग्लैंड, फ्रांस आदि भरा तो शून्य अंक मिलेगा। उत्तर के रूप में भारतवर्ष भरने वाले को ही पूरे अंक मिलेंगे। आज हम अपनी सांस्कृतिक विरासत को भूल गए, इस कारण गरीब, पिछड़ा, कर्जदार, बीमार, अविकसित (विकसनशील) देशों की गिनती में भारतवर्ष खड़ा दिखाई दे रहा है। अगर आज भी हम विचार करें तो ध्यान में आएगा कि भारत में जन्मे सभी संप्रदाय अथवा धर्म तथा उनके नाम से पहचानी जानेवाली संस्कृतियाँ सहिष्णु एवं समन्वयकारी संस्कृतियाँ ही हैं। भारत की धरती में जन्मे मत अथवा धर्म बौद्ध, जैन, सिख, आर्य, वैदिक (सनातनी) आदि मानवता के पर्यायवाची हैं। इसलाम व ईसाइयत तो विश्व के ऐसे मत अथवा धर्म हैं, जो असहिष्णु हैं।

मुझे एक घटना स्मरण आती है। मैं गाड़ी (कार) से पुंछ (सीमावर्ती) से जम्मू वापस आ रहा था। मार्ग में तीन कर्मचारियों ने लिफ्ट माँगी। तीनों इसलाम मतावलंबी थे। मैंने पूछा, 'कौन से मुसलमान हो?' उन्होंने बताया कि 'जाति से तेली हैं तथा माता वैष्णो के क्षेत्र के रहनेवाले हैं।' बातचीत में उन्होंने बताया कि उनमें आज भी बच्चों के मुंडन माता वैष्णो देवी के मंदिर में होते हैं। मैंने पूछा कि माँ के दरबार में आप व अन्य सभी धर्मों (मजहब) के लोग जाते हैं। क्या माँ ने, पुजारियों ने अथवा भक्तों ने कभी कहा कि आप हिंदू नहीं हैं, इसलिए बाहर निकल जाओ। आज विश्व के किसी भी मत (धर्म) को माननेवाला गोंपा (बौद्ध), स्थानक (जैन), गुरुद्वारा (सिख), मंदिर (सनातनी, वैदिक) में जा सकता है। पूजा-अर्चना कर सकता है। परंतु क्या अपनी भारतीय वेशभूषा तथा धार्मिक चिह्नों को धारण

कर बौद्ध, जैन, सिख, सनातनी कोई भी भारतीय मसजिद व चर्च में जा सकेगा? वे पुलिस कर्मचारी बोले कि हमें तो माँ के दरबार में जाने से किसी ने नहीं रोका। परंतु अगर आप तिलक, धोती, जनेऊ, पगड़ी, गोंचा आदि धारण कर मसजिद या चर्च में जाएँगे तो झगड़ा (गजब) हो जाएगा। भारत में अनेक जातियाँ, संप्रदाय (पूजा-पद्धतियाँ), भाषाएँ, बोलियाँ, मौसम आदि होने पर भी सभी में आपसी समन्वय है। इसलाम व ईसाइयत में अनेक मत हैं, परंतु उनमें आपसी वैमनस्य है। इसलाम में शिया-सुन्नी, अहमदिया-कादियानी आपस में रक्त बहाते रहते हैं, ईसाइयत में केथौलिक, प्रोटेस्टेंट आदि एक-दूसरे को सहते नहीं हैं, बल्कि कातिलाने हमले करते हैं। भारतीय संस्कृति ही एकमात्र वैश्विक संस्कृति है, जिसमें आपसी टकराव नही हैं। भारत ही एक ऐसा देश है, जहाँ इसलाम व ईसाइयों को भी एक पूजा-पद्धति मानकर स्वीकार किया जा सकता है। इसके लिए इसलाम व ईसाइयत को स्वयं की संकीर्णताओं को समाप्त कर अधिक लचीला बनना होगा। इसलाम, ईसाइयत में अनेक बातें अच्छी हैं, जो ग्रहण करने योग्य हैं। पूज्य दलाईलामा के शब्द अति महत्त्वपूर्ण है। मार्च 2000, मैक्लोडगंज, धर्मशाला में मैं उनके दर्शनार्थ गया। विभिन्न विषयों पर चर्चा में एक विषय निकला, जिस पर पूज्य दलाईलामाजी ने कहा, 'भारत के पड़ोसी देशों में तिब्बत, नेपाल, ब्रह्मदेश, लंका आदि हैं तो दस-दस सिपाहियों से काम चल जाएगा। लेकिन अगर पड़ोसी चीन, पाकिस्तान है तो हजारों की फौज, करोड़ों रुपए का प्रतिदिन का व्यय होने पर भी सदा अशांति, खतरे बने रहेंगे। पूज्य दलाईलामा के कथन से यह भी तथ्य सामने आता है कि इसलामिक संस्कृति के साथ-साथ साम्यवादी संस्कृति भी असहिष्णु है। भारतीय संस्कृति को हिमालयन संस्कृति भी कहा जा सकता है। हिमालय की रक्षा में भारत की सुरक्षा है। विश्व की अनेक जातियों एवं मतों (धर्मों) की समय-समय पर भारतभूमि आश्रयस्थली रही है। भारत ने सभी को अपनाया है, किसी को ठुकराया नहीं है।

भारत की अखंडता में ही विश्व शांति का संदेश है

इसमें से एक प्रश्न और भी खड़ा होता है कि क्या वर्तमान भारतवर्ष ही प्राचीन भारत है या इसका भौगोलिक, राजनैतिक व सांस्कृतिक मानचित्र वर्तमान से भिन्न रहा है। मुझे बचपन की, आज से चालीस वर्ष पहले की एक घटना स्मरण आ रही है। गाँव से पूज्य दादाजी शहर आए हुए थे। हम उस समय शहर में रहते थे। पाँचवीं-छठी कक्षा में पढ़ रहा था। मैंने दादाजी से प्रश्न पूछा कि हम जब विद्यालय

में भूगोल, इतिहास की कक्षा में पढ़े रहे होते हैं तो हमारे सामने अध्यापक महोदय भारतवर्ष का मानचित्र टाँगते हैं तथा अपने (हमारे) देश के बारे में नाना प्रकार की जानकारी देते हैं। जब आप सन् 1900 के प्रारंभ में या आपके भी दादाजी सन् 1860 के लगभग में प्राथमिक अथवा माध्यमिक शिक्षा प्राप्त कर रहे थे तो उस समय भूगोल-इतिहास की कक्षा में अपने देश भारत का मानचित्र दिखाया गया होगा, उस समय का भारत कैसा था और कितना विशाल था। पूज्य दादाजी ने पूछा, 'बेटा, तुम यह प्रश्न क्यों पूछ रहे हो?' मैंने कहा कि 'अपने देश भारत के चारों ओर पाकिस्तान, बँगलादेश, अफगानिस्तान, श्रीलंका, ब्रह्मदेश, भूटान आदि अनेक देश हैं, ऐसा मास्टर जी कह रहे थे। दादाजी, क्या आपके समय भी ये सब देश होते थे?' इस पर से दादाजी कहने लगे, 'बेटा, हमारे समय तथा हमारे बुजुर्गों के समय ये सब तो हिंदुस्तान के सूबे थे। हमारे देखते-देखते, हमारी आँखों के सामने ये हिंदुस्तान से अलग होकर देश बने हैं। पहले तो भौगोलिक व सांस्कृतिक दृष्टि से ये हिंदुस्तान में थे, परंतु इनके राजा-महाराजा अलग-अलग होते थे। अर्थात् ये अलग-अलग रियासतें (राज्य) थीं। आज प्रश्न खड़ा होता है कि हमारे बुजुर्गों ने जो देखा-पढ़ा वह सत्य है या आज हम जो देख-पढ़ रहे हैं, वह सच है। सच दोनों हैं, फिर हमारा हिंदुस्तान इतना छोटा क्यों हुआ? यह चुभन तीर की तरह सीने में गड़ती है। अफगानिस्तान, पाकिस्तान, बँगलादेश का बनना विभाजन माना गया, जबकि नेपाल, भूटान, ब्रह्मदेश, श्रीलंका का अलग होना विभाजन नहीं माना गया, कारण—सांस्कृतिक व सामाजिक एकता में किसी भी प्रकार का विभेद नहीं है और आज भी यह सांस्कृतिक समानता बनी हुई है। आज भी इन देशों के वासी तीर्थयात्रा तथा अपने अन्य धार्मिक क्रियाकलापों को पूर्ण करने के लिए भारत आते हैं।

इस प्रकार जब कोई अपने अतीत यानी सांस्कृतिक विरासत को भूल जाता है तथा शक्तिहीन (असंगठित) हो जाता है, तभी उसकी दुर्दशा होती है। आज अपना देश भारत भी इसी दुर्दशा को भोग रहा है। इसलिए विकास, बंधुत्व व शांति की बजाय प्रदूषण, शोषण, भ्रष्टाचार, आतंकवाद फैलता जा रहा है। आवश्यकता है भारतीय संस्कृति का स्वाभिमान लेकर, देशभक्ति से ओतप्रोत होकर संगठित भारत का निर्माण करें। संगठित एवं समृद्ध भारत ही विश्वबंधुत्व एवं विश्वशांति की गारंटी रहा है। आज भी है और आनेवाले कल में इसी में यह क्षमता है।

□

नारी सशक्तीकरण एवं सैन्य मातृशक्ति कार्य

नारी का विद्वानों ने अपनी कलम से अथवा जिह्वा से अनेक रूपों में वर्णन किया है। सर्वोत्तम रूप देवीय है, जिसे 'माँ' माना गया है। प्रभु राम के शब्दों में—

अपि स्वर्णमयी लंका न मे लक्ष्मण रोचते।
जननी जन्मभूमिश्च स्वर्गादपि गरीयसी।

लक्ष्मण, लंका सोने की है परंतु मेरी उसमें रुचि नहीं है, जननी और जन्मभूमि स्वर्ग से भी बढ़कर है।

सबने माना है कि "माँ की गोद में, तो किसी ने कहा माँ के पाँव में स्वर्ग है।" यह सांसारिक सत्य है कि पुरुष कितना भी बड़ा क्यों न हो जाए, जब कभी वह दर्द में कराहता है तो कभी नहीं पुकारता हाय बाप, सदा उसके मुख से निकलेगा हाय माँ! धरती पर 'प्रभु' के पश्चात् 'माँ' का स्थान है। माँ नारी का ममतामयी, त्यागमयी, सत्य, उत्पादक एवं सुरक्षा प्रदाता (शक्ति) रूप है। अंग्रेजी में बोला जाता है—"After God if there is any truth, love, sacrifice, creation & Security (Power) on the earth that is Mother."

मातृ सैन्य-शक्ति सम्मेलन एक सुखद एवं आशावादी अनुभूति है। यह वह नारी समूह है, जिसके पति, बेटा व भाई ने जीविकोपार्जन के हेतु सेना अथवा अर्ध-सैनिक बल को चुना है। आज लाखों सैनिक हैं और लाखों ही अवकाश प्राप्त सैनिक हैं। एक बार का फौजी जीवन भर फौजी होता है। एक बार कर्नल-जनरल तो जीवन भर कर्नल-जनरल होता है। यही सत्य इनके साथ जुड़ी नारी का भी है। इस नारी समूह का पुरुष जब तक नौकरी में रहता है, जान हथेली पर रख देश व समाज की रक्षा हेतु प्रत्येक खतरे का सामना करता है। उसकी पहचान होती है—"Duty

First & Duty Last''. वर्दीधारी वर्दी के सम्मान के लिए जूझता है। इस पुरुष वर्ग की नारी की जीवनचर्या व मनोदशा बहुत भिन्न प्रकार की होती है। खतरों व झटकों में जीना इसका स्वभाव होता है। बलिदान भाव इसका गहना होता है। इसने अपनी कोख व गोद से, तिलक व चरणवंदना से और राखी से बलिदानी वीर दिए हैं। इसलिए शहीद की महिला बीवी, बहन और माँ के गौरव को भी प्राप्त करती है। ये वीर केवल इनके नहीं, वे तो देश की आन, बान और शान बनकर जिये और मरे हैं। इस नारी समूह का अपना सुख है, तो अनेक दुःख भी हैं।

नारी के तीन चित्र विश्व में दिखाई देते हैं। एक पश्चिमी देशों ने प्रस्तुत किया है, जिसमें नारी को भोग की वस्तु मान उसे अधिकाधिक नग्न दिखाया व वासना के प्रतीक के रूप में प्रस्तुत किया है। इसलिए वेलंटाइन डे, मदर डे, फादर डे, सौंदर्य प्रतियोगिताएँ, तलाक आदि कार्यक्रमों की भरमार है। नारी व पुरुष में भारी असमानताएँ हैं। 20 प्रतिशत से अधिक लड़कियाँ कुंवारी ही गर्भवती हो जाती हैं। 30 प्रतिशत से अधिक नारियाँ बार-बार तलाक की शिकार हैं। पश्चिमी-जगत् नारी की स्वतंत्रता (मुक्ति) के आंदोलन से ग्रस्त है। दूसरा चित्र खाड़ी देशों के प्रभुत्ववाली सभ्यता ने प्रस्तुत किया है, जहाँ नारी को पाँव की जूती माना गया है। उसे देखने पर पुरुष के मन में वासना जागती है, इसलिए नारी को अधिक-से-अधिक ढाँपकर रखा गया है। इन देशों की सभ्यता व लोग जहाँ भी गए, वहाँ नारी की इज्जत लूटना, चौक-चौराहों पर उनकी नीलामी करना, एक से अधिक बीवी रखना, सामान्य सी बात पर तलाक देना, ये साधारण बातें ही नहीं, बल्कि सबाब (पुण्य) माना गया है। पुरुष व नारी के अधिकारों में असमानता है। तीसरा चित्र पूर्व अर्थात् भारत वर्ष (भारत खंड) ने नारी का प्रस्तुत किया है। नारी को देवीय रूप अर्थात् माँ के रूप में प्रस्तुत किया है। विवाह को भगवान् द्वारा बनाया गया है, इसलिए तलाक की परंपरा ही नहीं थी। कोई भी सांसारिक शुभ कार्य व्यक्ति, समाज व देश से संबंधित पुरुष व नारी दोनों से ही संभव है। नारी संस्कृति है, संस्कृति नारी है (Woman is culture, culture is woman)। नारी शिक्षित तो परिवार सभ्य व समाज खुशहाल! यत्र पूज्यते नारी, तत्र वसते देवता। यह भारत ने नारी को लेकर चित्र प्रस्तुत किया।

परंतु कालक्रम में समाज के नैतिक जीवन-मूल्यों में गिरावट आई, उसके कारण पुरुष में दोष उभरे और भारत में भी नारी उत्पीड़न बढ़ा। व्यावसायिक जगत् ने पश्चिम की नकल में नारी को विज्ञापन में अंग-प्रदर्शन की वस्तु बनाकर अपना माल बेचना शुरू कर दिया। पश्चिम के भोगवादी कार्यक्रम भारत में आ गए। नारी

के प्रति अपराध बढ़ गए। उसके जन्म पर दुःख मनाया जाने लगा। भ्रूण हत्याएँ बढ़ गईं अर्थात् लड़की है तो गर्भपात होने लगा। आज ऐसी सब कुरीतियों से जूझने और पुनः नारी के सम्मान व सुरक्षा को सुनिश्चित करने का समय आ गया है। नारी अबला नहीं, सबला है। तरह-तरह के कार्यों व कार्यक्रमों द्वारा नारी सशक्तीकरण आवश्यक है।

अ.भा. पूर्व सैनिक सेवा परिषद् का यह मातृशक्ति का प्रथम अ.भा. सम्मेलन है। इसमें नारी संबंधी नानाविध विषयों पर चर्चा चलेगी। उसके लिए संगठन खड़ा करना होगा। नाना प्रकार की गतिविधियों द्वारा कार्य को आगे बढ़ाना होगा। संगठन खड़ा करना व कार्यक्रम करना, इस दिशा में संक्षेप में निम्न संकेत कर रहा हूँ—

1. समाज व देश का कार्य करना यह मेरा धर्म है, इसको मैं करूँगी यह भाव प्रत्येक बहन में जाग्रत् हो।
2. जिस गाँव व बस्ती के हम हैं, एक-दो बहन इसका दायित्व सँभालना। वहाँ शीघ्र संपर्क कर 20-25 बहनों का एक समूह खड़ा करना।
3. इस समूह ने पाक्षिक (15 दिन) अथवा मासिक (30 दिन) एक बार या डेढ़ घंटे के लिए किसी-न-किसी के घर पर या सार्वजनिक स्थल पर अवश्य मिलना। यह पाक्षिक या मासिक इकाई मानी जाएगी।
4. बड़ी आयु की महिलाओं से सत्संग-कीर्तन करना, या कुछ इस आयु के लिए संभव खेल खेलना अथवा योगासन करना। युवा आयु की बहनों ने कुछ शारीरिक (खेल, व्यायाम आदि) करना। प्रत्येक समूह में देशप्रेम, समाज सेवा व प्रभुभक्ति के गीत गाना। नेक काम करनेवाली वीरांगनाओं की कहानी सुनाना। देश, समाज की परिस्थितियों की चर्चा करना। यह करते हुए हम (मैं) क्या करें, इसका भी विचार करना।
5. प्रत्येक ऐसी इकाई (समूह) का किन्हीं वीरांगना पर नामकरण करना।
6. प्रत्येक इकाई कम-से-कम कोई एक सेवा व सहायता का कार्य वर्ष में करने हेतु जरूर हाथ में ले। जैसे—गरीब कन्या का विवाह, अक्षम यानी विकलांग को साधन देना, अनाथ बालक/बालिका की शिक्षा का व्यय देना, गरम या ठंडे कपड़े या कॉपी, किताब, पैन (कलम) आदि आश्रम या विद्यालय में जरूरतमंद बच्चों को देना, आदि-आदि ऐसे अन्य अनेक कार्य हो सकते हैं। जैसे स्वस्थ माँ, स्वस्थ शिशु, व्यसन (नशा) मुक्ति आदि-आदि।

7. वर्ष में एक बार अपने गाँव, बस्ती में वृक्षारोपण करना। किसी एक या दो भारतीय पर्व; जैसे—वर्ष प्रतिपदा, स्वतंत्रता-दिवस, होली आदि को मंगल मिलन के रूप में करना या फिर वर्ष में कोई एक या दो दिवस वीरांगनाओं की याद में मनाना। इन कार्यक्रमों में अधिकाधिक बालिकाओं को अवश्य व अन्य महिलाओं को भी सम्मिलित करना।

यह कार्य एक नवजागरण की वेला है। प्रारंभ गंगोत्तरी रूप होता है। चलने का संकल्प उसे काशी का रूप प्रदान करता है।

□

हिंदुत्व–ईश्वर प्रदत्त, मानवीय एवं प्राचीनतम जीवन पद्धति है

आर्यत्व, भारतीयता व हिंदुत्व पर्यायवाची हैं, धरती व मानव की आयु के समान इनका समय है।

गुलामी के विरुद्ध संघर्षरत भारत के परंतु विश्वविजयी हिदुत्व के युवा संन्यासी स्वामी विवेकानंद ने एक सौ पाँच वर्ष पूर्व ईसाइयत की धरती अमेरिका में एक धर्म सभा को संबोधित करते हुए मार्गदर्शन किया था। मंच पर विराजमान मुख्य अतिथिगण, सामने सभागृह में बैठे हुए बंधुओं के लिए 'भाइयो और बहनो!' इतना कहने मात्र से धरती की प्राचीनतम संस्कृति की जय-जयकार विश्व में एक बार पुनः गूँज उठी। इस बात को आधार मानकर इस लेख में वर्तमान के तीन वैश्विक राजनैतिक एवं आर्थिक विचार, जिनमें से दो का आधार मजहब (religion) है और एक ने मजहब को अफीम की गोली माना है, यानी ईसाइयत, इसलाम व साम्यवाद की तुलना हिंदुत्व के साथ करने का प्रयत्न करते हुए सरल ढंग से सत्य को स्थापित करने का प्रयत्न है। विश्व की इस समय 6 सौ करोड़ जनसंख्या है। वर्तमान सभ्यता में एक 2003 वर्ष पूर्व ईसाइयत, जन्मदाता ईसामसीह, जन्म की धरती पर विवाद है। धरती यूरोप की या एशिया की? वैसे यूरोप ही जन्म की धरती मानी जाती है। पूजा का स्थान चर्च, मानने के लिए ग्रंथ के रूप में बाइबिल। जैसे ही ईसाइयत ने गतिविधियाँ प्रारंभ कीं, मानवता को दो हिस्सों में बाँटा। आज के ईसाई और गैर-ईसाई। जो भी गैर-ईसाई हैं, वे सब पापी हैं। उनका कर्म पाप का है, इसलिए धरती को पापमुक्त करने के लिए पापियों को समाप्त करो या मतांतरित करो। एक हाथ में सेवा, शिक्षा-सहायता एवं विकास और दूसरे हाथ में शस्त्र व बाइबिल लेकर विश्व में आगे बढ़े, लालच देकर मतांतरण करते चले

गए, परंतु शस्त्र का उपयोग कर सभ्यताओं का विनाश भी करते गए, रक्त की होली खेलते गए। विश्व में वर्तमान में 85 के लगभग देशों में इनकी राजनैतिक सत्ता है। 135-140 करोड़ से अधिक विश्व के विभिन्न देशों में कुल मिलाकर ईसाई आज मिलते हैं।

दूसरी सभ्यता 1426 वर्ष पूर्व इसलाम; जन्मदाता मोहम्मद साहब, जन्म की धरती अरब, पूजा का स्थान मसजिद, मानने के लिए ग्रंथ के रूप में कुरान, जैसे ही क्रियाकलाप प्रारंभ किए, धरती को दो हिस्सों में बाँटा—दारूल हरब, दारूल इसलाम। मनुष्यों को भी दो हिस्सों में बाँटकर खड़ा कर दिया। आज का मुसलमान और गैर-मुसलिम। गैर-मुसलिम काफिर है, उसका कर्म कुफ्र यानी अपराध है, पाप है। धरती को कुफ्र से मुक्त करने के लिए काफिरों को मारो अथवा मतांतरित करो। शस्त्र हाथ में लेकर आगे बढ़े, सभ्यताओं का विनाश करते चले गए, रक्त की होली खेलते चले गए, लाशों के अंबार लगाते चले गए, भारी संख्या में मतांतरण किया। आज वे इसको जेहाद मानते हैं, यानी holy war कहते हैं। विश्व के आज छोटे-बड़े 50 से अधिक देशों में इनकी राजनैतिक सत्ता है। कुल मिलाकर 115 से 120 करोड़ के लगभग इनके मतावलंबी हैं। इन दोनों वर्तमान सभ्यताओं ने एक ही प्रकार का संदेश दिया, विश्व एक ऐसी धरती होगी, धरती एक ऐसा बगीचा होगा, जिसमें एक ही प्रकार का फूल, एक ही प्रकार का मानव होगा, वह मुसलमान अथवा ईसाई होगा। उसकी एक ही सभ्यता होगी, एक ही खुशबू होगी, वह इसलाम अथवा ईसाइयत होगी।

तीसरा राजनैतिक व आर्थिक विचार 150 वर्ष पूर्व साम्यवाद, जन्मदाता कार्ल मार्क्स, जन्म की धरती रूस, साम्यवाद को बाद में स्टालिनवाद, लेनिनवाद, माओवाद भी कहा गया। वे पूजा-पद्धतियों में भरोसा नहीं रखते थे। मार्क्स इंग्लैंड में पढ़े थे। वहाँ उन्होंने इसलाम, ईसाइयत को देखा-पढ़ा था, इसलिए रिलिजन को अफीम की गोली मानने लगे। इस कारण ग्रंथ एवं पूजा का स्थान नहीं बना। विश्व के मानवों को दो हिस्सों में बाँटा—एक शोषक और दूसरे शोषित। ऊँची जातियों के, धनवान, पढ़े-लिखे, सामाजिक, राजनैतिक, धार्मिक रूप से नेता लोग बुर्जुवावादी हैं। ये शोषक हैं। इन्होंने गरीब, दलित, पिछड़े, कमजोर, दुःखी का शोषण किया है, इसलिए विश्व के गरीबो, किसानो, मजदूरो, दलितो एक हो जाओ और शोषक-शोषित में वर्ग संघर्ष और इसी वर्ग संघर्ष में से खुशहाली और तरक्की का सपना दिखाया। विश्व की तीन नई सभ्यताओं का संक्षेप में चित्र प्रस्तुत किया

है और अब एक प्राचीन जीवन–पद्धति, जिसके लिए आज विवाद चला है, उसका विचार करते हैं। विश्व में हिंदुत्व या भारतीयता कितने वर्ष पुराना, विश्व में एक मत से कहा है, ऐज द अर्थ एंड ह्यूमिनिटी इज ओल्ड, दिस ट्रेडीशन, कल्चर एंड सिविलाइजेशन इज ओल्ड अर्थात् जितनी धरती व मानव पुराना है, उतना ही पुराना आर्यत्व, भारतीयता, हिंदुत्व भी है। जन्मदाता कौन? निराकार या साकार (ब्रह्मा, विष्णु, महेश), इसलिए किसी दूत या मानव से नहीं, ईश्वर प्रदत्त है। ग्रंथ कौन सा? वेद, उपनिषद्, पुराण, गीता, रामायण, महाभारत, बौद्धमत के कंग्यूर और तैंग्यूर है, सत्यार्थ प्रकाश है, श्री गुरुग्रंथसाहिब है, जैन त्रिपिटिक है, इसलिए हजारों, लाखों ग्रंथों के रूप में। पूजा का स्थान कौन सा? एक नहीं अनेक गोंफा, गुरुद्वारा, मंदिर, यज्ञशाला, स्थानक भी, आश्रम भी और मैं हँसते हुए कहा करता हूँ कि सूँड़ से लेकर पूँछ तक के अर्थात् गणपति से बजरंग बली तक के देवताओं की एक बड़ी शृंखला है—अब तो निरंकारी, राधास्वामी, गायत्री परिवार, कबीरपंथी, बाल्मीकि, अंबेडकरवादी, दादुपंथी, रविदासिया, शैव-वैष्णव, द्वैत-अद्वैतवादी, प्रकृतिपूजक भी हैं। ईश्वर को नकारनेवाला भी है। इसलिए हजारों पूजा-पद्धतियों के रूप में विश्व में इसने गतिविधियाँ प्रारंभ कीं और इसने प्रथम संदेश दिया, 'वसुधैव कुटुंबकम्'। कुटुंब का अर्थ है—जहाँ त्याग, सेवा, बलिदान, भाईचारा, शांति, प्यार-मोहब्बत है, जहाँ नफरत, तनाव, हिंसा, मतांतरण, कत्ल नहीं और यह कहते हुए उन्होंने कहा कि विश्व सैकड़ों देशों के रूप में, हजारों भाषा-बोलियों के रूप में, लाखों जातियों, उपजातियों के रूप में और नाना प्रकार की हजारों, लाखों पूजा-पद्धतियों के रूप में रहेगा और यह कहते हुए संदेश दिया 'प्राणियों में सद्भावना हो, विश्व का कल्याण हो,' एकं सद् विप्रा बहुधा वदन्ति, सर्वे भवन्तु सुखिनः सर्वे सन्तु निरामयाः, सदाचार ही जीवन है, जियो मगर दूसरों के लिए, ईमानदारी ही आस्था है, इसलिए हिंदुत्व, भारतीयता मात्र ईश्वर प्रदत्त, मानवीय चिंतन है। इसी हिंदुत्व के जीवन के अंदर समय-समय पर अनेक सुधारवादी आंदोलन चले।

लगभग साढ़े छब्बीस सौ वर्ष पूर्व इसी संस्कृति में भारत के सपूत के रूप में सिद्धार्थ, जो बुद्ध के रूप में अवतरित हुए और वह एक प्रकार से मानवतावाद को लेकर चले, जिसकी हमने चर्चा सुनी है और उसका प्रमुख उद्घोष है 'संघं शरणं गच्छामि, धम्मं शरणं गच्छामि, बुद्धं शरणं गच्छामि', इस संदेश को लेकर इनके अनेकानेक शिष्यगण विश्व भर में गए। जहाँ-जहाँ विश्व में बौद्ध मत गया, किसी ने नहीं कहा कि यह मतांतरण है। आज वैदिक परंपराओं के आठ के लगभग

देश हैं, जहाँ राजनैतिक सत्ता है, एक सौ करोड़ से अधिक जनसंख्या है। बौद्ध मतावलंबी 15 से अधिक देश हैं, 20 करोड़ से अधिक जनसंख्या है। इस हिंदू-बौद्ध समन्वय को सुदृढ करें तो 20 से अधिक देशों में इनकी सत्ता है, 100-115 करोड़ के लगभग जनसंख्या बनती है। यह ईश्वर प्रदत्त है, मानवीय है, जिसमें धर्मांतरण नहीं है, रक्तपात नहीं है बल्कि 'विश्व एक कुटुंब' के रूप में जीने का संकल्प है। इसलिए इस हिमालयी चिंतन के अनुसार विश्व एक ऐसी धरती रहेगी, जिसमें नानाविध पूजा-पद्धतियाँ, भाषाएँ, बोलियाँ, सभ्यताएँ, ग्रंथ, पूजास्थल, आकार-प्रकार, वेशभूषाएँ रहेंगी। धरती एक ऐसा बगीचा है, जिसमें नाना आकार-प्रकार, नाना रंगों के अलग-अलग खुशबू के फूल रहेंगे। यही समन्वय और एकता है, यही भाईचारा है, यही शांति है, यही देवत्व है, यही जीवन है। इस चिंतन व आचरण को लेकर चलनेवाला देश हिंदुस्तान और उसके नागरिक को हिंदू एवं भारतीय माना गया।

आज भी भारत 'विश्वगुरु' का सम्मान प्राप्त किए हुए है

अगर पिछले हजारों-लाखों वर्षों की यात्रा को छोड़ दिया जाए और विश्व आज जिस एक जगह पर खड़ा है, उसको हमें जानना और पहचानना आवश्यक है। लाखों-हजारों वर्ष पूर्व इस विश्व के अंदर के सब बुद्धिजीवियों, वैज्ञानिकों, दार्शनिकों, चिंतकों, वीरों, वीरांगनाओं, समाजसेवियों में एक विषय चला, विश्व की धरती की ऐसी कौन सी संस्कृति है? ऐसा कौन सा देश है? और ऐसा कौन सा मानव समूह है, जो महान् है, श्रेष्ठ है—इसके उत्तर में विश्व ने सर्वसम्मत होकर कहा, 'भारत ही विश्वगुरु है।' आज जब हम अपने भारत व समाज की ओर देखते हैं, इस हिमालय की कोख और गोद को देखते हैं तो बड़ी विचित्रता लगती है कि क्या यह सब सत्य है? क्या आज का भारत कभी विश्वगुरु रहा है? परंतु आप एक बात को मानकर चलिए कि 2003, मार्च को भी विश्व के किसी देश में यह हिम्मत नहीं है, वह अमेरिका, रूस, चीन, जर्मनी, जापान, इंग्लैंड, फ्रांस, कनाडा, ऑस्ट्रेलिया, हॉलैंड, अरब, ईरान होगा, जो इस प्रश्न का उत्तर बदल सके, इस प्रश्न का उत्तर हजारों-लाखों साल पहले भी यही था, आज भी यही है कि भारत विश्वगुरु है। अगर अमेरिका ने कहा कि 'नाउ चेंज द आंसर' (अब उत्तर बदलना चाहिए) और इसलिए विश्वगुरु कौन सा देश है? भारत काटकर अमेरिका लिख दो, कोई स्वीकार नहीं करेगा। उसके देश की जनता भी स्वीकार नहीं करेगी, परंतु आज अगर हमने अपने आप में झाँककर देखा तो लगेगा कि इससे बड़ा चुटकुला और व्यंग्य नहीं हो सकता। परंतु यह सत्य है, इस सत्य को दुनिया की किसी ताकत

में आज भी दम नहीं है कि इस प्रश्न का यानी इस सत्य का उत्तर बदल सके। कई प्रश्नों के उत्तर हमने बदलते देखे हैं। पर इस प्रश्न का उत्तर न कभी बदला था, न बदला है, न बदला जा सकेगा। परंतु हमें यह जानना होगा कि आज भी हमारे अंदर कौन-कौन सी शक्तियाँ हैं, जो योग्य रूप में प्रकट नहीं हो पा रही हैं। हमें अपने पिछड़ने की कमजोरियों को जानना होगा, उन्हें दूर करना होगा और अपनी शक्ति को पहचानना होगा। जैसे हनुमानजी अपनी शक्ति का विस्मरण कर बैठे थे, उसी प्रकार आज भारतीय (हिंदू) समाज की भी स्थिति है।

इसलाम या ईसाइयत में जाना ही मतांतरण है, शेष मतों में जाना मतांतरण नहीं है

इस संस्कृति का उद्‌गम जहाँ से हुआ है, उसका स्रोत हिमालय है और उसकी पहचान कैलाश मानसरोवर है, इसलिए इस संस्कृति के उद्‌गम का स्रोत प्रकृति है, सर्वशक्तिमान् है, जहाँ सबके लिए सम्मान का भाव है। यह देश है, जो इसलाम, ईसाइयत (विदेश में जन्मी और पली सभ्यताएँ हैं, जो हिंसक भी मानी जाती होंगी) का भी आदर करने का भाव रखता है। वह मुहम्मद के उपासक हैं कि ईसामसीह के उपासक हैं, इससे उनको कोई तकलीफ नहीं, परंतु हम एक बात कहते हैं, वह यह है कि हिमालय की कोख और गोद के अंदर बसे हुए मानवीय जीवन-मूल्यों के वाहक जो लोग हैं, जिनको आर्य कहा गया, भारतीय कहा गया, हिंदू कहा गया जो सनातनी, वैदिक, जैन, बौद्ध, सिख होंगे। तरह-तरह की पूजा-पद्धतियों में, परंपराओं में, मत-संप्रदाय में होंगे, इन सबकी एक विशेषता है और वह विशेषता है कि ये विश्व भर में कहीं भी गए, वहाँ नानाविध पूजा-पद्धति के रूप प्रचलित होंगे, किसी भी भाषा के होंगे, किसी भी जाति-उपजाति के होंगे, इन्होंने कभी मतांतरण नहीं किया। अन्य अनेक प्रश्नों के उत्तर भी खोजने में कठिनाई नहीं होनी चाहिए और आज खोजने भी आवश्यक है।

विश्व के अंदर का कोई भी आदमी बौद्ध बना, जैन बना, सनातनी बना, सिख बना, आर्यसमाजी बना, राधास्वामी बना, निरंकारी बना, वह बाल्मीकि बना, रविदासिया बना, रामानुजाचार्या संप्रदाय का बना, बल्लभाचार्य मत का बना, वह कबीरपंथी बना, यह द्वैत-अद्वैतवादी बना, प्रकृतिपूजक बना, विश्व के अंदर किसी भी पुस्तक में मुझे दिखा दीजिए कि किसी ने कहा हो कि 'इट इज ए कनवर्जन', यानी यह मतांतरण है, पर विश्व के सब विद्वानों ने एकमत होकर कहा कि विश्व का कोई भी आदमी अगर कहीं भी अपनी मौलिकता को छोड़कर इसलाम या ईसाइयत

के अंदर गया, दुनिया ने एकमत होकर कहा है, 'इट इज ए कनवर्जन,' अर्थात् यह मतांतरण है। क्या इस तथ्य को आज स्वीकार करके चिंतन किया जा सकता है? यह केवल मैंने और आपने नहीं कहा, इस बात को, जो पुरोधा लोग हैं, विद्वान लोग हैं, जो इन विषयों के अधिकारी हैं, उन्होंने कहा है। हम इसलाम व ईसाइयत को छोड़ अगर विश्व की अन्य सभ्यताओं में भी गए तो भी आज तक किसी पुस्तक में या आज तक किसी महापुरुष ने यह कहा कि 'इट इज ए कनवर्जन', ऐसा कहीं भी उल्लेख नहीं मिलता है, परंतु विश्व एकमत है कि ईसाइयत और इसलाम के अंदर चीन का गया, जापान का गया, इंग्लैंड का गया, अरब का गया, हिंदुस्तान का गया, तिब्बत का गया, नेपाल का गया, भूटान का गया, सारी दुनिया ने कहा, 'इट इज ए कनवर्जन,' यह मतांतरण है। इसलिए इस प्रश्न की आड़ में विश्व को सोचना तो पड़ेगा, हमें भी उत्तर और समाधान तो खोजना ही पड़ेगा। व्हाट इज द प्रॉब्लम और व्हाट इज द रियलिटी? सत्य से आँख मूँदकर राष्ट्र-जीवन या मानव-जीवन नहीं जी सकते और इसलिए इस हिमालयन संस्कृति का इसकी कोख और गोद में, जो जीवन-मूल्य विकसित हुए, वह बड़ा साफ-सा कहते हैं कि 'वी हैव मैनी रिलीजन, वी कैन लिव विद मोर एंड मोर रिलीजन,' परंतु समाज के सांस्कृतिक जीवन-मूल्यों से, परंपराओं से, पूर्वजों से, धरती से बेईमानी और धोखा नहीं हो सकता, इसलिए इन सारे संदर्भों के अंदर इस प्रश्न को लेकर आज विश्व खड़ा है, कुछ भी कह देना और कुछ भी बोल देने से काम नहीं चलेगा, बल्कि गंभीरता से सोचना होगा। अब दूसरे प्रश्न के संदर्भ में भी विचार करेंगे, तो हिमालय की कोख व गोद में बसी सभ्यताएँ व संस्कृतियाँ सामने आती हैं, इसलिए 'वी आर द ओनली गारंटर ऑफ पीस एंड ब्रदरहुडनैस।' विश्व की कोई भी सिविललाइजेशन इसकी गारंटी नहीं दे सकती, आर्यावर्त से बाहर की धरती पर जन्मी सभ्यताएँ, वहाँ किसी और चीज के लिए कोई जगह ही नहीं, विश्व भर की विभिन्न देशों की ईसाइयत या इसलाम में चले जाइए, क्या बौद्ध मत, जैन मत, सिख मत, वैदिक मत, सनातन मत, रामानुजाचार्य मत, ब्रह्मकुमारी आदि अनेकानेक मतों के लिए स्कोप है या जन्म ले सकते हैं। सत्य यह है कि वहाँ कुछ और जन्म ही नहीं ले सकता। वहाँ एक ही चीज जन्म ले सकती है, ईसाइयत में केवल ईसाइयत, इसलाम में केवल इसलाम, परंतु ईसाइयत व इसलाम में जो थोड़ा अलग मत बने भी, आज इन दोनों की प्रमुख धारा ने उन छोटी-छोटी ईसाई व इसलाम की भिन्नताओं जैसे खोजा, वोरा, अहमदिया, बैपटिस्ट आदि-आदि को गैर-ईसाई व गैर-इसलामिक घोषित

कर दिया है और उनके प्रति इसलाम व ईसाइयत में से मुख्य धारावाले समाज के व्यक्ति अत्यधिक हिंसक दिखाई देते हैं। इसलिए इनमें अन्य कुछ का जन्म लेना ही संभव नहीं है तो फिर अन्य किसी संप्रदाय को, मजहब को, रिलीजन को संरक्षण कहाँ से होगा? इसलिए विविधताओं में अगर जी सकते हैं, उनका सम्मान कर सकते हैं तो 'वी आर द ओनली गारंटर' और इसलिए आज सारी दुनिया यानी षड्यंत्रकारी ताकतें, इस 'गारंटर' को समाप्त करने के लिए एकजुट होकर लगी हैं।

हिमालयीन देशों की मौलिक संस्कृति ही एकमात्र मानवतावादी संस्कृति है

जब हम हिमालय की चर्चा करते हैं, अपनी संस्कृति की चर्चा करते हैं तो अनेक प्रकार की समस्याएँ मुँह बाए सामने खड़ी हैं। एक, आज हिमालय शांत नहीं है, बल्कि आतंकवाद एवं साम्राज्यवादी विस्तारवाद से पीड़ित है। दूसरा, हिमालय की जातियाँ अपनी पहचान खोती जा रही हैं, तेजी से उनका शिक्षा, विकास, स्वास्थ्य व सहायता रूपी लालच से मतांतरण हो रहा है। तीसरा, दिन-प्रतिदिन अनाप-शनाप वनों का कटान, पर्यावरण का विचार किए बिना विशालकाय बाँधों का निर्माण आदि के कारण प्रदूषण का खतरा बढ़ रहा है। चौथा, हिमालय में बढ़ती बेरोजगारी के कारण पलायन बढ़ा है। पाँचवाँ, हिमालय व हिमालयवासियों के बारे में बहुत अज्ञान, लोग यहाँ तक कह देते हैं कि वे जंगली हैं, विदेशी हैं।

आओ, अब भौगोलिक रूप से विचार करें तो सिंगापुर से लेकर ईरान तक हिमालय माना जाता है और हम आज सीमित संदर्भ में विचार करें तो हिमालय में तिब्बत, नेपाल, भूटान और भारत दिखाई देता है, उसमें थोड़ा सा बाएँ-दाएँ फैलें तो बँगलादेश और पाकिस्तान का पर्वतीय क्षेत्र और थोड़ा फैलें तो म्याँमार और अफगानिस्तान दिखाई देते हैं। मुझे एक घटना स्मरण आती है। मैं पूज्य दलाईलामा जी से 12 अगस्त, सन् 2000 को 'की गोंफा' में दर्शन और भेंट के लिए गया, कालचक्र का आयोजन था। हिमाचल के उस समय के राज्यपाल श्री विष्णुकांत शास्त्री, जो आजकल उत्तर प्रदेश में हैं तथा उनके साथ तत्कालीन मुख्यमंत्री श्री प्रेमकुमार धूमल भी थे। कार्यक्रम का उद्‌घाटन होने के बाद मैं पूज्य दलाईलामाजी से मिलने के लिए गया, पहले से निश्चित था कि भेंट व्यक्तिगत होगी। अनेक बातें हुईं और उन बातों के समय उन्होंने एक वाक्य कहा, जो इतना सारगर्भित है, जो बहुत कुछ बोलता है, जो सबकुछ बोलता है। पू. दलाईलामाजी ने कहा कि 'जब तिब्बत, नेपाल, भूटान, म्याँमार, श्रीलंका और भारत पड़ोसी हैं, वी नीड ओनली टेन टु हंड्रेड पुलिसमैन, ऑन ईच बॉर्डर, देयर ईज नो डेंजर टू पीस, सिक्योरिटी, इंटेग्रेटी

एंड डेवलपमेंट, परंतु जैसे ही पड़ोसी के रूप में चीन, पाकिस्तान, बँगलादेश हैं, वी हैव एवरी डेंजर टू पीस, सिक्योरिटी, इंटेग्रेटी एंड डेवलपमेंट। लाखों की फौज चाहिए, करोड़ों रुपए का प्रतिदिन का खर्चा है, तो भी प्रश्न का कोई उत्तर नहीं, समस्या का कोई समाधान नहीं।' सत्य यह है कि हिमालय व हिमालयी संस्कृति मानवीय है, विदेशी चिंतन व आचरण अमानवीय है। पूज्य दलाईलामाजी की बात से यह सब सामने स्पष्ट दिखता है, उसको समझने के लिए किसी ग्रंथ की जरूरत नहीं, किसी तर्क की जरूरत नहीं, उसके लिए किसी बुद्धिजीवी की भी मुझे और आपको जरूरत नहीं है, सामने दिखता है, प्रत्यक्ष को प्रमाण की आवश्यकता नहीं है और इसलिए उस महापुरुष ने, उस देवपुरुष ने जो अपनी धरती से चालीस-पचास साल से निर्वासित है, जो एक सौम्य चेहरा लिये है, जो अपने स्वतंत्रता-संग्राम के समर्थन में शांति के मार्ग से विश्व जनमत जुटाने के लिए जूझ रहा है—उसकी पीड़ा और दुःख कितना भयानक होगा? यह कल्पना ही की जा सकती है, वह अनुभव भी की जा सकती है और इसलिए उस महापुरुष ने एक छोटे से वाक्य में सबकुछ स्पष्ट बता दिया। सच ही कहा है—'जो न समझे वह अनाड़ी है'।

भारतीयता व हिंदुत्व एक-दूसरे के पूरक हैं

आज हिंदुत्व विश्व भर में चर्चा का विषय बन चुका है। भारतीय विद्वान् एवं मनीषी श्री सुदर्शन के अनुसार आज हिंदुत्व भारत में ही नहीं, विश्व में सेंट्रल स्टेज पर अपनी जगह बना चुका है। कुछ लोग कहते हैं कि हिंदुत्व नहीं, भारतीयता कहो। भारतीयता में भौगोलिकता भी है, जबकि हिंदुत्व विश्व भर को छूता है। एक उदाहरण से हम सरलता से समझ सकते हैं 'शरीर और आत्मा'। शरीर बिना आत्मा के मृत (डेड बॉडी) है और आत्मा बिना शरीर के भूत-प्रेत है। शरीर व आत्मा के मेल से ही मानव है। आज इसी प्रकार का भारतीयता व हिंदुत्व का संबंध है। हिंदुत्व और भारतीयता भारत के संदर्भ में अभिन्न (अनसेपरेबल) हैं। इनको एक-दूसरे से अलग करने का षड्यंत्र स्पष्ट करता है कि ऐसी ताकतें भारत, इसकी संस्कृति व इसके माननेवाले मानव-समूह को मृत अथवा भटकती रूह बनाना चाहते हैं। इसलिए जो लोग यह चर्चा करते फिरते हैं कि हिंदू-हिंदुत्व की बात मत करो, वे या तो विदेशियों के हाथों में बिके हैं या किसी षड्यंत्र के शिकार होकर भारत की आत्मा से भी खेलने में परहेज नहीं कर पा रहे हैं। भारत को तोड़ने व पुनः गुलाम बनाने की साजिश स्पष्ट झलकती है।

हिंदुत्व में अनुसूचित जाति व जनजाति पहचान की पूर्ण सुरक्षा है

कुछ लोग यह कहते फिर रहे हैं कि हिंदुत्व में गिरिवासी, वनवासी, अनुसूचित जाति व जनजातियों की पहचान को खतरा है। हिंदुत्व इनकी पहचान को मिटा देगा। यह हिंदुत्व को जानबूझकर बदनाम करने का तरीका है। सत्य यह है कि हिंदुत्व एकरूपता व समानता नहीं, बल्कि एकात्मता व समरसता है। एकरूपता व समानता अधिक शारीरिक क्रियाएँ हैं और इन शारीरिक क्रियाओं में ममता अर्थात् अपनेपन की आत्मा प्रवेश हो जाने से एकात्मता एवं समरसता का जन्म होता है। हिंदुत्व की बड़ी पहचान 'राम' है। राम ने भैया बनाया केवट को, जो कि मल्लाह थे। राम पुत्र बने जटायु के, जो एक जनजाति के थे और भिलनी, जो गरीब, अनपढ़, तथाकथित अनुसूचित जाति की थी, के हाथ से जूठे बेर यानी खाद्यान्न खाकर प्रभु ने एकात्मता एवं समरसता की गंगा बहाई है। हम हजारों-लाखों वर्षों का विचार करें तो दिखाई देगा कि प्रत्येक जाति, उपजाति, भाषा-बोली, वेशभूषा, परंपराएँ एवं पूजा-पद्धति, नृत्य, संगीत, सब बदल गया। एक बार मेघालय के क्रिश्चियन बने कुछ खासी लोग हिप्सटन राय के नेतृत्व में अमेरिका प्रवास पर गए। वहाँ के लोगों ने उनको अपनी वेशभूषा में नृत्य करने व अपना गाना गाने को कहा। नागा लोगों ने पश्चिमी वेशभूषा में डिस्को नाचा, पॉप गाया—अमेरिकन ने कहा, 'no-no it is not your, it is our, what is your, we want yours' तब खासिओं को भारी झटका लगा। अरुणाचल के मुख्यमंत्री श्री मुकुट मिथी ने कहा, जब ईसाइयत हमारे पास आया, उसने हमें शिक्षा व विकास दिया, तब हम बहुत खुश हुए, परंतु जब सँभले और आँखें खोलीं और जब मूल्यांकन करने लगे तो ध्यान में आता है कि हमने बहुत भारी कीमत चुकाई है। हमें अपनी धरती, वेशभूषा, परंपराएँ, पूर्वज, पूजास्थल, पूजा-पद्धति, भाषा आदि सब कुछ देना पड़ा है। उनका अहसान नहीं है, बल्कि हमारे ऊपर इन मजहबों ने हम भोले-भाले प्रकृतिप्रेमी लोगों के साथ सभ्यतायी बलात्कार किया है और हमने बहुत भारी कीमत दी है।

हिंदुत्व पूजा-पद्धति नहीं, जीवन-शैली है

आज इस बात पर भी बहस चली है कि हिंदुत्व एक पूजा-पद्धति है। वैसे तो भारत के सर्वोच्च न्यायालय ने एक केस की सुनवाई में निर्णय सुनाया है कि हिंदुत्व पूजा-पद्धति नहीं, जीवन-शैली है। ऊपर दिए विश्लेषण से भी यह स्पष्ट होता है कि हिंदुत्व कोई पूजा-पद्धति नहीं है। हजारों-हजार पूजा-पद्धतियाँ इसमें समाहित हैं। और नई-नई पूजा-पद्धतियाँ जन्म ले रही हैं। हाँ, कुछ पूजा-पद्धतियाँ

व उनके मतावलंबी स्वयं को सीधा हिंदू कहते हैं। इसलिए भ्रम पैदा करने का प्रयास होता है। भ्रम पैदा करनेवाले बौद्धिक भ्रष्टाचारी हैं। वे सत्य को असत्य, ठीक को गलत, समन्वय को कट्टरता, मानवता को मजहब में प्रस्तुत कर रहे हैं। ऐसे नेताओं व बुद्धिजीवियों से सावधान रहना होगा, क्योंकि वे मानवता विरोधी हैं। समाज को बाँटने में ही उनको सुख मिलता है। हिंदुत्व को पूजा-पद्धति के बंधन में मत बाँधिए, यह तो एक जीवन-पद्धति है, यही मानने से सत्य स्पष्ट दिखाई देगा तथा वह कल्याणकारी व मंगलमयी होगा।

हिंदुत्व को नरमपंथी-कट्टरपंथी बोलना या मानना एक गहरी साजिश है

श्रेष्ठ ऋषि तुल्य पूज्य बालासाहब देवरस कहा करते थे कि एक दिन आएगा, जब हिंदुत्व विस्फोट करेगा और आज हिंदुत्व को लेकर चलनेवाले लोगों को पीछे ढकेल, जो हिंदुत्व विरोधी हैं, वे स्वयं को हिंदुत्ववादी कहने लगेंगे, आज यह बात बहुत स्पष्ट दिखाई दे रहा है। सभी राजनैतिक दल आज स्वयं को हिंदुत्ववादी घोषित कर रहे हैं, परंतु ये राजनीति के इतने शिकार हो गए हैं कि हिंदुत्व को भी बाँटने में संकोच नहीं कर रहे हैं। कहते हैं कि स्वार्थी राजनेता समाज तोड़क हैं, उनकी सत्ता व ताकत जोड़ने में नहीं, तोड़ने में ही है। इसलिए गांधी-विवेकानंद वर्सेस गोलवलकर-सावरकर का हिंदुत्व, नरमपंथी एवं कट्टरपंथी हिंदुत्व, तोगड़िया-मोदी वर्सेस अटल-अडवाणी का हिंदुत्व, कांग्रेस-कम्युनिस्टों के मुकाबले में भाजपा वालों का हिंदुत्व आदि-आदि रूप में हिंदुत्व को बाँटने का प्रयत्न आज अनेक राजनेता व बुद्धिजीवी कर रहे हैं। मेरा इन सभी से आग्रह है कि राजनैतिक स्वार्थपूर्ति के लिए इन्हें हिंदुत्व से खेलना बंद करना चाहिए। लोगों को तथाकथित सेक्यूलरिस्टों व बुद्धिजीवियों की धूर्तता को समझना चाहिए। हिंदुत्व न तो कट्टरपंथी अथवा नरमपंथी है और न ही पार्टीबाजी में फँसा है। हिंदुत्व ईश्वरप्रदत्त, एकमात्र मानवीय अवधारणा है, परंतु यह अवश्यमेव सुखद है कि आज सभी अपने को हिंदू साबित करने की होड़ में लगे हैं।

हिंदू व हिंदुस्तान ही सेक्यूलर व सेक्यूलरिज्म की गारंटी है

अनेक लोग यह कहते नहीं थकते कि हम हिंदू नहीं, सेक्यूलर हैं। यह अधूरा सत्य है या पूरा झूठ भी कहा जा सकता है। पूर्ण सत्य क्या है कि हम हिंदू हैं और भारत हिंदू देश है, तभी तक सेक्यूलर व सेक्यूलरिज्म जीवित है। आज ममता, माया, जयललिता, विश्वनाथ प्रताप सिंह, चंद्रशेखर, मुलायम, लालू, दिग्विजय, सुशील

शिंदे, चंद्रबाबू नायडू, ओमप्रकाश चौटाला, वीरभद्र सिंह, प्रकाश सिंह बादल, ज्योति बसु, हरिकिशन सिंह सुरजीत, अटल, अडवाणी आदि ये सभी हिंदू हैं, तभी तो सेक्यूलर हैं, सेक्यूलरिज्म जिंदा है। जिस दिन ये और हम हिंदू व देश हिंदू नहीं रहेगा, उस दिन धरती पर से सेक्यूलर व सेक्यूलरिज्म खत्म हो जाएगा। हिंदू ही सेक्यूलर व सेक्यूलरिज्म की गारंटी है, ऐसा संघ मानता है और यह ऐतिहासिक सत्य भी है। भारत का राष्ट्रपति व सर्वोच्च न्यायाधीश मुसलिम, ईसाई हो सकता है, परंतु किसी भी मुसलिम व ईसाई देश का शिखर पर बैठा सत्ताधीश व अन्य सर्वोच्च पदों पर बैठे लोगों में हिंदू नहीं हो सकता और न ही मिलता है। परंतु कोई-कोई ऐसे देश भी मिलते हैं, जिन्होंने इसलाम व ईसाइयत को अपने-अपने राष्ट्रीय परिवेश में ढाला है। हम पहले हिंदू हैं, तभी सेक्यूलर हैं। जैसे यह एक विवाद चलता है कि आर्य व भारतीय पुराने शब्द हैं, हिंदू कुछ हजार वर्ष पूर्व आया है, इसलिए यह नया है, इस पर भी चर्चा आगे करेंगे, परंतु हिंदू शब्द में विशालता है तथा सेक्यूलर शब्द से बहुत अधिक प्राचीन है। आजकल सेक्यूलर का मतलब है जो हिंदू को कट्टर मानकर विरोध करे तथा इसलाम व ईसाइयत की हर घातक गतिविधि के सामने नतमस्तक हो। आवश्यकता है सेक्यूलर की इस षड्यंत्रकारी सोच का पर्दाफाश किया जाए।

अगर हिंदू, मुसलिम, ईसाई भाईचारा है तो भारत कटना नहीं चाहिए, बल्कि अखंडता अधिक मजबूत होनी चाहिए

एक प्रश्न यह भी खड़ा होता है कि अगर हिंदू, मुसलिम, ईसाई भाईचारा है तो फिर आज भारत, नेपाल आदि देशों के किसी भी भूभाग में मुसलमान अथवा ईसाई अधिक हो जाने से उस-उस भूभाग के लोग भारत या नेपाल से अलग होने का आंदोलन क्यों शुरू कर देते हैं ? लेख में केवल भारत का विचार करते हुए एक प्रश्न खड़ा होता है कि इन मजहबों में जाने के पश्चात् वे लोग भारत की एकता व अखंडता को मजबूती क्यों नहीं दे पाते, जबकि सच बिल्कुल स्पष्ट दिखाई दे रहा है, जहाँ-जहाँ मुसलिम अथवा ईसाई अधिक हुए हैं—वे भूभाग अलगाववादी आंदोलन की जकड़ में जकड़े जाकर भारत को तोड़नेवाली गतिविधियों में संलिप्त हो जाते हैं। सन् 1947 की याद आज भी ताजा है। अगर भाईचारा है तो फिर भारत विभाजित क्यों हुआ ? आज नागालैंड, मिजोरम, मेघालय, त्रिपुरा आदि में अलगाववादी, आतंकवादी आंदोलनों का नारा है कि 'हम भारत से अलग हैं।' कश्मीर, पूर्वोत्तर भू-भाग तथा भारत के अन्य भू-भाग में चलनेवाले आंदोलन, 'हिंदुस्तानी कुत्तो

वापस जाओ', 'पाकिस्तान जिंदाबाद', के नारे लगाते हुए भारत से आजादी अर्थात् अलग होने की माँग कर रहे हैं और ऐसी विघातक प्रवृत्तियों के खिलाफ मुसलमानों व ईसाइयों का कुछ नहीं बोलना, भारत में इसलाम व ईसाइयत को कठघरे में खड़ा करता है। इसका उत्तर हिंदुओं को नहीं, इसलाम, ईसाई मतावलंबी एवं इनका पक्ष लेकर हिंदुत्व को कोसनेवाले नेताओं व बुद्धिजीवियों को देना होगा। यह बात और अधिक स्पष्ट करनी हो तो ध्यान में आएगा कि आज राष्ट्रध्वज, राष्ट्रगान, राष्ट्रीय मानबिंदुओं, राष्ट्रीय पर्वों को चर्च, मसजिद में सम्मान प्राप्त होना तो दूर की बात, उनके मतावलंबी इसका भयंकर विरोध कर रहे हैं। तथाकथित सेक्युलरिस्ट तो इस दौड़ में स्पर्णपदक लेने की सोचते हैं। आज हिमालयन देशों में अनेक आतंकवादी आंदोलन चल रहे हैं। मंदिर, गुरुद्वारे, संसद्, विधानसभा, पुलिस व फौज की छावनी व नागरिकों पर आतंकवादियों के हमलों के समाचार सुने, पढ़े व देखे जाते हैं, परंतु चर्च व मसजिद पर हमला हुआ, यह समाचार अभी तक नहीं पढ़ा। क्या इस प्रश्न का समाधान खोजे बिना सत्य को जान सकेंगे? सत्य से आँखें मूँदी जा सकती हैं, परंतु उसकी स्थापना नहीं हो सकती। यह समाचार अवश्य पढ़ा है कि आतंकवादियों ने चर्च व मसजिद में शरण ली है। हिंदू भी विश्व के अनेक देशों में रहता है, परंतु विश्व में कहीं भी हिंदू के कारण उस देश की अखंडता पर आँच नहीं आई है, संभवतया ऐसा एक भी उदाहरण नहीं मिलेगा। हिंदू विश्व के किसी भी देश में हो, वह वहाँ का निष्ठावान नागरिक बनकर रहता है।

हिंदुत्व ही प्रत्येक के स्वातंत्र्य एवं सम्मान का संरक्षक है

मानवीय जीवनमूल्य है, व्यक्ति की स्वतंत्रता एवं पशु-पक्षी का संरक्षण। गऊ एक ऐसा पशु है जो कोई भी भेदभाव नहीं करता है। वह प्रत्येक दलवाले, मजहबवाले, भाषा-बोलीवाले को दूध, मूत्र व गोबर देती है। मूत्र से औषधियाँ बनती हैं, जो कमजोरी, बीमारी में लाभप्रद होती हैं। गोबर से खाद व ईंधन बनता है, जिससे पौष्टिक खाद्यान्न मिलता है तथा उन्हें स्वादिष्ट बनाकर खाने के लिए ईंधन का उपयोग होता है। दूध से नानाविध खाद्य पदार्थ तैयार होते हैं, जो स्वास्थ्यवर्धक होते हैं। फिर मुसलमान, ईसाई व तथाकथित सेक्यूलरिस्ट गऊहत्या का समर्थन क्यों करते हैं या गऊहत्या बंदी कानून का विरोध क्यों करते हैं और इस प्रश्न का उत्तर तो अवश्य चाहिए ही। इसके उत्तर को टालना उचित नहीं है। गहराई से विचार करेंगे तो लगेगा कि गऊहत्या बंदी कानून बनना मानवीय पक्ष है। इस कानून का विरोध करना अथवा कानून बनने नहीं देना घोर सांप्रदायिकता है, पिछड़ापन

व अमानवीय है। इसी प्रकार से जब मनुष्य जन्मता है तो उसे माता-पिता, जाति, जुबान, भाषा-बोली व पंथ (रिलीजन) मिल जाता है। यह सब मनुष्य को प्रकृति तथा प्रभु की देन है। लालच से, भय से अथवा बहला-फुसलाकर मतांतरण करना अर्थात् धर्म (मजहब, रिलीजन) बदलना प्रत्यक्ष प्रभु से धोखा व बेईमानी है। इसलिए प्रभु-सेवा एवं मानव-सेवा तो इसी बात में है कि मतांतरण (या धर्मांतरण) विरोधी कानून बने, ताकि व्यक्ति-स्वातंत्र्य का पोषण हो। जो इसका विरोध करते हैं, इसका अर्थ साफ निकल आता है कि वे लोग ईश्वर तथा मानवता का ढोंग रचते हैं और इन विदेशी ताकतों की कठोर सच्चाई यह है कि ये ईश्वर व मानवता विरोधी हैं, कट्टरपंथी हैं, असहिष्णु हैं। क्योंकि ईश्वर एक है, इसलिए विश्व भर का मनुष्य समान है, सभी प्रकार के जीवों के रक्त का खून भी लाल है। प्रभु के पास वैरायटीज (विविधताओं) की कमी नहीं है। हिंदुत्व ही व्यक्ति-स्वातंत्र्य का संरक्षक एवं पशु-पक्षी का संवर्धक है। हम गंगा मैया का उदाहरण लें। गंगा मैया में सभी जातियों व धर्मों (मजहबों) के लोग स्नान कर पावित्र्य प्राप्त करते हैं। गंगा मैया किसी से कोई भेदभाव नहीं करती। ऐसा तो नहीं कि हिंदू के पाप (बुरे) कर्मों का तो नाश करती है और मुसलमान व ईसाइयों के पाप (बुरे) कर्म दूर करके मन को निर्मल नहीं बनाती है। इसलिए आज आवश्यकता है—गऊ हत्याबंदी पर कानून बने, मतांतरण पर रोक का विधान हो, गंगा मैया की पवित्रता स्थापित रहे और सभी को मिलजुलकर, एकजुट होकर यह आवाज बुलंद कर सत्ता पर दबाव बनाना चाहिए, ताकि मानवीय जीवन-मूल्यों की दृढता से स्थापना हो।

आर्य, भारतीय, हिंदुत्व का विवाद व्यर्थ है—हिंदुत्व विकास का मार्ग है

यह विवाद आज चला है कि आर्य, भारतीय यह पुराना शब्द है, हिंदू तो विदेशियों के कारण मिला है। यहाँ एक प्रश्न और भी खड़ा होता है कि फिर इंडियन तो बिल्कुल अभी-अभी, दो-तीन सौ वर्ष पहले ही अंग्रेजों द्वारा हमारा नाम रखा है। यह कैसी विडंबना है कि आज इंडिया व इंडियन को तो स्वीकार कर लिया है और हिंदू व हिंदुत्व को विवादग्रस्त बनाया जा रहा है। पिछली अनेक शताब्दियों में ही नहीं, बल्कि सहस्राब्दी से शंकराचार्य, चाणक्य आदि के समय से पूर्व हिंदू शब्द का प्रचलन हुआ तथा आज विश्व भर में हिंदू शब्द सर्वमान्य हो चुका है। हिंदू-भारतीय आदि का यह विवाद निरर्थक है तथा स्वाभिमान को चोट पहुँचानेवाला है। पश्चिम ने तो एक षड्यंत्र के तहत यह सिद्धांत भी पैदा करने की कोशिश की कि 'आर्य' बाहर से आए हैं। सत्य से हटाने एवं समाज को गुमराह करने अथवा पागल

बनाने के लिए समाज व मानव को उसके भूतकाल से काटना या उसके भूतकाल (यानी इतिहास) को भ्रमित प्रस्तुत करना, यह एकमेव षड्यंत्रकारी मार्ग होता है, जो विदेशियों ने हिमालय व उसकी गोद के मानव समूहों पर सफलतापूर्वक लागू किया है। आज समाज जाग चुका है और इस भ्रम पर चोट करता दिखाई दे रहा है। गुरु नानकदेवजी, छत्रपति शिवाजी से लेकर विवेकानंद, अरविंद, सावरकर, गांधी, डॉ. हेडगेवार, गोलवलकर और आज तक का हिंदू यह शब्द आर्य, भारतीय का पर्याय बन अपने वैश्विक स्वरूप को स्थापित कर चुका है। जैसे तार में करंट होता है और उसे छेड़ा तो विनाश, सदुपयोग किया तो विकास। इसी प्रकार से हिंदुत्व भी है। आज हिंदुत्व को बदनाम करने की बजाय हिंदुत्व को वैश्विक शांति, भाईचारा और विकास के लिए सदुपयोग करने की आवश्यकता है।

हिमालय का 'हि' तथा समुद्र का पयार्यवाची नाम 'इंदु' लेकर हिंदू बना हैं। हिमालय से समुद्र के बीच के भू-भाग में रहनेवालों को हिंदू कहा गया है और उस भू-भाग को आर्यावर्त, भारतवर्ष व हिंदुस्तान कहा जाता है। ऐसा भी माना जाता है कि अन्य अनेक देशों के लोग 'स' को 'ह' बोलते थे, इसलिए सिंधु के इस एवं उस पार के लोग हिंदू कहलाए। परंतु आज 'हिंदू' शब्द प्रतिष्ठित व स्थापित है। विश्व के पिछले सैकड़ों वर्षों में अनेक महापुरुषों ने यह भविष्यवाणी की है कि वर्तमान काल वैश्विक सभ्यताओं के टकराव का युग है। आज दो असहिष्णु कट्टरपंथी सभ्यताएँ इसलाम व ईसाइयत बुरी तरह से प्रत्यक्ष टकरा रही हैं। साम्यवाद भी साम्राज्यवादी विस्तारवाद का प्रतीक बनकर कहर ढहा रहा है। तिब्बत हड़पा है, हिमालय पर कुदृष्टि है। अन्य अनेक देशों पर निगाहें टेढ़ी हैं। धीरे-धीरे विश्व को इन्होंने तृतीय महायुद्ध की विभीषिका में ढकेल दिया है। इस टकराव का स्पष्ट अर्थ है 'नरसंहार' व भयानक बरबादी। इस नरसंहार एवं विनाश को रोकने का सामर्थ्य केवल हिंदुत्व में है। यह शक्ति थियोक्रेटिक विचार इसलाम, ईसाइयत आदि में नहीं है और न ही विस्तारवादी साम्यवाद में है। महर्षि अरविंद के शब्दों में 'विभाजन अप्रासंगिक है।' विवेकानंद के शब्दों में—'हिंदुत्व के विस्फोट का समय आ गया है।' नास्ट्रेडम के अनुसार—'हिंदुत्व को विश्व का मार्गदर्शन करने हेतु तैयार करना होगा।' संघ इसी श्रेष्ठ कार्य को पिछले 77 वर्षों से निष्ठापूर्वक सभी चुनौतियों में से गुजरते हुए कर रहा है।

□

भारत में स्वदेशी एवं विदेशी पंथों में समन्वय का आधार

सन् 2002 के विजयादशमी के भाषण में राष्ट्रीय स्वयंसेवक संघ के पू. सरसंघचालक मा. श्री सुदर्शनजी ने इसलाम के भारतीयकरण एवं चर्च के स्वदेशीकरण का विषय मुखर किया था। उसके समर्थन तथा विरोध में बहुत चर्चा चली। लेकिन जो राष्ट्रीय मुख्यधारा से स्वयं को जोड़ना चाहते थे, ऐसे मुसलमानों ने 'राष्ट्रवादी मुसलिम आंदोलन एक नई राह' नाम से एक नई शुरुआत की। देश भर में मुसलमानों के कार्यक्रमों में अपने भाषण में बोलते हुए जो विचार मैंने रखे, उन्हें दो-तीन लेखों में लिपिबद्ध किया है।

भारत में संख्याबल की दृष्टि से मुसलमान दूसरे-तीसरे क्रमांक पर हैं। परंतु दोनों प्रमुख समुदायों में समन्वय का अभाव है। भारत को अगर प्रगति के पथ पर अग्रसर होना है तो हिंदू और मुसलमान तथा ईसाइयों के बीच समन्वय स्थापित होना बहुत आवश्यक है। एक-दूसरे के प्रति जो अविश्वास की भावना है, संदेह की मानसिकता है, उसको हटाकर आज सौहार्द की, समन्वय की तथा राष्ट्रीयता की भावना जाग्रत् करने की आवश्यकता है। यह असंभव सा लग सकता है, पर है नहीं। प्रयास करने पर समन्वय के आधार खोजे जा सकते हैं। एक शायर ने कहा है—

मुश्किलें हैं मुश्किलों से घबराना क्या?
दोस्त, दीवारों में ही दरवाजे निकलते हैं।

पहली बात, हम जिसको अल्लाह कहते हैं, खुदा कहते हैं, रब कहते हैं, वाहे गुरु कहते हैं या गॉड कहते हैं, भगवान, ईश्वर या परमेश्वर कहते हैं, ये सभी उस सर्व-शक्तिमान् के ही नाम हैं। इन सब नामों का एक साँझा नाम है, वह है

'ऊपरवाला'। दुनिया के सब मुल्कों में इस सर्वशक्तिमान् को, Almighty को God, अल्लाह, भगवान्, वाहे गुरु को सब लोग 'ऊपरवाला' कहते हैं। और जब किसी को उससे फरियाद करनी होती है या दुआएँ माँगनी होती हैं तो हाथ फैलाकर ऊपर की ओर देखकर ही करता है न, कि दाएँ-बाएँ, नीचे देखता है और हाथ फैलाता है। दुनिया में 616 करोड़ जनसंख्या है और सैकड़ों-हजारों तरह के मजहब हैं। ये सभी लोग उस सर्वशक्तिमान् को, Almighty को 'ऊपरवाला' ही कहते हैं।

यह जो ऊपरवाला है, उसने यह दुनिया बनाई। जब उसने दुनिया बनाई तो सबसे पहले जमीन बनाई। जमीन रेत भी है, मिट्टी भी है, दलदल भी है, कीचड़ भी है, बड़ी-बड़ी चट्टानें भी हैं, तो पहाड़ भी हैं। उसमें खनिज हैं, धातुएँ हैं। और यह सबके लिए साँझी बनाई है। दूसरी जो चीज ऊपरवाले ने बनाई, वह है जंगल, यानी पेड़-पौधे। जिसमें औषधियोंवाले, अन्नवाले, सदाबहार, सूखनेवाले, फूलवाले, काँटेवाले, फलवाले और जहरीले पेड़-पौधे भी हैं। तरह-तरह के उपचार करनेवाले अर्थात् औषधियुक्त पौधे भी हैं। ये सब ऊपरवाले ने बनाया और किसी ने नहीं। अन्य चीज जो ऊपरवाले ने बनाई, वह है जल यानी पानी। यह ऊपरवाले ने दिया है और सारी दुनिया में समुद्र, नदियाँ, तालाब, बावड़ी आदि के रूप में उपलब्ध हैं।

इसी के साथ उसने सबको रोशनी (प्रकाश) भी दी है। वह सूरज के, चाँद के, तारों आदि के रूप में दी। उसने हवा भी दी और हवा के अंदर नाना प्रकार की गैसें हैं तथा उसमें प्राणवायु भी दी, जिससे आदमी जिंदा रहता है। उसी ने अग्नि भी दी, लेकिन इन सबमें सबसे बेहतरीन चीज आदमी यानी मानव की उत्पत्ति है। उसने ही जीव, जंतु, पक्षी आदि बनाए हैं। यह Creation man-made नहीं है, बल्कि Creation of God है।

अब अगर हम विचार करेंगे तो दुनिया में हम और आप सब झगड़े मजहब के नाम पर, संपत्ति के नाम पर, औरत के नाम पर या सत्ता आदि अनेक बातों के लिए करते हैं। इसलिए कभी-कभी ऐसा लगता है कि शायद ऊपर भी झगड़ा है। परंतु ऊपर कोई झगड़ा नहीं। गॉड, अल्लाह, भगवान्, वाहेगुरु, इनमें कोई झगड़ा नहीं, क्योंकि वह एक है। 'वह' एक ही है, इसका सबसे अच्छा उदाहरण तो यह है कि उसकी Creation सबके लिए एक जैसी है। उसने आदमी बनाया। यह आदमी किसी भी जात का हो, किसी भी मजहब का हो, किसी भी देश का हो, एक ही दिलवाला है और सबके बाएँ ओर ही दिल लगा हुआ है। सबका खून भी एक ही लाल रंग का है। ऐसा नहीं है कि अल्लाह के बंदों का खून का रंग हरा

और गॉड के मनुष्यों के खून का रंग सफेद। इसका मतलब ऊपर तो सब एक है। There is no differences at the top. अल्लाह, गॉड, वाहेगुरु, भगवान् इन सबकी Creations समूचे दुनिया में एक जैसी है। उसमें कोई भेदभाव नहीं, कोई टकराव नहीं। इस बात को बड़े आराम से समझा जा सकता है। परंतु अगर कोई न समझना चाहे तो उसका कोई इलाज नहीं है। ऊपर सब एक है इस सत्य को न समझने के कारण ही नीचे झगड़े हैं, यह बात हमको ठीक तरह से समझनी चाहिए।

ऊपरवाले ने तो जमीन, जंगल, औषधि, रोशनी, हवा, पानी, सबके लिए बनाई। उसने यह नहीं कहा कि सूरज हिंदुओं को रोशनी देगा, चाँद-तारा मुसलमानों को और टिमटिमाता दीया या मोमबत्ती ईसाइयों को। उसका काम था रोशनी देने का तो उसने सारी दुनिया को रोशनी दी है। इसमें उसने बँटवारा नहीं किया। उसने पानी दिया तो सबको दिया। उसने हवा दी तो सबको दी। जहाँ जैसा वातावरण था, उसने उसके अनुसार जीवित रहने का इंतजाम किया; फिर वह चाहे जीव, जंतु, पक्षी हो या इनसान या फिर दक्षिणी-उत्तरी ध्रुव हो या रेगिस्तान, समुद्र हो या आकाश।

यह जो ऊपरवाला है, सर्वशक्तिमान् है। उसके लिए भी अलग-अलग मजहबों में क्या कहा गया है ? कैसा उसका वर्णन किया है ? इसलाम की अगर हम बात करते हैं तो इसलाम में इस ऊपरवाले को रब-उल-आलमीन, यानी वह सबका है, ऐसा कहा है। केवल मुसलमानों का है, रब-उल-मुसलमीन है, ऐसा नहीं कहा गया। मैं कुछ साल पहले सन् 1966 में जब जम्मू-कश्मीर में हजरतबल मसजिद में गया तो वहाँ के मौलवी, इमाम, कादरी साहब से मैंने कहा कि 'आप तो रब-उल-आलमीन कहते हैं, रब केवल मुसलमानों के लिए है, ऐसा नहीं, सबके लिए है, ऐसा कहते हो। तो मैंने पूछा कि हम भी उसमें आते हैं कि नहीं ? या ऐसा है कि रब ने कहा हो कि मैं केवल मुसलमानों की फरयाद सुनूँगा और किसी की नहीं ?' तो उन्होंने कहा कि नहीं, ऐसा नहीं है। वह तो सबकी फरयाद सुनता है। मैंने कहा, 'अगर ऐसा है तो फिर नाम और जुबान (भाषा) बदलने की क्या जरूरत पड़ी है ? क्या ऊपरवाला खास किस्म के नाम रखनेवाले से व जुबान से बात करनेवालों की ही सुनता है या सबकी सुनता है। आप हिंदुस्तान में देखें, भगवान् सभी के हैं। वाहेगुरु ने, राम और कृष्ण ने या ग्रंथों (वेद, पुराण, गीता, श्रीगुरुग्रंथसाहब, आगम, त्रिपिटक आदि) में भी यही कहा है। कहीं पर यह नहीं कहा गया कि भगवान् केवल हिंदुओं का है, सिखों का है, बौद्ध या जैनियों का है, फिर बाल्मीकियों, रविदासियों, अंबेडकरवादियों का है। ऐसा ही बताया गया कि वह तो कण-कण में और जन-जन में है।

इसलिए दुनिया में जितने भी मजहब हैं, उसमें भगवान् के लिए, God के लिए, अल्लाह के लिए, तारक के लिए, ईश्वर के लिए, वाहेगुरु के लिए जो भी कहा गया हो—यही कहा है कि 'तू सारे जहाँ का है और सारा जहाँ तेरे कारण है।' परंतु खाड़ी देश व पश्चिम के देश से आए मजहब व रिलीजनवाले यह कहने लगे कि उनका ही मार्ग ठीक है, सारी दुनिया को उस पर ही चलना है, इस कारण आज नाना प्रकार के टकराव मतांतरण, घुसपैठ, आतंकवाद आदि के रूप में उग्र होते जा रहे हैं।

दुनिया में, विशेष रूप से भारत का कोई भी एक मजहब (संप्रदाय) ऐसा नहीं है कि जिसकी शिक्षा में यह कहा गया हो कि भगवान् केवल उन्हीं का है। वह निराकार उपासक हो, अग्निपूजक हो, ग्रंथपूजक, गुरुगद्दी माननेवाले, मूर्ति-पूजक या प्रकृति धर्म माननेवाला हो—सब जयघोष बोलते हैं, प्रार्थना करते हैं कि प्राणियों में सद्भावना हो, विश्व का कल्याण हो, सर्वे भवन्तु सुखिनः आदि-आदि। उनका यह नारा नहीं है कि केवल हिंदुओं में सद्भावना हो और उनका ही कल्याण हो। यह एक सच है और इस सच को जानने से ही समस्या का हल निकलेगा। इस सच को अगर हम इनकार करेंगे तो जितने चाहो उतने संघर्ष और झगड़े पैदा होंगे। सत्य यह है कि ऊपर सब एक है और सारी चीजें उसकी बनाई हुई हैं। जो नीचे आए, उन्होंने बँटवारा किया है और उस बँटवारे के अंदर कहीं-न-कहीं झगड़े और टकराव मिल गया। नीचेवालों ने ऊपरवाले को बाँटना शुरू किया। एक ने कहा कि मैं तो उसे अल्लाह ही कहूँगा, तो दूसरे ने कहा कि वह तो मेरा वाहेगुरु है, तीसरे ने कहा कि वह मेरा गॉड ही है, तो चौथे ने कहा कि वह मेरा भगवान् है। इसलिए बाँटने का काम तो नीचेवालों ने किया है। ऊपरवाला तो कहता है कि मैं तो एक ही हूँ और सबका हूँ, ये अलग-अलग जुबान (भाषा बोली) में मेरे ही नाम हैं। प्रभु एक है, उसको पुकारने के लिए नाम अनेक हैं।

ऊपरवाले ने जो बेहतरीन चीज—इनसान को बनाया, उसने अपने आपको जातियों में, मजहबों में, अमीर-गरीबों में, पढ़े-अनपढ़ में, नगर-ग्राम-वन व गिरिवासी में बाँट लिया है। मैं ही अच्छा हूँ, मेरा सब कुछ ठीक है, सही है—ऐसा मानने लगा, इसीलिए झगड़े हैं। और इन झगड़ों में उसने ऊपरवाले को भी बाँटना शुरू किया।

इसीलिए हमारा बिल्कुल स्पष्ट चिंतन है कि ऊपर एक ही है। अलग-अलग जुबान में, अलग-अलग जाति और मजहबों के लोग उसको अलग-अलग ढंग से

पुकारते हैं, याद करते हैं, मानते हैं। उसने जो कुछ बनाया, वह सबके लिए समान और साँझा बनाया हुआ है। उसने उसमें कोई बँटवारा अथवा भेदभाव नहीं किया। सर्वपंथसमभाव का ईमानदारी से जिंदगी में व्यवहार ही अनेक झगड़ों को समाप्त करेगा। आज मुसलमान व ईसाई को बार-बार इस बात को स्पष्ट रूप में कहना होगा कि वे सभी पूजा-पद्धतियों का सम्मान करते हैं और इसे व्यवहार में भी लागू करना होगा।

दूसरी बात, जो बिल्कुल साफ है और जिसको हम मानते हैं, वह है आदमी (मनुष्य) की पहचान। हम सबका यह मानना है कि दुनिया में आदमी की, इनसान की, मनुष्य की पहचान मजहब से या जाति से नहीं, वह तो उसकी जमीन से यानी वतन से है। उदाहरण के तौर पर बताना हो तो ऐसा है कि जब यह जमीन बनाई तो जमीनों का नामकरण भी किया और एक वैश्विक नियम बना कि यह जमीन इंग्लैंड है, इसलिए यहाँ के लोग इंग्लिस्तानी या अंग्रेज कहलाते हैं। यह जमीन चीन है, इसलिए वहाँ के लोग चीनी कहलाते हैं। यह जमीन हिंदुस्तान—भारतवर्ष है इसलिए यहाँ के लोग हिंदू हैं—भारतीय हैं। वह जमीन ईरान है, इसलिए ईरानी, वह जमीन जापान है, इसलिए जापानी कहलाते हैं। इनसान को चीनी, जापानी या ईरानी नहीं बनाया। इनसान को तो इनसान के द्वारा भगवान् ने ही बनाया और किस व कौन-सी जमीन पर इनसान पैदा होगा, यह फैसला भगवान् ने किया पर उस जमीन को नाम दिया मनुष्य ने और उस जमीन पर रहने के कारण उसकी यह पहचान बन गई? आज यह एक वैश्विक सिद्धांत है, जिसको कोई भी झुठला नहीं सकता।

मक्का के अंदर जब हज के लिए दुनिया भर के लोग एकत्र होते हैं, वे सब मुसलमान हैं। परंतु वहाँ इसलाम से या मुसलमान से किसी की पहचान नहीं है। जब वहाँ आदमी की या उनके समूह की पहचान करनी होती है तो कैसे करते हैं? तो यह भारतीय है, यह चीनी है, ईरानी है, सूडानी है, अफगानी है, पाकिस्तानी है, तुर्की है—ऐसी पहचान होती है। काबा (मक्का) में आनेवाले सभी लोगों का मजहब एक ही इसलाम में अनेक उपमजहब हैं, परंतु सबकी पहचान अपने-अपने वतन से है, जमीन से है। इतना ही नहीं, इसलाम में अनेक उपमजहब हैं, परंतु मक्का (काबा) में आनेवालों को यह नहीं कहते कि यह शिया है, सुन्नी है, यह अहले-ए-हदीस या अहले-ए-सुन्नत है, बोरा या अहमदिया है, सभी को उसके वतन से ही जाना जाता है।

ठीक उसी तरह से आप देखेंगे कि वैटिकन सिटी (रोम) में जब दुनिया भर के ईसाई एकत्र होते हैं तो वहाँ भी उनकी पहचान, वे किस मुल्क से आए हैं, उनके नाम से होती है। रिलीजन या सब रिलीजन के नाम से नहीं अर्थात् यह कैथोलिक है, प्रौटेस्टेंट है, बैपटिस्ट है, मैथोटोलिस्ट है—यह कोई नहीं कहता। इसलिए हम यह मानते हैं कि आदमी की पहचान उसके मजहब से नहीं अपितु वतन से यानी जमीन से है। दुनिया में इनसान कहीं भी चला जाए, लेकिन जब वहाँ उसकी पहचान होती है तो वह उसके मुल्क से, वतन से, देश से होती है। हिंदुस्तान में अन्य देशों से आनेवालों को हम यह नहीं कहते कि ये मुसलमान, ईसाई, बौद्ध, यहूदी आए हैं, बल्कि कहते हैं कि ये अमेरिकन, ब्रिटिश, फ्रेंच, जर्मन, जापानी, चीनी, रूसी, वियतनामी, इजरायली आए हैं।

ऊपरवाले ने हमें इनसान बनाया और इनसान बनकर जब हमने जमीन बाँटी, तो वहाँ के जन को उस-उस जमीन के साथ जोड़कर, उसकी अलग-अलग पहचान बनाई। इसलिए उसकी खुदाई में हम सब इनसान हैं, लेकिन इनसानों की महफिल में हमारी पहचान मजहब नहीं, वतन है। और यह जमीन या वतन आदमी स्वयं नहीं चुनता। मैंने और आपने फैसला नहीं किया कि हम किस वतन में पैदा होंगे। यह फैसला तो ऊपरवाले ने किया है। अल्लाह, गॉड, वाहेगुरु, भगवान्, परमेश्वर ने किया। मुझे और आपको उसने हिंदुस्तान के लिए चुना, इसलिए यहाँ भेज दिया। इसलिए हम आर्य, भारतीय, हिंदू हैं। किसी बाहरी ताकतों के शिकंजे में फँसे कुछ लोग कहते हैं कि भारतीय, हिंदू न कहकर भारतवासी, हिंदुस्तानी कहो। यहाँ आकर एक बात समझनी होगी, आपके मकान में अनेक लोग किराएदार के रूप में मकानवासी हो सकते हैं, परंतु प्रत्येक मकानवासी मकानमालिक नहीं होता। मकानमालिक और मकानवासी का पता एक ही है, परंतु दोनों में अंतर को नहीं समझा तो मार पड़ेगी या घाटे में रहेगा मकानमालिक। बाहरवाले उसकी जमीन व संपत्ति पर कब्जा कर लेंगे। इसलिए वतन या जमीन ऊपरवाला देता है, आदमी नहीं चुनता। इसी से अपने और पराए की भी पहचान करना सरल हो जाता है। इससे अनेक गुमराहपूर्ण संकटों से निकलने का मार्ग भी मिलता है।

तीसरी एक और बात भी है, जो ऊपरवाला देता है, आप और मैं नहीं चुनते। वह है हमारे माँ-बाप यानी पूर्वज। मैं और आप किस माँ-बाप से पैदा होंगे, यह मैंने या आपने या जिसने हमें मजहब दिया, उसने तय नहीं किया। ऊपरवाला फैसला

करता है कि हमारे माँ-बाप कौन होंगे। इसलिए पूर्वज हमारी पहचान हैं और उसी से उस देश में हमारा हक भी बनता है।

इसलिए दुनिया के अंदर जब इनसान आता है तो उसका मजहब बदल सकता है, पर उसकी दो चीजें नहीं बदलतीं। उसके माँ-बाप नहीं बदलते और उसका वतन नहीं बदलता। यानी उसकी जमीन नहीं बदलती और उसके पुरखे नहीं बदलते। वे कभी भी नहीं बदलते। बोलचाल में सदियों के पश्चात् जमीन का कुछ लोग बदल कर लेते हैं, परंतु इतिहास में जाते हैं तो फिर वे लोग भी उसी वतन से जाने जाते हैं।

आदमी को मजहब ऊपरवाले ने नहीं दिया। इसलिए इनसान मजहब बदल सकता है, क्योंकि यह तो किसी रूहानी शख्सीयत ने आदमी को दिया है। दुनिया में लोग मजहब बदलते रहते हैं। कहीं प्यार से व समझ से बदलते हैं, तो कहीं जबरदस्ती से भी बदलते हैं, तो कहीं लालच या धोखे से भी बदले जाते हैं। परंतु क्या इसके कारण उस इनसान के माँ-बाप बदल जाते हैं? उनको कोई नहीं बदल सकता। इसलिए मैं कहता हूँ कि आदमी जिंदगी में कभी-न-कभी मजहब बदल लेता है, पर नहीं बदलता तो अपने माँ-बाप यानी पुरखे, पूर्वज। मजहब बदलने से उसके पुरखे नहीं बदलते, वो वही रहते हैं।

जो ऊपरवाले ने दिया है वह नहीं बदलता। जो बीच में किसी देवता ने, पैगंबर ने, मुनियों ने, फकीर ने, संत-महात्मा ने, दूत ने दिया, वह मजहब होता है, जो बदलता है, बदल सकता है। अगर हमने सोचा कि अपने पुरखे गिनने हैं तो हो सकता है कि सौ, दो सौ, तीन सौ साल पहले मेरे और आपके पुरखे एक ही नाम के निकल आएँ, एक ही गाँव के और एक ही माता-पिता के निकल आएँ। इसलिए हिंदुस्तान में हम किसी भी मजहब के होंगे, हमारा वतन यानी हमारी जमीन और हमारे पुरखे एक ही हैं। हम और आप में कोई भी अमेरिका या इंग्लैंड से, जर्मनी या जापान से या फिर अरब और इराक से नहीं आया, न ही तुर्कीस्तान और सूडान से आया है। मैं और आप पुरखों से और जमीन से इसी हिंदुस्तान के और यहीं के पुरखों के और यहीं की तहजीब के हैं। इसलिए आदमी की उसकी जमीन यानी वतन और उसके पुरखे यानी माता-पिता, यह अपरिवर्तनीय (unchangeable) है, क्योंकि यह ऊपरवाला देता है।

इसीलिए हमारा बिल्कुल साफ-सुथरे शब्दों में कहना है कि हिंदुस्तान के 103 करोड़ लोग, वे किसी भी मजहब के होंगे पर उनका वतन एक ही हैं। हिंदुओं

में, मुसलमानों में या ईसाइयों में भी अनेक मजहब हैं, परंतु पूर्वज एक है, इसी वतन के हैं। इसलिए वतन और पुरखे यह हमारा Common bond है। इसे कोई नकार नहीं सकता। इसे हमें भी नहीं नकारना है। इस बात का नकारना यानी सत्य को अर्थात् ऊपरवाले को नकारना है।

मजहब बदलने से, इबादत करने की पद्धति बदलने से हमारी निष्ठा यानी Loyalty नहीं बदलती। क्योंकि दुनिया में देश के प्रति निष्ठा मजहब से नहीं होती। पूजा-पद्धति (इबादत) यह तो व्यक्तिगत रूप से हर अच्छे इनसान के जीवन में होती है। पर जिसको देशभक्ति या वतनपरस्ती या Loyalty कहते हैं, वह तो हमेशा जमीन के प्रति, पुरखों के प्रति होती है? इस बात को समझना इतना कठिन नहीं बल्कि आसान है। पाकिस्तान, अफगानिस्तान, बँगलादेश, ईरान—ये सभी इसलामिक देश हैं। वहाँ के लोग एक ही धर्म को माननेवाले हैं, एक ही रसूल पर ईमान रखते हैं और एक ही तरीके से नमाज भी अदा करते हैं। बँगलादेश का या पाकिस्तान का मुसलमान अफगानिस्तान में जाता है और वहाँ जाकर 'बँगलादेश जिंदाबाद' या 'पाकिस्तान जिंदाबाद' के नारे लगाता है तो क्या अफगानिस्तान का मुसलमान उसको माफ करेगा? इज्जत देगा? या उसको सजा देगा? आप ही फैसला करो। फैसला साफ है कि वह उसे दुश्मन मानकर ही व्यवहार करेगा। इसका मतलब है कि दुनिया में मजहब यह Common bond नहीं है। आदमी की आस्था उसका वतन है, जमीन है। एक ही मजहब के होने के बाद भी वह अपने वतन से गद्दारी नहीं कर सकता। अपनी जमीन को खोने के लिए वह कभी भी तैयार नहीं है।

जैसे इनसान के लिए उसका मकान उसकी Loyalty है, वैसे ही कौम यानी राष्ट्रीयता के रूप में उसकी Loyalty उसका वतन है। जैसे मकान जिंदगी की एक सच्चाई है। मकान तो आदमी जिंदगी में खरीद-बेच सकता है, परंतु वतन के साथ वह यह नहीं कर सकता और अगर करता है तो गद्दार कहलाता है, चाहे वह किसी भी पूजा-पद्धति, जाति, भाषा व किसी भी स्टेट्स पर हो। इसलिए हमारा स्पष्ट रूप से कहना है, हमारी जमीन यानी वतन और पुरखे यह साझे हैं। इसीलिए हिंदुस्तान में बसे हम लोगों ने अपना मजहब बदला होगा। हमारे पुरखों से लेकर आज तक हो सकता है कि हमने चार-पाँच बार मजहब बदला हो, परंतु हमारा वतन और हमारे पुरखे नहीं बदले। वे वही हैं। हिंदुओं में भी कोई वेद को माननेवाला, कोई आर्यसमाजी, सनातनी होगा, वैसे ही इसलाम के अंदर सुन्नी, शिया, बोरा, ख्वाजा, अहमदी, हनफिया, अहलेहदीस, अहलेसुन्नत—ऐसे अनेक उप मजहब हैं।

इसलिए मजहब तो बदल सकता है। आज हिंदू हैं, कल मुसलमान बना या ईसाई बना या आज मुसलमान या ईसाई है, कल वापस हिंदू बना तो क्या माँ-बाप और वतन बदल गए? इसीलिए मजहब आस्था का, सर्वशक्तिमान् की, अल्लाह की, गॉड की, ईश्वर की इबादत करने का रास्ता है? लेकिन उसके कारण मेरे पुरखे और वतन नहीं बदलते। कहते हैं कि हिंदुस्तान के अंदर ही नहीं, विश्व में भी इस सच्चाई को किसी भी मजहब का आदमी हो, उसे स्वीकार करना ही होगा, क्योंकि यह ऊपरवाले के दिए हुए सच हैं। हमारा वतन साँझा यानी एक है और हमारे पुरखे साँझा यानी समान हैं। हमारा मजहब तो समय-समय पर बदलता रहा है। और हम जिस मजहब में आए, उसको भी अंदर-अंदर बदलते रहे। इसीलिए मजहब परिवर्तनशील है, वतन अपरिवर्तनीय है, पुरखे अपरिवर्तनीय हैं, यह ऊपरवाला देता है।

मैं आर्य समाजी बना स्वामी दयानंद के कारण, स्वामी दयानंदजी ऊपरवाले का पैगाम देते हैं। मैं सिख बना तो गुरु नानकदेवजी के कारण, गुरु गोविंद सिंहजी के कारण—ये भी ऊपरवाले के रूप हैं। आप मुसलमान तो बने अल्लाह के कारण बल्कि नहीं, मोहम्मद साहब के कारण, मोहम्मद साहब उसके रसूल थे। वो ईसाई बने तो गॉड के कारण नहीं बने, वो ईसा मसीह के कारण बने—जो उसका दूत है। इसीलिए ऊपरवाले का एक सिद्धांत है कि जो जन्मेगा इस दुनिया में आकर, चाहे उसका भेजा हुआ ही क्यों न हो, उसकी मौत पक्की है। इसीलिए गॉड की, अल्लाह की या रब की, खुदा की या भगवान की, परमात्मा की, विष्णु की, शिव की, ब्रह्मा का न जन्म है, न मौत है। परंतु ईसा मसीह, मोहम्मद साहब, दयानंद, बुद्ध, नानक, वर्धमान, महावीर, शंकराचार्य आदि इन सबके जन्म हैं, इसीलिए सबकी मौत यानी प्रयाण भी है। ऊपरवाले का सिद्धांत दुनिया के लिए Universal है। जो जन्मता है, वह मरता है। जो अजन्मा है, वह अमर है। बाकी सब जो जन्मे हैं, उनको मौत भी मिलती है। उसकी तारीख भी मिलती है। परंतु उन्होंने जो बातें कही वह इतनी सच्ची हैं, जनकल्याण की हैं कि वह शताब्दियों में, सहस्राब्दियों में और युगों के अंदर अपने ज्ञान के कारण, उपदेश के कारण जिंदा हैं। इसीलिए बुद्ध, वर्धमान, महावीर, मोहम्मद साहब, नानक देव, ईसा मसीह, स्वामी दयानंद हैं। वे भुलाए नहीं जाएँगे, क्योंकि वे इनसान के रूप में फरिश्ते थे, और ऊपरवाले के भेजे हुए वे ऐसे फरिश्ते थे कि उन्होंने जो कुछ भी किया, वह इनसान के कल्याण के लिए। इसीलिए वे उनकी मृत्यु के पश्चात् भी अमर हैं और ऊपरवाले का रूप ही माने जाते हैं।

अतः जो उसका पैगंबर, रसूल या दूत आकार देता है, वह बदलता है। समय-समय पर इनसान उसको बदलता है। पर जो ऊपरवाला देता है, वह नहीं बदलता। और ऊपरवाले ने हमको जमीन, पुरखे दिए हैं। जमीन और पुरखे कभी नहीं बदलते। इनके प्रति Loyalty या निष्ठा ही देशभक्ति है। यही प्रभुभक्ति है। यही तहजीब है, यह भी इबादत है, संस्कृति है, कल्चर है।

इसीलिए यह सत्य है कि मक्का हमारी सजदे की जगह है। हम हिंदू के नाते उसको पवित्र मानेंगे, क्योंकि वह आपकी आस्था है। पर गरदन कटाने का वक्त आएगा तो गरदन अरब के लिए या पाकिस्तान के लिए नहीं, वह तो हिंदुस्तान के लिए ही कटेगी। दुनिया के और भारत के ईसाइयों के लिए वैटिकन सिटी प्रेयर की जगह हो सकती है। परंतु जब गरदन कटेगी तो रोम के लिए, अमेरिका के लिए नहीं, बल्कि हिंदुस्तान के लिए कटेगी।

इसीलिए लोयलिटी हमारी जमीन है, वतन है, पुरखे हैं। हमारी जमीन और पुरखों पर जिसका भी हमला होगा और हमारे मजहब को माननेवालों का भी होगा, तो भी वह हमारा दुश्मन होगा। एक ही मजहब के होने के बाद ईरान और इराक क्यों झगड़ते हैं? अफगानिस्तान और पाकिस्तान क्यों लड़ते हैं? बांग्लादेश और पाकिस्तान क्यों लड़ते हैं? मजहब इनसान की आस्था का विषय है। मुझे अपने आपको सुधारने का अच्छा और नेक इनसान बनाने का एक रास्ता है। पर जब वतन और मजहब मिलते हैं तो एक झूठ का जन्म होता है। जब कुछ लोग कहते हैं कि मजहब से वतनपरस्ती यानी राष्ट्रीयता निश्चित होती है तो उसके कारण तकलीफ बढ़ती है। सन् 1947 से पहले इस नारे ने द्विराष्ट्रवाद का सिद्धांत दिया और देश को अंग्रेज कूटनीति ने बाँटकर रख दिया। इसीलिए आज दुनिया में ईसाई देश भी लड़ते हैं, मुसलिम देश भी आपस में लड़ते हैं। कल अगर नेपाल, जो हिंदूराष्ट्र है, की फौज आई हिंदुस्तान के अंदर काशी-प्रयाग पर कब्जा करने तो क्या हिंदुस्तान के हिंदू उन्हें कब्जा करने देंगे? कभी नहीं। इसीलिए मजहब मेरी इनसानियत है, मेरी मोहब्बत है, प्यार है, मेरा दिल है, मेरा ईमान है। परंतु जब वतन का सवाल आएगा तो उस समय अल्लाताला ने भी कहा है, "मैंने तेरे को पहली पहचान दी इनसान की, तू इनसान बन, दुनिया को इनसान बना। दूसरी पहचान मैंने दी वतन की, तू वतनपरस्त बन और तेरे वतन पर संकट आएगा, वह कोई भी हो, चाहे वह मुझे भी माननेवाला हो, तो भी वह तेरा दुश्मन है।" जापान में देशभक्ति को मजबूत करने के लिए एक प्रश्न पूछा गया कि अगर स्वयं महात्मा बुद्ध सेना के साथ जापान पर हमला करने आएँ तो आपका कर्तव्य क्या है? विद्यार्थी ने कक्षा में

उत्तर दिया—मैं तलवार हाथों में लेकर उनका मुकाबला करूँगा। इसका अर्थ यह नहीं कि जापानी महात्मा बुद्ध का आदर नहीं करता, बल्कि वे उनके बताए मार्ग पर चलते हैं तथा उन्हें पूजते हैं।

इसीलिए आप देखिए, जहाँ इस बात का संज्ञान है, वहाँ कैसा होता है। मंगोलिया में, इंडोनेशिया में वहाँ मुसलिम देश होने पर भी मुसलमानों को रामनवमी की छुट्टी रखने तथा रामायण खेलने में तकलीफ नहीं होती बल्कि खुशी से खेलते हैं। बैंक ऑफ काशी, अयोध्या चलाने में तकलीफ नहीं, क्योंकि उनको यह ध्यान में है कि हमारे पुरखे कौन हैं। यहाँ यानी हिंदुस्तान में कहाँ पर भटकाव आया, यह खोजने की और सोचने की आवश्यकता है। इंडोनेशिया मुसलिम देश होने पर भी गरुड़ एयरवेज नाम रखता है। करंसी पर गणपति 'ऋद्धि-सिद्धि' के देवता का चित्र छापता है। वह कहता है कि हमने पुरखे थोड़े ही बदले हैं। मजहब, पूजा-पद्धति, इबादत करने का तौर-तरीका बदला है। उसको याद करने का, उससे रहमत लेने का तरीका बदला है, पर अपने पुरखे तो नहीं बदले। मैं कहा करता हूँ कि एक ही शहर, गाँव में हमारी इबादतगाह (पूजा का स्थान) साँझी हो सकती है, परंतु मकान अपना-अपना। ऐसे ही विश्व में हमारा मजहब साँझा हो सकता है, परंतु वतन अपना-अपना।

इसीलिए हमारा यह कहना है कि हिंदुस्तान के अंदर हमारे कितने भी मजहब हो सकते हैं। और मूल मजहब में भी हमारे उपमजहब और उसमें भी छोटे-बड़े मजहब हो सकते हैं। हम अनेक मजहबों में रहेंगे, परंतु हमारा वतन, वतनपरस्ती बदलती नहीं। उससे सौदा या समझौता नहीं हो सकता। इसी तरह से हमारे पूर्वजों से भी सौदा-समझौता नहीं हो सकता। वह हमारे और आपके साँझे हैं। यही हमारा Common bond है, जो हमारे झगड़े खत्म करने के काम आ सकता है। हम संतान राम और कृष्ण की हैं, हममें से कुछ ने कालक्रम में मजहब मोहम्मद से लिया है। We can leave with more & more religions but the ancestors and the nation can't be compromised.

एक बात और भी समझनी चाहिए, झगड़ा करने के लिए मजहब की या तलवार-बंदूक की जरूरत नहीं पड़ती। झगड़ा करने के लिए केवल एक चीज की जरूरत होती है और वह है नफरत भरे जेहन से जहर उगलती जुबान। एक बार जुबान से उलटा-सीधा बोल दो, अपमान कर दो, रूखा बोल दो, बेइज्जती कर दो तो झगड़ा हो जाता है। झगड़ा करने के लिए मजहब की जरूरत पड़ती है क्या? शिया-सुन्नी में झगड़ा मजहब के कारण होता है, यह कहा जाता है, परंतु प्रश्न खड़ा

होता है कि ये मिलकर नहीं रह सकते हैं, क्या? क्या ये अपना-अपना मजहबी तौर-तरीका करते हुए बिना टकराव के नहीं रह सकते? आज मजहब जोड़ने की बजाय तोड़ने का काम करने लगा है। मजहब जोड़ता है, इसमें कोई शक नहीं, परंतु तोड़नेवाली चीज जो है, वह नफरत भरा जेहन और कड़बी जुबान है। और जब दिमाग में यह एक अहंकार पैदा होता और कहता है, ''मैं और मेरा ही ठीक है, बाकी सब खराब है।'' इस अहंकार के कारण झगड़े होते हैं।

एक बार मैं एक सामुदायिक भवन के अंदर एक हिंदू-मुसलिम एकता के कार्यक्रम में गया था। वहाँ जो एक शायर बोल रहे थे, उन्होंने एक बात कही, ''जब आँखों में खुदाई हो तो पत्थर में भी खुदा नजर आता है। पवित्र मक्का में जो लगा है, वह पत्थर ही तो है। जब हम हज करने को जाते हैं तो हमारी आँखों में खुदाई होती है। अच्छाई होती है। नेकनीयती होती है। इसलिए पत्थर में भी खुदा नजर आता है, लेकिन जब आँखें ही पथराई होती हैं तो खुदा भी पत्थर नजर आने लगता है।'' ऐसा वहाँ उस शायर साहब ने बोला। मैंने उन साहब की बात का विस्तार करते हुए कहा कि जब जेहन में नफरत आई, शरारत सूझी तो फिर मंदिर में लगी पत्थर की मूर्ति में कुफ्र नजर आने लगा—दोष पत्थर का नहीं, जेहन (मन, मस्तिष्क) व नजर का है। सच बोलने का यह साहस आज की महत्त्वपूर्ण जरूरत है। पवित्र काबा और दरगाह में भी पत्थर, परंतु अनगढ़ा है, प्राकृतिक रूप में है और मंदिर में भी पत्थर ही है परंतु गढ़ा हुआ है, इतना ही तो अंतर है। इसको लेकर नफरत और युद्ध या फिर एक-दूसरे का सम्मान। इनसानियत के शायर (कवि) ने सही मार्ग दिखाया है—

जब आँखों में हो खुदाई तो पत्थर भी खुदा नजर आया।
जब आँखें ही पथराईं तो खुदा भी पत्थर नजर आया॥

कोई ग्रंथ को मानता है, कोई पत्थर (भूमि) को, कोई गुरु को, कोई प्रकृति को, कोई निराकार की इबादत करता है। हम कैसे कह देंगे कि ये काफिर हैं? मैंने जब उनसे पूछा कि काफिर की परिभाषा क्या है? जो पापी है, अधर्मी है, वह काफिर है या हर गैर-मुसलिम काफिर हैं? अगर हर गैर-मुसलिम काफिर है तो आप कैसे कह सकते हैं कि हिंदू-मुसलिम भाईचारा हो सकता है? फिर काफिर कौन है? हर गैर-मुसलमान काफिर है या फिर काफिर का मतलब पापी, अधर्मी और नीच हरकतें करनेवाला है या ऊपरवाले को न माननेवाले को काफिर कहते हैं। अगर यही दो प्रकार के लोग काफिर हैं तो फिर मुसलमानों में भी अनेकानेक काफिर हैं।

अगर इसलाम को न माननेवाले को ही काफिर कहते हैं तो फिर इसलाम को अमन का, भाईचारे का मजहब कैसे कहेंगे? एक और प्रश्न खड़ा होता है कि इसलाम को माननेवाले बुतपरस्त हैं या बुतशिकन अर्थात् मूर्तिपूजक हैं या मूर्तिभंजक? यह सच है कि मुसलमान बुतपरस्त नहीं तो क्या बुतशिकन है? अगर बुतशिकन है तो फिर हिंदू-मुसलिम भाईचारा संभव नहीं। अगर बुतशिकन नहीं है, तो क्या सब धर्मों की इज्जत करनेवाले हैं, वह भी नहीं हैं। मुसलमान निराकार उपासक हैं और फिर जो आपके यहाँ बुतशिकन हुए उनके बारे में साफ-साफ क्या कहना होगा। उन्होंने जो किया वह गैर-इसलामी था और है या यह कहना है कि वे हमारे मजहब के हैं, इसलिए अच्छे ही हैं।

हमने कहा, हिंदू पापी हो सकता है। अच्छा हिंदू है तो बुरा हिंदू भी है। ऐसे ही सच्चा मुसलमान है तो काफिर मुसलमान भी है। इससे आप झगड़े रोक सकते हैं। दुनिया में लड़ाई रोक सकते हैं। अगर हिंदू ने कहा कि हर गैर-हिंदू गद्दार है तो क्या शांति, भाईचारा या प्यार-मोहब्बत हो सकती है? नाटक हो सकता है, असलियत नहीं हो सकती। इसलिए पापी कहो, अधर्मी कहो, दुष्ट कहो, यह मजहब से नहीं जुड़ा होता, आदत और जुबान से जुड़ा होता है। इसलिए हर मजहब में काफिर हैं। एक ने जुबान में काफिर कहा, दूसरे ने अपनी जुबान में उसको पापी कहा, तीसरे ने उसको अधर्मी कहा तो चौथी जुबान में उसको गंदा इनसान कहा। मजहब फैसला नहीं करता अच्छे और बुरे का। हर मजहब के अंदर, हर घर के अंदर, घर के चार भाइयों के अंदर भी अच्छा और बुरा इनसान होता है। इसीलिए इन सब बातों पर कहीं-न-कहीं संजीदगी से सबको सोचना तो पड़ेगा ही।

हिंदुओं में हम मानते हैं कि रावण, मेघनाद, कंस, जरासंध, दुर्योधन, महिषासुर, शुंभ-निशुंभ (राक्षस) आदि, ये सभी हमारे ही पूर्वज थे। परंतु ये राक्षसी हैं, अधर्मी हैं, पापी हैं, व्यभिचारी हैं और समाज को साफ-साफ हम यह संदेश देते हैं किताबों में भी, जुबान से भी कि इनका अनुसरण मत करो। अपने को अधर्म व अत्याचार के मार्ग पर नहीं चलना। ठीक को ठीक, गलत को गलत, सच कहना ही मानवता है, इनसानियत है। इस बात में हिंदू समाज जाति, दल, पंथ, भाषा व भूगोल से ऊपर उठकर ही सोचता, बोलता व व्यवहार करता हुआ दिखाई दे रहा है। मुसलमान को उन विदेशी मुगल बादशाहों व सेनापतियों, जैसे—मो. बिन कासिम, मो. गजनवी, मो. गौरी, नादिरशाह, मीरबांकी और औरंगजेब आदि-आदि, जिन्होंने अत्याचार में मनुष्यों का कत्लेआम किया और पूजास्थल व मूर्तियाँ तोड़ीं, साफ कहना होगा कि

ये अत्याचारी व अमानवीय थे या नहीं। जब-जब सत्य का प्रकाश होता है, तब-तब प्यार, भाईचारा, शांति व खुशहाली हिलोरें लेने लगती है, परंतु जब सच्चाई का गला घोंटा जाता है, तब खून-खराबा जन्म लेता है और नफरत भड़कती है।

मेरा भारत महान् अर्थात् मेरा वतन यानी इसके पहाड़, नदियाँ, खनिज, जलवायु, पेड़-पौधे, पवित्र स्थान, अर्थात् कण-कण मेरा है और मेरे लिए श्रद्धेय है। इसमें से किसी का भी मैं नुकसान नहीं करने दूँगा—इस भाव को वतनपरस्ती कहते हैं। मेरा वतन महान् यानी इसके पुरखे अर्थात् महापुरुष, ऋषि, मुनि, संत, फकीर, ओलिया, विद्वान्, क्रांतिकारी, वैज्ञानिक, योद्धा, बाँके, वीरांगनाएँ, विदुषियाँ, सब मेरे हैं, इनकी जिंदगियों से सीखना और नेक बनना मेरा कर्तव्य है। इस स्वभाव एवं व्यवहार को कहते हैं वतनपरस्ती। अगर मुसलमान से रसखान, रहीम, दाराशिकोह, ताज बीबी, फरीद, बुल्लेशाह, मीर मुराद, लतीफशाह, मोहम्मद जायसी आदि के बारे में पूछा तो सभी कहेंगे ये मुसलमान हैं। प्रश्न खड़ा होता है कि इनकी कृष्ण व रामभक्ति के कारण इसलाम को क्या खतरा उत्पन्न हुआ या ये ही सचमुच प्यार, मोहब्बत, अमन, खुशहाली व भाईचारे का मार्ग दिखानेवाले थे?

इसलिए अपने प्यारे वतन भारतवर्ष में सभी ने कहा है कि भाषा, बोलियाँ अनेक भाव एक; जातियाँ, उपजातियाँ अनेक महापुरुष एक, पूजा-पद्धतियाँ (मजहब) अनेक परंतु ईश्वर एक। भाषा-बोली, वेशभूषा, रिश्ते, महापुरुष, जाति, उपजाति, खानपान, पूजा-पद्धतियाँ, ऋतुएँ, परंपराएँ अनेक, परंतु हम सब एक। इसलिए विविधता में एकता यह भरतभूमि का मंत्र है। प्राणियों में सद्भावना हो, यह अपनी भूमि का कर्म है। विश्व का कल्याण हो यह अपनी खुशबू है। इस सच्चाई को मान व जान लिया तो सब झगड़ों में से शांति, भाईचारे, प्यार-मोहब्बत का मार्ग (रास्ता) निकल आएगा। इतना ही फर्क है कि किसी ने अपने प्यारे वतन को भारत माँ कहकर पूजा की तो किसी ने इसे भारत महान् कहकर इज्जत की। जो भारत माता को डायन कहते हैं, ऐसे नेताओं के बारे में मजहब, दल, जाति से ऊपर उठकर सोचने से हिम्मत मिलेगी। ऐसे चंद लोगों के कारण वतनपरस्त मुसलमान भी शंका के घेरे में आ जाता है। अब इनके बारे में वतनपरस्त मुसलमान को ही खुलकर बोलना होगा। यह विषय हिंदू-मुसलिम का नहीं, वतनपरस्ती के इम्तिहान का है, जिसमें हर देशभक्त को पास होना है।

इसी प्रकार से इस देश में आर्यसमाजी, राधास्वामी, निरंकारी आदि अनेक पूजापद्धति वाले मूर्तिपूजक नहीं तो भी मूर्तितोड़क नहीं, ऐसे ही वनों व पहाड़ों

में रहनेवाले प्रकृतिपूजक हैं, परंतु किसी ने उन्हें मारा व नष्ट नहीं किया। यह हिंदू भूमि, भरतभूमि, आर्य भूमि की ही विशेषता है, इसलिए यहाँ का नारा है 'वसुधैव कुटुंबकम्' अर्थात् विश्व एक परिवार है, इसलिए यहाँ का चिंतन है कि हम सभी भाई-बहन हैं। वर्तमान में स्वामी विवेकानंद ने शिकागो (अमेरिका) में इसी संबोधन से विश्व का मन जीत लिया था। स्वामीजी ने कहा था—भारत माँ की इबादत (पूजा) में सर्वपंथ, जाति, भाषा का समादर है और इसमें से जो शक्ति, ऊर्जा मिलेगी, वह विलक्षण होगी। अब हम नाना प्रकार की समस्याओं का विचार करेंगे तो हमें लगेगा कि अनेक भयानक समस्याओं का समाधान मिल रहा है।

मनुष्य निर्मित समस्याओं का समाधान मनुष्य से ही संभव है। आवश्यकता है संजीदगीपूर्ण संवाद की। इसलिए कहा गया कि सदाचार और प्यार की चमक और महक को कोई कभी नहीं रोक सकता।

□

अंग्रेजों द्वारा किए गए भारत के सात विभाजनों का इतिहास

संपूर्ण पृथ्वी का जल और थल—इन दो तत्त्व में जब वर्गीकरण करते हैं, तब सात द्वीप एवं सात ही महासमुद्र माने जाते हैं। हम इसमें से प्राचीन नाम जंबू द्वीप, जिसे आज एशिया द्वीप कहते हैं तथा इंदु सरोवरम्, जिसे आज हिंद महासागर कहते हैं, के निवासी हैं। इस जंबू द्वीप (एशिया) के लगभग मध्य में हिमालय पर्वत स्थित है। हिमालय पर्वत में विश्व की सर्वाधिक ऊँची चोटी सागरमाथा, गौरीशंकर है, जिसे सन् 1865 में अंग्रेज शासकों ने 'एवरेस्ट' नाम देकर इसकी प्राचीनता व पहचान को बदलने का कूटनीतिक षड्यंत्र रचा।

हम पृथ्वी पर जिस भू-भाग अर्थात् राष्ट्र के निवासी हैं, उस भू-भाग का वर्णन अग्नि, वायु एवं विष्णु पुराण में लगभग समानार्थी श्लोक के रूप में है—

उत्तरं यत् समुद्रस्य, हिमाद्रेश्चैव दक्षिणम्।
वर्ष तद् भारतं नाम, भारती यत्र सन्तति॥

अर्थात् हिंद महासागर के उत्तर में तथा हिमालय पर्वत के दक्षिण में जो भू-भाग है, उसे भारत कहते हैं। और वहाँ के समाज को भारती या भारतीय के नाम से पहचानते हैं।

वर्तमान में भारत के निवासियों का पिछले सैकड़ों-हजारों वर्षों से हिंदू नाम भी प्रचलित है और हिंदुओं के देश को हिंदुस्तान कहते हैं। विश्व के अनेक देश इसे हिंद व नागरिक को हिंदी भी कहते हैं। बृहस्पति आगम में इसके लिए निम्न श्लोक उपलब्ध है—

हिमालय समारभ्य यावद् इन्दु सरोवरम्।
तं देव निर्मितं देशं हिन्दुस्थानं प्रचक्षते॥

अर्थात् हिमालय से लेकर इंदु (हिंद) महासागर तक देव-पुरुषों द्वारा निर्मित इस भूगोल को हिंदुस्तान कहते हैं। इन सब बातों से यह निश्चित हो जाता है कि भारतवर्ष और हिंदुस्तान एक ही देश का नाम है तथा भारतीय और हिंदू एक ही समाज का नाम है।

● जब हम अपने देश (राष्ट्र) का विचार करते हैं, तब अपने समाज में प्रचलित एक परंपरा, जिसमें किसी भी शुभ कार्य पर संकल्प पढ़ा अर्थात् लिया जाता है, भी महत्त्वपूर्ण संकेत करता है। संकल्प में काल की गणना एवं भूखंड का विस्तृत वर्णन करते हुए संकल्पकर्ता कौन है, इसकी पहचान अंकित करने की परंपरा है। उसके अनुसार संकल्प में भू-खंड की चर्चा करते हुए बोलते (दोहराते) हैं कि जंबू द्वीपे, भरतखंडे (भारतवर्ष) यही शब्द प्रयोग होता है। संपूर्ण साहित्य में हमारे राष्ट्र की सीमाओं का उत्तर में हिमालय व दक्षिण में हिंद महासागर का वर्णन है, परंतु पूर्व व पश्चिम दिशा का स्पष्ट वर्णन नहीं है। परंतु जब श्लोकों की गहराई में जाएँ और भूगोल की पुस्तक अर्थात् एटलस का अध्ययन करें, तभी ध्यान में आ जाता है कि श्लोक में पूर्व व पश्चिम दिशा का वर्णन है। जब विश्व (पृथ्वी) का मानचित्र आँखों के सामने आता है तो पूरी तरह से स्पष्ट हो जाता है कि विश्व के भूगोल ग्रंथों के अनुसार हिमालय के मध्य स्थल 'कैलाश मानसरोवर' से पूर्व की ओर जाएँ तो वर्तमान का इंडोनेशिया और पश्चिम की ओर जाएँ तो वर्तमान में ईरान देश का आर्यना प्रदेश हिमालय के अंतिम छोर है। हिमालय 5000 पर्वत श्रृंखलाएँ तथा 6000 नदियों का समूह है। इसी प्रकार से विश्व के सभी भूगोल ग्रंथ (एटलस) के अनुसार जब हम श्रीलंका (सिंहलद्वीप अथवा सिलोन) या कन्याकुमारी से पूर्व व पश्चिम की ओर प्रस्थान करेंगे या दृष्टि (नजर) डालेंगे तो हिंद (इंदु) महासागर इंडोनेशिया व आर्यना (ईरान) तक ही है। इन मिलन बिंदुओं के पश्चात् ही दोनों ओर महासागर का नाम बदलता है।

इस प्रकार से हिमालय, हिंद महासागर, आर्यना (ईरान) व इंडोनेशिया के बीच के संपूर्ण भू-भाग को आर्यावर्त अथवा भारतवर्ष अथवा हिंदुस्तान कहा जाता है।

● प्राचीन भारत की चर्चा हमने की। परंतु जब हम वर्तमान से 300 वूर्ष पूर्व तक के भारत की चर्चा करते हैं, तब यह ध्यान में आता है कि पिछले 2500 वर्ष में जो भी आक्रांता यूनानी (रोमन, ग्रीक), यवन, हूण, शक, कुषाण, सिरियन, पुर्तगाली, फ्रेंच, डच, अरब, तुर्क, तार्तर, मुगल, अंग्रेज आदि आए, इन सबका विश्व

के सभी इतिहासकारों ने वर्णन किया है। परंतु सभी पुस्तकों में यह प्राप्त होता है कि आक्रांताओं ने भारतवर्ष पर, हिंदुस्तान पर आक्रमण किया है। संभवतया कोई भी पुस्तक (ग्रंथ) होगी, जिसमें यह वर्णन मिलता हो कि इन आक्रमणकारियों ने अफगानिस्तान, ब्रह्मदेव (म्याँमार), श्रीलंका (सिंहलद्वीप), नेपाल, तिब्बत (त्रिविष्टप), भूटान, पाकिस्तान या बँगलादेश पर आक्रमण किया। यहाँ एक प्रश्न खड़ा होता है कि ये भू-प्रदेश कब, कैसे गुलाम हुए और स्वतंत्र हुए। प्रायः पाकिस्तान व बँगलादेश निर्माण का इतिहास तो सभी जानते हैं, शेष इतिहास मिलता तो है परंतु चर्चित नहीं है। सन् 1947 में भारतवर्ष का पिछले 2500 वर्ष का 24वाँ विभाजन है। अंग्रेज का 350 वर्ष पूर्व के लगभग ईस्ट इंडिया कंपनी के रूप में व्यापारी बनकर भारत में आने का और फिर धीरे-धीरे शासक बनने के पश्चात् उनके द्वारा किया गया यह भारत का 7वाँ विभाजन है। आगे लेख में 7 विभाजन कब-कब क्यों किए गए, इसका संक्षिप्त वर्णन है।

- भारतीयों द्वारा सन् 1857 के अंग्रेज के विरुद्ध लड़े गए स्वतंत्रता-संग्राम (जिसे अंग्रेज ने गदर या बगावत कहा) से पूर्व एवं पश्चात् के परिदृश्य पर नजर दौड़ाएँगे तो ध्यान में आएगा कि ई. सन् 1800 अथवा इससे पूर्व के विश्व के देशों की सूची में वर्तमान भारत के चारों ओर नेपाल स्वतंत्र राज्य होने पर भी अंग्रेज के अप्रत्यक्ष अधीन ही था। रेजीडेंट के बिना महाराजा को कुछ भी खरीदने तक की अनुमति नहीं थी। इस कारण राजे-महाराजाओं में जहाँ आंतरिक तनाव था, वहाँ अंग्रेजी नियंत्रण से कुछ में घोर बेचैनी भी थी। सन् 1955 में रूस के दो बार वीटो का उपयोग कर यह कहने के बावजूद कि नेपाल तो भारत का ही अंग है, भारत के तत्कालीन प्रधानमंत्री पं. नेहरू ने पुरजोर वकालत कर नेपाल को स्वतंत्र देश के रूप में यू.एन.ओ. में मान्यता दिलवाई। आज भी नेपाली व भारतीय एक-दूसरे के देश में विदेशी नहीं हैं। और यह भी सत्य है कि नेपाल को वर्तमान भारत के साथ ही सन् 1947 में ही स्वतंत्रता प्राप्त हुई।

- सन् 1906 में सिक्किम व भूटान, जो कि वैदिक बौद्ध मान्यताओं के मिलेजुले समाज के छोटे भू-भाग थे, इन्हें स्वतंत्रता-संग्राम से अलग कर अपने प्रत्यक्ष नियंत्रण में रेजीडेंट के माध्यम से रखकर चीन के विस्तारवाद पर अंग्रेजों ने नजर रखना प्रारंभ किया। ये क्षेत्र (राज्य) भी स्वतंत्रता सेनानियों एवं समय-समय पर हिंदुस्तान के उत्तर, दक्षिण व पश्चिम के भारतीय सिपाहियों के नाना प्रकार के विदेशी हमलावरों से युद्धों में पराजित होने पर शरणस्थली के रूप में काम आते

थे। दूसरा ज्ञान (सत्य, अहिंसा, करुणा) के उपासक ये क्षेत्र खनिज व वनस्पति की दृष्टि से महत्त्वपूर्ण थे। तीसरा यहाँ के जातीय जीवन को धीरे-धीरे मुख्य भारतीय (हिंदू) धारा से अलग कर मतांतरित किया जा सकेगा। हम जानते हैं कि सन् 18 36 में उत्तर भारत में चर्च ने अत्यधिक विस्तार कर नए आयामों की रचना कर डाली थी। सुदूर हिमालयवासियों में ईसाइयत जोर पकड़ रही थी।

- सन् 1914 में तिब्बत को केवल एक पार्टी मानते हुए चीनी साम्राज्यवादी सरकार व भारत के काफी बड़े भू-भाग पर कब्जा जमाए अंग्रेज शासकों के बीच एक समझौता हुआ। भारत और चीन के बीच तिब्बत को एक बफर स्टेट के रूप में मान्यता देते हुए हिमालय को विभाजित करने हेतु मैकमोहन रेखा निर्माण करने का निर्णय हुआ। हिमालय सदैव से ज्ञान-विज्ञान का शोध व चिंतन का केंद्र रहा। हिमालय अध्यात्म की स्थली है। हिमालय मानवीय समूहों के लिए सदैव निर्बाध रहा। हिमालय को बाँटना और तिब्बती व भारतीय को अलग करना यह षड्यंत्र रचा गया। चीन व अंग्रेज शासकों ने एक-दूसरे के विस्तारवादी, साम्राज्यवादी मंसूबों को लगाम लगाने के लिए यह कूटनीतिक खेल खेला। अंग्रेज यानी ईसाइयत हिमालय में कैसे अपने पाँव जमाएगी, यह सोच रहा था परंतु समय ने कुछ ऐसी करवट बदली कि प्रथम व द्वितीय महायुद्ध के पश्चात् अंग्रेज को एशिया और विशेष रूप से भारत छोड़कर जाना पड़ा। चीन को अवसर मिल गया। भारत के तत्कालीन प्रधानमंत्री पं. नेहरू ने समय की नाजुकता को अंदर तक पहचानने में भूल कर दी और तिब्बत को सन् 1949 से 1959 के बीच चीन हड़पने में सफल हो गया। पंचशील समझौते की समाप्ति के साथ ही अक्तूबर सन् 1962 में चीन ने भारत पर हमला कर हजारों वर्ग कि.मी. अक्साई चिन (लद्दाख यानी जम्मू-कश्मीर) व अरुणाचल आदि को कब्जे में कर लिया। तिब्बत को चीन का भू-भाग मानने का निर्णय पं. नेहरू (तत्कालीन प्रधानमंत्री) की भारी ऐतिहासिक भूल हुई। आज भी इसे चीन का भू-भाग मानना और चीन पर तिब्बत की निर्वासित सरकार से बात कर, मामले को सुलझाने हेतु दबाव न बनाना बहुत बड़ी कमजोरी व भूल है। नवंबर 1962 में भारत के दोनों सदनों के संसद् सदस्यों ने एकजुट होकर चीन से एक-एक इंच जमीन खाली करवाने का संकल्प लिया। आश्चर्य है, भारतीय नेतृत्व (सभी दल) उस संकल्प को शायद भूल ही बैठा है। हिमालय परिवार नाम के आंदोलन ने उस दिवस को मनाना प्रारंभ किया है, ताकि नेताओं को जनता उनके द्वारा लिये गए संकल्प को याद करवाए।

● अंग्रेज प्रथम महायुद्ध (1914 से 1919) जीतने में सफल तो हुआ, परंतु भारतीय सैनिक-शक्ति के आधार पर। धीरे-धीरे स्वतंत्रता प्राप्ति हेतु क्रांतिकारियों के रूप में भयानक ज्वाला अंग्रेज को भस्म करने लगी थी। सत्याग्रह व स्वदेशी के मार्ग से आम जनता अंग्रेज के कुशासन के विरुद्ध खड़ी हो रही थी। द्वितीय महायुद्ध के बादल भी मँडराने लगे थे। सन् 1935 व 1937 आया। ईसाई ताकतों को लगा कि उन्हें कभी भी भारत व एशिया से बोरिया-बिस्तर बाँधना पड़ सकता है। उनकी अपनी स्थलीय शक्ति मजबूत नहीं है और न ही वे दूर से नभ व थल से अपने वर्चस्व को बना सकते हैं। इसलिए जल-मार्ग पर उनका कब्जा होना चाहिए तथा जल के किनारों पर उनके हितैषी राज्य होने चाहिए। समुद्र में अपना नौसैनिक बेड़ा बिठाने, अपने समर्थक राज्य स्थापित करने तथा स्वतंत्रता-संग्राम से उन भू-भागों व समाजों को अलग करने हेतु सन् 1935 में श्रीलंका व सन् 1937 में म्याँमार को अलग राजनैतिक देश की मान्यता दी। ये दोनों देश इन्हीं वर्षों को अपना स्वतंत्रता-दिवस मानते हैं। म्याँमार व श्रीलंका को अलग अस्तित्व प्रदान करते ही मतांतरण का पूरा ताना-बाना जो पहले से तैयार था उसे अधिक विस्तार व सुदृढता भी इन देशों में प्रदान की गई। ये दोनों राज्य वैदिक, बौद्ध धार्मिक परंपरा को माननेवाले हैं। म्याँमार के अनेक स्थान विशेष रूप से रंगून तो अंग्रेज द्वारा देशभक्त भारतीयों को कालेपानी की सजा देने के लिए जेल के रूप में भी उपयोग होता रहा है।

● सन् 1905 का लार्ड कर्जन का बंग-भंग का खेल सन् 1911 में बुरी तरह से विफल हो गया। परंतु इस हिंदू-मुसलिम एकता को तोड़ने हेतु अंग्रेज ने आगा खाँ के नेतृत्व में सन् 1906 में मुसलिम लीग की स्थापना कर मुसलिम एक अलग कौम का बीज बोया। पूर्वोत्तर भारत के अधिकांश जनजातीय जीवन को ईसाई के रूप में मतांतरित किया जा रहा था। ईसाई बने भारतीयों को स्वतंत्रता-संग्राम से पूर्णतः अलग रखा गया। पूरे भारत में एक भी ईसाई सम्मेलन में स्वतंत्रता के पक्ष में प्रस्ताव पारित नहीं हुआ। हिंदू-मुसलिम एकता का दिव्य सपनाः कांग्रेसियों के मस्तिष्क में महात्मा गांधी के नेतृत्व में अंग्रेज निर्माण करने में सफल हुए। दूसरी ओर 'मुसलमान तुम एक अलग कौम' हो का बीज बोते हुए सन् 1940 में मोहम्मद अली जिन्ना के नेतृत्व में पाकिस्तान की माँग खड़ी कर देश को नफरत की आग में झोंक दिया। द्वितीय महायुद्ध में अंग्रेज बुरी तरह से आर्थिक, राजनैतिक दृष्टि से इंग्लैंड में तथा अन्य देशों में टूट चुका था। उसे लगता था कि अब वापस जाना ही पड़ेगा और अंग्रेजी साम्राज्य में कभी न अस्त होनेवाला सूर्य अब अस्त भी हुआ

करेगा। संपूर्ण भारत देशभक्ति के स्वरों के साथ सड़क पर आ चुका था। संघ, सुभाष, सेना व समाज सब अपने-अपने ढंग से स्वतंत्रता की अलख जगा रहे थे। सन् 1948 तक प्रतीक्षा न करते हुए 3 जून, 1947 को अंग्रेजों द्वारा अधीन भारत के विभाजन व स्वतंत्रता की घोषणा औपचारिकता से कर दी गई। यहाँ यह बात ध्यान में रखनेवाली है कि उस समय भी भारत की 562 ऐसी छोटी-बड़ी रियासतें (राज्य) थीं, जो अंग्रेज के अधीन नहीं थीं। इनमें से सात ने आज के पाकिस्तान में तथा 555 ने जम्मूकश्मीर सहित आज के भारत में विलय किया। भयानक रक्तपात व जनसंख्या की अदला-बदली में 14, 15 अगस्त, 1947 की मध्यरात्रि में पश्चिमी पूर्वी पाकिस्तान बनाकर अंग्रेज ने भारत का 7वाँ विभाजन कर डाला। आज ये दो भाग पाकिस्तान व बँगलादेश के नाम से जाने जाते हैं।

- हमने सन् 1947 के पश्चात् फ्रेंच के कब्जे से पांडेचेरी, पुर्तगालियों के कब्जे से गोआ, दीव, दमन तथा अमेरिका के कब्जे में जाते हुए सिक्किम को मुक्त कराया है। आज पाकिस्तान में पख्तून, बलूच, सिंधी, बाल्टिस्तानी (गिलगित मिलाकर), कश्मीरी मुजफ्फराबादी व मुहाजिर नाम से इसलामाबाद (लाहौर) से आजादी के आंदोलन चल रहे हैं। पाकिस्तान की 60 प्रतिशत से अधिक जमीन तथा 30 प्रतिशत से अधिक जनता पाकिस्तान से ही आजादी चाहती है। बँगलादेश में बढ़ती जनसंख्या का विस्फोट, चटग्राम आजादी आंदोलन उसे जर्जर कर रहा है। शिया-सुन्नी फसाद, अहमदिया व वोहरा (खोजा-मल्लिक) पर होते जुल्म मजहबी टकराव को बोल रहे हैं। हिंदुओं की सुरक्षा तो खतरे में ही है। विश्व भर का एक भी मुसलिम देश इन दोनों देशों के मुसलमानों से थोड़ी भी सहानुभूति नहीं रखता। अगर सहानुभूति होती तो क्या इन देशों के 3 करोड़ से अधिक मुसलिम (विशेष रूप से बँगलादेशीय) दर-दर भटकते? ये मुसलिम देश अपने किसी भी सम्मेलन में इनकी मदद हेतु आपस में कुछ-कुछ लाख बाँटकर सम्मानपूर्वक बसा सकने का निर्णय ले सकते थे। परंतु कोई भी मुसलिम देश आज तक बँगलादेशी मुसलमान की मदद में आगे नहीं आया। इन घुसपैठियों के कारण भारतीय मुसलमान अधिकाधिक गरीब व पिछड़ता जा रहा है, क्योंकि इनके विकास की योजनाओं पर खर्च होनेवाले धन व नौकरियों पर ही तो घुसपैठियों का कब्जा होता जा रहा है। मानवतावादी वेष को धारण करनेवाले देशों में से भी कोई आगे नहीं आया कि इन घुसपैठियों यानी दर-ब-दर होते नागरिकों को अपने यहाँ बसाने व अन्य किसी प्रकार की सहायता देता। इन दर-ब-दर होते नागरिकों में अनेक लोग विदेशी

शक्तियाँ अथवा आई.एस.आई. के एजेंट बनकर काम करने के कारण भारत के करोड़ों मुसलिमों को भी संदेह के घेरे में खड़ा कर देते हैं।

- आतंकवाद व माओवाद 200 के लगभग समूहों के रूप में भारत व भारतीयों को डस रहा है। लाखों उजड़ चुके हैं, हजारों विकलांग हैं और हजारों मारे भी जा चुके हैं। विदेशी ताकतें हथियार, प्रशिक्षण व जेहादी मानसिकता देकर उस-उस प्रदेश के लोगों द्वारा वहाँ के ही लोगों को मरवाकर उसी-उसी प्रदेश को बरबाद करवा रही है। इस विदेशी षड्यंत्र को भी समझना आवश्यक है।
- आवश्यकता है वर्तमान भारत व पड़ोसी भारतखंडी देशों को एकजुट होकर शक्तिशाली बन खुशहाली अर्थात् विकास के मार्ग पर चलने की। इसलिए अंग्रेज अर्थात् ईसाइयत द्वारा रचे गए षड्यंत्र को ये सभी देश (राज्य) समझें और साझा व्यापार व एक करंसी निर्माण कर नए अखंड होते इस क्षेत्र के युग का सूत्रपात करें। सन् 2007 में सन् 1857 के स्वतंत्रता-संग्राम की 150वीं जयंती को मिलजुलकर 'फिरंगी मारो स्वतंत्रता लाओ' के रूप में मनाएँ। इन 9 देशों का समूह बनाने से प्रत्येक देश का भय का वातावरण समाप्त होगा तथा प्रत्येक देश का प्रतिवर्ष सैकड़ों-हजारों करोड़ रुपया रक्षा व्यय बचेगा, जो कि विकास पर व्यय किया जा सकेगा। इससे ये सभी राज्य देशों के रूप में सुरक्षित रहेंगे व विकसित होंगे अन्यथा वैश्विक ताकतें इन्हें निगल जाएँगी।

□

राष्ट्र की समस्याओं के समाधान एवं प्रगति का मार्ग है राष्ट्रीयता

(राष्ट्रवादी मुसलिम आंदोलन)

मुसलिम राष्ट्रीय मंच

'राष्ट्रवादी मुसलिम आंदोलन' के बारे में जानकारी देने के लिए विश्व संवाद केंद्र, मुंबई की ओर से एक चर्चा-सत्र का आयोजन दादर स्थित होटल 'मिडटाउन प्रीतम' में 3 सितंबर, 2004 को रात्रि 8.00 बजे किया गया। इस मौके पर वरिष्ठ पत्रकार मुजफ्फर हुसैन, विश्व संवाद केंद्र के अध्यक्ष डॉ. अरविंद गोडबोले, केंद्र के कार्यवाह वसंतराव तांबे उपस्थित थे।

आंदोलन की जानकारी देते हुए मैंने कहा कि ईद-मिलन के अवसर पर 24 दिसंबर, 2002 को नई दिल्ली की चाणक्यपुरी के बापूधाम के 'बरात घर' में संघ के पदाधिकारियों सहित पत्रकार, विभिन्न क्षेत्रों से जुड़े मुसलिम अधिकारी और मौलवी बड़ी संख्या में एकत्र हुए। यहाँ इस कार्यक्रम के आयोजक पद्मश्री मुजफ्फर हुसैन, राष्ट्रीय महिला आयोग की सदस्या नफीसा हुसैन, रा.स्व. संघ के मा. गो. वैद्य, मदनदास देवी तथा भा.ज.पा के लालकृष्ण आडवाणी, डॉ. मुरली मनोहर जोशी, सुषमा स्वराज, राम नाईक, जयंतीबेन मेहता, विक्रम वर्मा, दिल्ली से मौलाना वहीहुद्दीन, फतेहपुरी मसजिद के शाही इमाम मौलाना मुकर्रम, इमाम संगठन के अध्यक्ष जमील इलियासी, निजामुद्दीन औलिया दरगाह के पदाधिकारी और शिक्षा शास्त्री उपस्थित थे। इस मौके पर पू. सरसंघचालक माननीय सुदर्शनजी ने प्रश्न किया, 'इसलाम के दो चेहरे हैं—एक आतंकवाद और दूसरा शांति का।

आज तक दुनिया ने इसलाम का आतंकवादवाला चेहरा देखा है। अब संसार इसलाम का शांतिप्रिय रूप देख सके, क्या इस दिशा में प्रयास हो सकते हैं?'

गत ढाई वर्षों से चल रहे आंदोलन में सक्रिय कुछ मुसलिम पदाधिकारियों में कश्मीर से मो. फयाद भट्ट, अशरफ आजाद, यूसुफ सोफी, डॉ. बेनजीर, खुर्शीद भाटी, ताहिरा बेगम आदि, हरियाणा के डॉ. ताहिर हुसैन, सौकत आजाद, मौलवी उमेर नक्शबंदी, राजस्थान के मुश्ताक अंसारी, शादी खाँ, डॉ. शाहबानो, शमशाद अली, मिर्जा हबीब, डॉ. मनवर चौधरी, सलावत खाँ, नूर अहमद, खलील खाँ आदि, मध्य प्रदेश से प्रवीण अख्तर, मि. फारुखी, आलम गीर गौरी, मुस्तफा खान, नीरुदीन वोहरा, नियाज मोहम्मद, जुझर हवेलीवाला आदि, प्रो. मुमताज अली (बंगलौर) से, मो. जहाँगीर नियाजी, बेगम सुल्ताना (कोलकाता), मो. अफजाल, सलीम अंसारी, शहनाज, शाहीन, शबनम खान, शबनम शेख, मि. काजिम, मि. कल्वे रूसदे (दिल्ली), उत्तर प्रदेश से शहजाद अली, सिराज कुरैशी, जुनैद, सुहैल, आरिफ खान, डॉ. नदीम, शाहिद, शबनम खान, डॉ. नदीम, शाहिद, सीमा रिजवी, बिहार से डॉ. शम्शी, शाहीद रहीम, महाराष्ट्र से मुजफ्फर भाई, एम.यू. खान, मिर्जा खलिक बेग, डॉ. नाहिदा, नफीसा हुसैन, डॉ. अनवर अहमद, आजमचाँद शेख आदि, गुजरात से तैयबजी कोकावाला, यासीन अजमेरवाला आदि, छत्तीसगढ़ से शहनाज अली, डॉ. सलीम का उल्लेख किया जा सकता है। अब इन बंधुओं की संख्या सैकड़ों से अधिक पार कर चुकी है। इनके पीछे चलनेवाले हजारों लोग 70 से अधिक कार्यक्रम देश भर में संपन्न कर चुके हैं। इन कार्यक्रमों में प्रस्तुत विचारों के संचालन का यह क्र. दो लेख प्रस्तुत है।

हिंदू-मुसलिम एकता संबंधी प्रयासों के बारे में गांधीजी के प्रयास प्रामाणिक थे, लेकिन उनका आकलन व उपाय गलत था। उन्होंने खुशामद का मार्ग लिया, जिसमें हिंदी भाषा, वंदेमातरम्, स्वतंत्रता-संग्राम के झंडे आदि से समझौते किए गए, अलग सीट व नौकरियों के रूप में आरक्षण दिया। परंतु परिणाम सामने है, इसीलिए दिसंबर 1947 के अंतिम सप्ताह में गांधीजी ने हिंदुस्तान के विभाजन तथा हिंदू-मुसलिम एकता में अपनी असफलता पर पश्चात्ताप व्यक्त किया था।

इसी प्रकार सन् 1928 से पूर्व हिंदुस्तान के मुसलमानों ने अपने धर्म को कभी प्रमुख नहीं माना। वे खुद को जाति से पहचानते थे। तत्कालीन मुसलमान जाति धर्म पूछने पर कहते थे, 'हम चर्मकार, कुनबी, ग्वाला, जुलाहा, तेली, पाटील, लुहार हैं।' लेकिन मुसलिम लीग ने पाकिस्तान का निर्माण धर्म के आधार पर करने के लिए

यहाँ के मुसलिमों को 'फख्र से कहो हम मुसलमान हैं' कहना सिखाया। बाद में विभाजन के बाद भी मुसलिमों पर वही आघात जारी रहा, जिससे आजाद भारत में भी हिंदू-मुसलिम द्वेष बढ़ता गया तथा विरोध, यानी घृणा से दूसरा मार्ग (उपाय) भी असफल रहा। हिंदू-मुसलिम एकता का एक ही स्वर्णिम माध्यम अथवा मार्ग है और वह है 'राष्ट्रीयता'। मुसलमान व ईसाई स्वयं को मजहब से ऊपर उठकर इस देश की धरती, पूर्वजों व परंपराओं (संस्कृति) से जोड़कर सोचें व व्यवहार करें। इसको इसलाम का भारतीयकरण व चर्च का स्वदेशीकरण कहेंगे।

इस विषय पर 27 अगस्त, 2002 में देवबंद मदरसे में चर्चा हुई थी। 25 सितंबर, 2003 को हुए इमामों के कार्यक्रम में करीब 300 इमाम उपस्थित थे और 14 जनवरी, 2004 को जमाते उलमाए हिंद के साथ उनके कार्यालय में भेंट का कार्यक्रम हुआ। 26 नवंबर, 2003 को 14 मुसलिम देशों के दूतावासों के प्रतिनिधि, उनके गण्यमान्य बंधु/भगिनी व पत्रकारों का एक कार्यक्रम ईद-मिलन के मौके पर हुआ। उसमें कुछ भारतीय राजनीतिक दलों के नेता भी उपस्थित थे। वहाँ मैंने कहा था कि भारतीय मुसलमानों व ईसाइयों को अपनी राष्ट्रीय मानसिकता अरबस्तान व रोम से हटा लेनी चाहिए। मस्तक रोम व काबा में सजदा करेगा अर्थात् झुकेगा, परंतु कटेगा हिंदुस्तान के लिए, वंदना करेगा अपने प्यारे भारत की, यही है राष्ट्रवाद। मैंने हर जगह मुसलमानों के समक्ष स्पष्ट किया है कि मैं आपकी खुशामद करने या आपसे कुछ माँगने नहीं आया हूँ। हिंदू-मुसलिम रिश्तों में दूरियाँ पैदा करने से मुसलमानों के मन में यह भी कटु प्रश्न है। इसी प्रकार हिंदुओं के मन में भी अनेक कठोर प्रश्न हैं। लेकिन न्यायाधीश की भूमिका से मत पूछिए, बंधुत्व की भावना से पूछिए, मुसकराकर पूछिए। पत्रकारों से भी कहता हूँ कि हमारी बात साफ-साफ समझ लीजिए, जो कहता हूँ, वही लिखिए, अपने मन की बातें मिलाकर लिखनी हों तो आप अलग से लेख लिख सकते हैं। संवाद में आरोप-प्रत्यारोप नहीं, बल्कि आपसी समझ व भाईचारा बढ़ाने का प्रयत्न हो। जेहन व जुबान से नफरत निकालने के लिए वार्त्ता करो।

अलगाववाद व आतंकवाद के कारण कश्मीर घाटी से 90-95 प्रतिशत (लगभग 3 लाख) हिंदू पलायन कर जम्मू, दिल्ली व देश भर में आ गए हैं। फिर भी यह निश्चित किया कि मुसलमानों से राष्ट्रवादी होने के विषय पर संवाद स्थापित किया जाए और वह भी बिना सुरक्षा के। भारत में जहाँ कहीं भी मुसलमानों से चर्चा की, वहाँ सभी जानते थे कि मैं रा.स्व. संघ का प्रचारक हूँ अर्थात् अपनी पहचान

को छुपाकर नहीं रखना। आतंकवाद के भयानक दौर (समय) में कश्मीर घाटी के मुसलमानों में संघ ने सीधे प्रवेश किया, यह एक आश्चर्यजनक सत्य है।

हमने जम्मू-कश्मीर में ग्राम सुरक्षा समितियों की स्थापना कर वहाँ के हिंदुओं सहित मुसलमानों में भी आतंकवादियों के विरोध में लड़ने की प्रेरणा निर्माण की। उन्हें सरकार से शस्त्र दिए गए (इससे जम्मू क्षेत्र से हिंदुओं का पलायन रोकने में सफलता मिली)। मैंने सन् 1966 में हजरतबल दरगाह, श्रीनगर में जाकर पूछा, ''इंद्रेश कुमार हिंदू के रूप में यानी मैं अल्लाहताला की खिदमत में इबादत कर सकता हूँ?'' अगर नहीं तो इसलाम की किताब बदलकर रब-उल-आलमीन की बजाय रब-उल-मुसलमीन लिखना होगा, अगर इबादत कर सकता हूँ तो फिर आप सभी को नाम, जुबान व मजहब बदलने की कोई जरूरत नहीं। इस विश्वास भरे कथन ने मौलाना, मौलवियों को झकझोरकर रख दिया। मैंने वहाँ प्रार्थना यानी इबादत की और 'राष्ट्रवादी या राष्ट्रीय मुसलमान' एवं 'कश्मीर घाटी के वर्तमान हालात' पर चर्चा भी की। बाद में संघ के केंद्रीय अधिकारी घाटी के दौरे पर आए, तब ऐसी बैठकों में बुलाए गए मुसलमानों में से 90 प्रतिशत मुसलिम उपस्थित रहते थे।

विभिन्न स्थानों पर मुसलमानों से इस बारे में चर्चा हुई, उसमें मैंने यही कहा कि हिंदू-मुसलिम सहित सभी पंथों में कुछ बातों में एकमतता है। एक सत्य यह है कि जो जन्मता है, वह मरता है। पाकिस्तान, बँगलादेश के जन्म की तारीख है और उसका अंत भी होगा, यह तय है। परंतु भारतवर्ष व भारतीय जितना धरती व मनुष्य प्राचीन है, उतना ही प्राचीन है, इसलिए अजन्मा है। इतने स्पष्ट शब्दों में मैंने शुरुआत की और मुसलमानों ने तर्क के आधार पर यह माना भी। मुसलमान व ईसाइयों के बारे में संघ के सभी सरसंघचालकों ने समय-समय पर अपने सकारात्मक विचार रखे हैं। पू. गोलवलकरजी यानी गुरुजी ने कहा था कि ईसाइयत व इसलाम मजहब भले ही बाहर से आए हों पर इस देश में हिंदू के नाते ही पहचाने जाएँगे। हिंदू पूजा-पद्धति नहीं, जीवन-पद्धति है, सैकड़ों पूजा-पद्धतियाँ इसमें सम्मिलित हैं। इसलिए हम उन्हें मोहम्मदी हिंदू व ईसू हिंदू कह सकते हैं। उसी प्रकार पू. डॉ. हेडगेवारजी ने कहा था कि विदेशी निष्ठा रखनेवाला व्यक्ति अथवा विदेशियों की मदद करनेवाला व्यक्ति चाहे वह किसी धर्म, पंथ का हो, यह देशद्रोही या गद्दार ही होता है। इसलिए जयचंद व मीर जाफर आज भी इतिहास में गद्दार माने जाते हैं।

आज भारत में मुसलिमों में राष्ट्रवादी मुसलमानों का विषय लेकर 40 से

अधिक संस्थाएँ काम कर रही हैं, जो स्थानीय हैं और उनमें अधिकांश मुसलिम सदस्य हैं। आज तक हुए कार्यक्रमों में हमने कभी राजनीतिक चर्चा नहीं की। उनसे प्रश्न किया कि मुसलमानों व हिंदुओं को अशफाकउल्ला, रानी झाँसी, सुभाष बोस के बारे में पढ़ाया गया तो क्या मजहब, पंथ खतरे में पड़ जाएगा? या मानवता एवं राष्ट्रीयता की भावना का उदय होगा। इसीलिए इस आंदोलन ने सन् 1857 की स्वतंत्रता-संग्राम की याद को हर वर्ष ताजा करने का निर्णय किया और इस वर्ष 147वीं वर्षगाँठ अनेक स्थानों पर मनाई गई। एक बात ध्यान रहे कि यह आंदोलन मुसलमानों द्वारा, मुसलमानों के लिए, मुसलमानों में शुरू किया गया आंदोलन है। Movement by the muslim, of the muslim, for the muslim है। उन्होंने संघ की राष्ट्र, राष्ट्रीय व राष्ट्रीयता की सैद्धांतिक एवं व्यावहारिक कल्पना क्या है, यह समझने के लिए हमसे सहयोग माँगा है, हमारा इतना ही योगदान व काम है।

हमारी सांस्कृतिक विरासत साँझी, अर्थात् एक है। जैसे के छोटों द्वारा बड़ों के पैर छूना व आशीर्वाद लेना। सभी पूजा-पद्धतियों का सम्मान, न कि अनादर। अलग भाषा, अलग वेष, अलग खाना, अलग पूजा, फिर भी पुरखे, परंपराएँ एवं धरती एक, इसलिए हम सब एक। धरती पर संकट, सब पर संकट। धरती यानी भारत माँ हमारा साँझा माता-पिता। 'अंग्रेज (फिरंगी) मारो, देश बचाओ।' आजादी लाओ के नारे पर सबने एकजुट होकर स्वतंत्रता-संग्राम लड़ा। अंग्रेजों के विरुद्ध लड़ते समय इस देश का ईसाई व कम्युनिस्ट कठघरे में हैं, क्योंकि इन दोनों ने स्वतंत्रता-संग्राम के समय अंग्रेजों का साथ दिया है। भारत के किसी भी भू-भाग में मुसलिम या ईसाई जनसंख्या बढ़ने से हमारा अपना प्यारा वतन बँटना क्यों चाहिए अर्थात् विभाजन क्यों? इससे इसलाम व ईसाइयत पर आरोप पुख्ता होता है कि ये जोड़ते नहीं, तोड़ते हैं। यह राष्ट्रवादी आंदोलन इस समस्या का समाधान करेगा, ताकि अब देश बँटेगा अथवा कटेगा नहीं। मजहब से राष्ट्रीयता का निर्धारण नहीं होता। द्विराष्ट्र के सिद्धांत को खड़ा करना अर्थात् मुसलमान हिंदू के साथ रह ही नहीं सकता, यह कहना और मानना ही इसलाम को असहिष्णु व कट्टर घोषित करता है। अगर इसलाम शांति व भाईचारे का नाम है तो अलग कौम (राष्ट्रीयता) के सिद्धांत को मुसलमान को नकारना होगा।

भारतवर्ष में आज के मुसलमान पहले कौन थे? क्योंकि पंथ (धर्म) भले बदल जाए पर माता-पिता या पूर्वज तो नहीं बदल सकते? राज्यपाल मोहम्मद फजल कुंभ में स्नान करने गए थे, तब पत्रकारों के प्रश्न पर उन्होंने उत्तर दिया,

''मेरे वंशज 250–300 वर्ष पहले तक वे मुसलमान रहे थे तब 'शब्बे बरात' (यानी आत्मा की शांति के लिए प्रार्थना) के रिवाज को निभाने के लिए मैं मसजिद गया था। उसी तरह से 250 से ढाई हजार, पच्चीस हजार वर्ष पहले के मेरे पूर्वज हिंदू हैं, इसलिए मैं श्राद्ध की परंपरा का पालन करते हुए कुंभ मेले में क्षिप्रा स्नान करने आया हूँ।'' आज भी बहुत मुसलिम बंधु/भगिनी राम-कृष्ण की पूजा करते हैं, इसी प्रकार से पूर्वजों की समानता भी दृष्टिपथ में आ सकती है। अब आप अपने सब पूर्वजों का सम्मान करेंगे या केवल मुसलमान पूर्वजों का सम्मान और हिंदू पूर्वजों का अपमान? उनका, यानी हिंदू पूर्वजों का सम्मान करना बुरी बात है या सम्मान करना ही मानवता है। हम सभी रामकृष्ण की संतान हैं, चाहे मजहब हमने मोहम्मद का मान लिया होगा—यह बात डॉ. ताहिर, मो. उमेर, खुर्शीद भाटी बहुत स्पष्ट शब्दों में कह रहे हैं। मुसलिम देश इंडोनेशिया एयरवेज का नाम गरुड़ एयरवेज है, बीस हजार की करेंसी पर गणपति का चित्र है, रामनवमी की छुट्टी होती है, नाम सुकर्णो, मेघावती है। वहाँ का नागरिक कहता है कि हमने मजहब मोहम्मद से लिया परंतु संतान तो हम राम-कृष्ण की हैं। क्या इंडोनेशिया में इसलाम खतरे में आ गया या वे लोग कुफ्र कर रहे हैं? या यह उनकी सच्ची वतनपरस्ती का सबूत है।

जिस इसलाम के पैगंबर ने कभी कोई मुकुट धारण नहीं किया, उन्हीं को माननेवाले 'मुकुटधारी बादशाह' (मुगल सम्राट्) असली व पक्के मुसलमान कैसे हुए भला? अपने कार्यकाल में किसी भी बादशाह ने मुसलिमों या समाज को साक्षर करने या शिक्षा के लिए किसी विश्वविद्यालय की स्थापना क्यों नहीं की? इन बादशाहों ने मुसलिमों को मजहब व मकबरे तो दिए पर शिक्षा और रोजगार न देने के कारण विशेष रूप से भारत के मुसलमान तथा शेख समाज भी अनपढ़ व पिछड़े ही रह गए और विदेशी मुगल राज करते रहे। आज अनेक मुसलमान मि. काजिम, सलीम अंसारी, मो. अफजल, शादी खाँ आदि इस विषय पर नाना प्रकार से गंभीरता से सोचने व बोलने लगे हैं। जबकि विदेशी मुगल बादशाहों ने हिंदुस्तान में बड़े-बड़े शिक्षा इदारे (संस्थान) व उद्योगों को नष्ट (बरबाद) किया है। आखिर क्यों? उन्होंने अपने शासनकाल में एक भी (यूनीवर्सिटी) और एक भी बड़ी इंडस्ट्री क्यों नहीं खोली? इतना ही नहीं, उन्होंने एक भी बड़ा अस्पताल (Hospital) नहीं चलाया। कारण, हिंदुस्तान का मनुष्य केवल अनपढ़ व बेरोजगार ही नहीं, बीमार भी रहे। इस विषय की गहराई में जाने का काम इस आंदोलन में जुटे मुसलमान कर रहे हैं।

विश्व में नारी को लेकर 3 सभ्यताएँ हैं। खाड़ी देशों में स्त्री को वस्त्रों से पूर्णतः ढक दिया, अंधकार में डुबो (बुरका) दिया और पैर की जूती माना। अनेक लोगों का यह मानना है कि अरब में महिलाओं पर भयानक अत्याचार थे, उससे उभारने के लिए यह मार्ग लिया गया। यूरोप ने इसी स्त्री को नग्न कर उसे भोग की वस्तु बना दिया, किंतु भारतीय संस्कृति ने स्त्री को पूरक माना है। स्त्री व पुरुष दोनों एक-दूसरे के पूरक हैं। जो लोग समानता तथा मुक्ति की चर्चा करते हैं, उसकी बजाय प्रश्न पूरकता व सम्मान का है। नारी के बारे में विश्व का श्रेष्ठतम चिंतन व आचरण भारत का है, क्योंकि हमने माना है कि नारी ही संस्कृति है, संस्कृति ही नारी है। इसलिए भारत में तलाक यानी डायवोर्स नहीं के बराबर था। विवाह को जन्म-जन्मांतर का संबंध माना जाता है। समानता व मुक्ति पश्चिम का चिंतन है, क्योंकि वहाँ नारी भोग की वस्तु है। मुसलिम महिलाओं में तलाक, हलाला, मेहर आदि को लेकर बेचैनी है और वे इसका हल मौलानाओं से नहीं, भारत के संविधान में चाहती हैं। समान नागरिक कानून की माँग जोर पकड़ने लगी है। आज भी इसलाम में महिला को मसजिद में प्रवेश नहीं है ? आज जब हम हर चीज का नए परिवेश में विचार कर रहे हैं तो कानून को ऐसा बनाने की क्यों नहीं सोचते कि तलाक हो ही नहीं ? जैसे निकाह औरत के कबूल करने पर होता है, वैसे ही तलाक भी उसके कबूल किए बिना न हो। इसे आलोचना न माना जाए, बल्कि सुधारवादी प्रक्रिया माना जाए। जैसे भारत में कुछ जातियों में सती-प्रथा को लेकर, कुछ जगह पर लड़की की जन्म से पूर्व भ्रूण हत्या को लेकर सुधारवादी आंदोलन खड़े दिखाई दे रहे हैं।

हर व्यक्ति को ध्यान रखना चाहिए कि उसके कारण दूसरे की आस्था, अस्मिता और भावना को आघात न पहुँचे। दोनों को एक-दूसरे के सुख-दुःख में सहभागी होना चाहिए। दो भिन्न समुदायों में शांति और नम्रता का संतुलन ही समभाव है। सर्व पंथसमभाव की संकल्पना न तो किसी मुसलिम देश में है और न ही क्रिश्चियन देश में है, यह केवल भारत में ही है। सभी देशों के ईसाई और मुसलमान व इनके उपमजहब आज भी एक भी देश में एक साथ नहीं रह सकते, क्योंकि उनके भी पंथ, पद्धतियाँ और मसजिद व चर्च विविध तरह के होते हैं। मजहब जोड़ता तो फिर शिया और सुन्नी, कैथोलिक और प्रोटेस्टेंट झगड़ते क्यों ? जोड़ता है तो केवल धर्म (नैतिकता एवं सच्चाई) का भाव व वतनपरस्ती का आचरण। मजहबी कट्टरता लड़वाती है। इसलिए भारत में हम कहते हैं कि आदमी को कट्टर मुसलमान नहीं,

सच्चा मुसलमान बनना चाहिए। मजहब को कट्टरता व नफरत के रूप में प्रस्तुत करने की बजाय प्रेम, शांति, भाईचारे के व्यवहार में प्रस्तुत करने की आवश्यकता है।

इशरत जहाँ के संदर्भ में कांग्रेस एवं मैकाले, मार्क्स के मानस पुत्रों द्वारा की गई राजनीति के संदर्भ में प्रश्न उठता है कि इस प्रकरण की जाँच क्यों नहीं हुई? इशरत की दफन विधि के लिए उसकी माँ कब्रिस्तान गई। इसलाम में इसका कहीं भी अर्थात् महिलाओं का कब्रिस्तान जाने के बारे में कहीं कोई संकेत नहीं है। इशरतजहाँ के पिता कौन हैं, कहाँ हैं? पाकिस्तान उसे अपना एजेंट बताता है। मारे जानेवालों में चार में से दो पाकिस्तान से आए थे। वे क्यों छुपा लिये गए। यह सेक्यूलरिस्टों व मानवाधिकार समूह द्वारा मुसलमानों को हिंदुओं से लड़वाने की साजिश थी। अंग्रेजी राज में भी बाँटो और राज करो था। गुजरात में हत्याकांड करने की साजिश महाराष्ट्र की जमीन पर तैयार हुई, जहाँ कांग्रेस की सरकार है। आश्चर्य होता है कि मानवाधिकार समूह, सेक्यूलरिस्ट व कम्युनिस्ट ही नहीं, मीडिया भी चुप्पी साध गया। क्या सत्य को ऐसे कुचला व झुठलाया जा सकेगा? पाकिस्तान कश्मीर के आतंकवाद को जेहाद कहता है। इससे भारत में यह धारणा फैल गई कि 'जेहाद, यानी कत्लेआम'। आज मुसलमान को जेहाद और आतंकवाद में स्पष्ट अंतर करना होगा, नहीं तो वह नफरत व शक के कठघरे में खड़ा रहेगा। क्रिकेट मैच भारत-पाकिस्तान के बीच होता है तो भारत के मुसलमान को भारत की विजय चाहना व मनाना ही देशभक्ति है या पाकिस्तान की जीत की कामना करना? इसी प्रकार से चंद बेवकूफ मुसलमानों द्वारा पाकिस्तानी झंडा लहराने व जिंदाबाद का नारा लगाने पर चुप रहना चाहिए या उसे मौलानाओं, इमामों द्वारा गैर इसलामी तथा गद्दार घोषित करना चाहिए? ऐसे अनेक प्रश्नों के स्पष्ट उत्तर राष्ट्रीय मुसलिम आंदोलनी देने के लिए आगे बढ़ रहा है।

गाय से जो कुछ भी मिलता है, वो सब (मूत्र, गोबर, दूध) मनुष्य के लिए उपयोगी होता है। इसलिए गाय को कामधेनु या माता का दर्जा दिया गया। क्या गाय ने मजहब, पंथ, जाति व धरती के आधार पर किसी से भेदभाव किया? नहीं किया। फिर हिंदू बेचे, मुसलमान काटे और खाए, क्या यही इनसानियत है? इसीलिए 'गोहत्या बंदी' की हमारी यानी राष्ट्रवादी मुसलमानों की माँग है। अभी तक के 70 से अधिक सम्मेलनों में मुसलमानों ने भी गऊहत्या बंदी का प्रस्ताव पारित किया है। दुर्भाग्य से लोगों ने राजनीतिक चश्मा लगा रखा है। गलत को गलत कहना और सत्य को सत्य मानना ही राष्ट्रवाद है। स्वयं पैगंबर मो. साहब ने कहा है कि गऊ

का दूध मुफीद है, यानी अमृत है और मांस, यानी गोश्त सेहत के लिए खतरनाक है। बहादुरशाह जफर ने सन् 1857 में स्वयं गऊहत्या बंदी का आदेश दिया था, क्योंकि यह हिंदू-मुसलिम तनाव का एक बड़ा कारण है। गऊ के मनुष्य पर उपकार के कारण भारत के लोग उसे माँ मानकर पूजा करते हैं। यहाँ प्रश्न खड़ा होता है जो माँ नहीं मानना चाहते तो क्या उन्हें उपकार करनेवालों की भावनाओं को ठेस पहुँचानी चाहिए?

इस देश के प्रत्येक व्यक्ति के मन में और सृष्टि के कण-कण में राम बसे हुए हैं, परंतु राम के अवतार का एक ही स्थान है तो फिर रामजन्मभूमि के बारे में विवाद क्यों? आज भारत वर्ष में 3000 के लगभग ऐसे स्थान हैं, जहाँ पूजास्थल (मंदिर) तोड़कर इमारतें या मसजिदें बनाई गईं। अधिकांश जगह नमाज नहीं पढ़ी जाती है। हिंदुओं ने कहा इनमें अयोध्या, काशी, मथुरा को पुनः देवस्थानों में निर्मित करने से सभी पुराने अत्याचार भुलाकर भाईचारे, प्यार, मोहब्बत व शांति का नया युग प्रारंभ हो जाएगा। क्या हजरत बल में रखे मौए मुकद्दस (मोहम्मद साहब का बाल) की प्रामाणिकता सिद्ध करने का मुकदमा चल सकता है? नहीं, तो क्यों नहीं? कारण—विश्वास और श्रद्धा। राष्ट्रवाद ही मनुष्य में सत्य बोलने की शक्ति जगाता है। मुसलिम समुदाय को ये साबित करना होगा कि वे भारतीय संविधान में सचमुच विश्वास करते हैं। सत्य मानने के बाद ही समस्या का निराकरण हो सकेगा। कल अगर हजरतबल या स्वर्ण मंदिर पर कोई विवाद हो, तो क्या वहाँ अस्पताल, पार्क, अनाथालय आदि बनवाना चाहिए—ऐसा विचार करनेवालों (इंडिया टुडे) को बौद्धिक दिवालिया या विदेशियों के हाथ का खिलौना ही कहना चाहिए। अयोध्या में उस स्थान की खुदाई में मिले प्रमाण को झुठलाना, यानी सच का गला घोंटना है। जब स्वर्ण मंदिर, हजरत बल, काबा पर मुकदमा नहीं हो सकता, तब अयोध्या में राम मंदिर की प्रामाणिकता सिद्ध करने के लिए मुकदमे की बजाय उस पर मंदिर के भव्य निर्माण में मुसलमानों को बढ़-चढ़कर भाग लेना ही मानवता है। विदेशी मानसिकतावाले या राजनीतिक नेता राष्ट्रवादी मुसलमान के इस आंदोलन में तरह-तरह की दुविधाएँ पैदा कर सकते हैं।

राम मंदिर निर्माण के विवाद को लेकर अन्य अनेक प्रश्न खड़े होते हैं। पहली बात, क्या बादशाह बाबर के सेनापति मीर बांकी को अयोध्या में तथा काशी, मथुरा में खाली जमीन उपलब्ध नहीं थी, मसजिद बनवाने के लिए या जमीन तो उपलब्ध थी परंतु पूजास्थल (मंदिर) नष्ट करना ही उद्देश्य था? दूसरा, क्या ऐसी मसजिद

इसलाम में चलती है, जिनमें मूर्तिवाले पत्थर लगे हों? उत्तर मिलता है 'नहीं'। तो फिर अयोध्या, काशी, मथुरा की मसजिदों के अंदर व बाहर की दीवारों में ऐसे पत्थर, वे भी टूटी हुई एवं खंडित मूर्तिवाले हैं। तीसरा, इसलाम में विवादवाली जगह या अन्य मजहबवाली जगह पर नमाज अदा नहीं करते और इन अनेक प्रकार की बातों के लिए कुरान में भी वर्णन मिलता है। अनेक मुसलिम विद्वान् डॉ. एम. फारुखी आदि कहते हैं कि कुरान की कुल आयतों की तादात 6666 है, जिसमें मुश्किल 40 आयतें जंग से संबंधित हैं परंतु आज कहीं भी शांति, अमन, भाईचारा को न बताकर दूसरों से नफरत करने की और जंग की बातें अधिक कही जा रही हैं। राष्ट्रवादी मुसलिम आंदोलन इतिहास की यह सच्चाई जानकर इस समस्या के सामधान का मार्ग बना रहा है। एक बार गंदी राजनीति से ऊपर उठकर सोचा तो अयोध्या विवाद का स्थायी हल निकल आएगा। काशी, मथुरा समस्या का हल भी निकल आएगा। आज भय है कि कुछ विदेशी व कट्टर मानसिकता के लोग इस समस्या का हल इसलिए नहीं निकालने दे रहे हैं, क्योंकि भारत में उनके षड्यंत्र कैसे फले-फूलेंगे अर्थात् नहीं फल-फूल पाएँगे। तीन प्रमुख स्थानों पर मंदिर निर्माण होने से इसलाम व मुसलमान खतरे में नहीं आएगा, बल्कि इसलाम भी शांति, भाईचारे का मजहब है—ऐसा गहराई से स्थापित होगा। मुसलमान कठघरे में नहीं, बल्कि सम्मान के साथ रहेगा।

जापान-जापानी, अरब-अरबी, इसी के अनुसार हमारे देश व समूह समाज का नाम, आर्यावर्त-आर्य, भारतवर्ष-भारतीय, हिंदुस्थान-हिंदू है। आर्य, भारतीय, हिंदू यह पूजा पद्धति अर्थात् पंथ नहीं है, बल्कि अनेक पंथों की संसद् है, अर्थात् Paraliament of Religions है। इसलिए हिंदू में अनेक पंथ, जातियाँ, भाषाएँ आती हैं। सबकी स्वतंत्र पहचान रखते हुए हम भारत खंड (धरती व संस्कृति) से एक हैं। इस Paraliament of Religions में बाहर से आए दो पंथ (मजहब—Religions) इसलाम और ईसाइयत ही नहीं, अन्य कोई मत, पंथ को माननेवाले भी सम्मिलित हो सकते हैं, सम्मिलित हैं ही। आर्य बाहर से नहीं आए। यहाँ के मूलवासी भारतीय हिंदू ही आर्य हैं। आर्य, द्रविड़ का विभेद अंग्रेजों ने खड़ा किया। आज भी तिब्बती, नेपाली, भूटानी, हिंदु, हिंदुस्तानी, भारतीय आदि एक-दूसरे के राज्य यानी देश में विदेशी नहीं माने जाते। सीमाओं पर भारी सेना की आवश्यकता नहीं। ये सभी अलग-अलग राज्य (देश) होने पर भी एक ही सांस्कृतिक राष्ट्रीयता को माननेवाले हैं। प्रश्न खड़ा होता है कि यह रिश्ते पाकिस्तान, बँगलादेश आदि के साथ संभव क्यों नहीं हो पा रहे हैं?

एक प्रश्न खड़ा होता है कि इसलाम बुतपरस्त (मूर्ति पूजक) है या बुतशिकन (मूर्ति भंजक) है। एक उत्तर बनता है कि इसलाम बुतपरस्त नहीं है, परंतु आज इसलाम में गुरुगद्दी आ गई है, जैसे खोजा बोहरा आदि, आज इसलाम में मजार व कब्र पर जाना और उसे मानना आ गया है और यह भी बुतपरस्ती का ही अलग प्रकार का रूप नहीं है क्या? मुझे अनेक दरगाहों पर जाने पर वहाँ उपस्थित रूहानी इनसानों ने बताया कि हम बढ़िया-से-बढ़िया कपड़ा चढ़ाते हैं, यानी आज पहनावा, धूप, अगरबत्ती जलाते हैं, प्रसाद व जल देते हैं, जो वस्त्र ओढ़ाते हैं, उसे अहेराम कहते हैं। दूसरा उत्तर बनता है कि इसलाम बुतशिकन भी नहीं है, इसलाम तो निराकार का उपासक है। तब इसलाम को माननेवाले मुसलमानों में से, जिन्होंने बुतकिशन का काम किया, उन सबके बारे में क्या कहा जाए? उन्होंने ठीक किया या गलत किया? उनके कार्य इनसानियत के परिचायक हैं या उन्हें शैतान का काम करनेवाला कहा जाएगा? अगर बुतशिकनों को आप हिंदुस्तान में ठीक मानते हैं तो फिर भाईचारा कैसे संभव होगा? ताजा उदाहरण है कि क्या बामयान (अफगानिस्तान) में बुद्ध प्रतिमाओं को तोड़ने को इसलाम के मान्यताप्राप्त नेताओं ने गैर इसलामी घोषित किया? आज इन बातों को भी साफ तौर से कहने के लिए सच्चे मुसलमान को आगे आना होगा। यह सच्चाई अयोध्या, काशी, मथुरा की समस्या का भी हल करेगी। जब इसलाम दूसरे की आस्था में दखल देने की हिदायत ही नहीं देता, बल्कि उसकी इज्जत की बात करता है तो फिर रास्ते निकल आएँगे। विश्व में 60 से अधिक मुसलिम देश हैं तथा कोई भी मुसलिम देश ऐसा नहीं, जिसमें गैर-मुसलिम मजहब तो दूर उनके अपने उपमजहबों को इज्जत व हक प्राप्त हो। इसी प्रकार से विश्व में 105 ईसाई देश हैं। एक भी ऐसा ईसाई देश नहीं, जिसमें गैर-ईसाई पंथों को तो दूर, उनके अपने सबरिलीजंस को भी समान सम्मान व अधिकार प्राप्त हों। केवल भारतवर्ष ही ऐसा खूबसूरत देश है, जिसमें यह प्रत्यक्ष हो रहा है कि केवल भारत में जन्मे पंथों को ही नहीं, विश्व में जन्मे सभी religions को सम्मान प्राप्त है, उनको प्रसार की व पालन करने की सुविधाएँ प्राप्त हैं। अपने वतन की खुशबू दुनिया में सबसे बेहतरीन है।

आज Media, Human Rights Groups, Socalled Secularist, Communist आज तो Judiciary की भी कैसी हालत है कि गुजरात घटनाक्रम पर केवल नरेंद्र मोदी से बदला लेने के नाम पर गोधरा में रामभक्त क्यों कैसे जले? कश्मीर घाटी से लाखों हिंदुओं का पलायन व हजारों की मौत? सन् 1984 के दंगों

में सिखों का कत्लेआम व पलायन, इन सब पर ये सभी चुप हैं। मुंबई में हुए बम विस्फोटों में मृतक, घायल व उजड़ों के प्रश्न पर चुप्पी क्यों? क्योंकि इन सब पर बोलने पर ये सभी ताकतें कठघरे में होंगी। अगर सच को स्थापित नहीं करके उसे मारेंगे तो आप गंदी राजनीति तो कर लेंगे, परंतु समाज व राष्ट्र का भविष्य बरबाद करेंगे। आवश्यकता है गोधरा रोकने की। आवश्यकता है कश्मीर में आई.एस.आई. गतिविधि रोकने की। आवश्यकता है 'बाँटो और राज करो' की अंग्रेज नीति को दफनाने की। सब कांडों अर्थात् घटनाओं की जाँच हो और प्रत्येक कसूरवार को सजा मिलना ही राष्ट्रीयता है, मानवता है। इस सच्चाई को स्थापित करना है, न कि झूठ को बढ़ावा देना। मुसलमान को अपनी गरीबी, अनपढ़ता व पिछड़ेपन से लड़ना है, न कि मजहब के नाम पर खून-खराबे करने का हथियार बनना है। आज मुसलमान को मजहब के नाम पर भयग्रस्त बनाकर उन्हें नफरत व हिंसा के लिए उपयोग करनेवाले षड्यंत्रकारियों से सावधान रहने की आवश्यकता है।

संघ स्वयंसेवकों द्वारा मदद व संघ का हिंदुस्तानी मुसलिमों के बारे में दृष्टिकोण में अनेक बातें प्रस्तुत हो चुकी हैं। एक प्रत्यक्ष घटना की चर्चा करना महत्त्वपूर्ण रहेगा। मैं एक बार ऊधमपुर में एक सेवा कार्य के उद्घाटन कार्यक्रम में मुख्यवक्ता के नाते उपस्थित था। उस कार्यक्रम में मुख्य अतिथि के नाते वहाँ के जिला कमिश्नर श्री इकबाल खान थे। उन्होंने मंच पर ही पूछा कि आपका हिंदुस्तान के मुसलमानों के बारे में क्या नजरिया है? इतनी देर में मेरा नाम पुकारा गया सभा को संबोधित करने के लिए। मैंने उठते हुए मुख्य अतिथि से कहा कि मैं इसका उत्तर सार्वजनिक रूप से देता हूँ। मैंने सेवा पर अपना मुख्य भाषण दिया और फिर मान्यवर कमिश्नर साहब का यह प्रश्न बताते हुए कहा कि प्रत्येक मनुष्य का एक राजनैतिक जीवन है, एक सामाजिक जीवन है। मैं इस संदर्भ में केवल मुसलमान की चर्चा करूँगा, वैसे मेरी बात को हरेक पर लागू किया जा सकेगा। जब राजनैतिक दलों का विचार करेंगे तो उन्हें इनसान की नहीं, वोट की जरूरत होती है। दल व नेता वोट प्राप्ति के लिए तरह-तरह के लालच देकर व कीमत बोलकर वोट प्राप्ति की कोशिश करते हैं और इसके साथ-साथ वह वोट-समूह को भयग्रस्त भी बनाते हैं और फिर उनकी रक्षा की गारंटी भी करने लगते हैं। जो दल और नेता ज्यादा कीमत और गारंटी दे, मुसलमान उन दलों के नेताओं के हाथ बिकता है अर्थात् वोट देता है। ऐसे दल मुसलमान को वोट के रूप में खरीदते हैं और मानते हैं कि खरीदा है तो अहसान किस बात का? कीमत दी है और वोट

लिया है। इसलिए मुसलमान (वोट के रूप में) खरीदा व बेचा जा रहा है। इसीलिए वह दोयम दर्जे का नागरिक बना है। संघ यह समझता है कि आप वोट नहीं इनसान है, इसलिए आप खरीदे व बेचे नहीं जाने चाहिए। आप लोग जो ज्यादा कीमत व गारंटी दे, उसके साथ न जाकर जरा उसके बारे में भी सोचें, जो आपको वोट नहीं इनसान समझता है। इसलिए कीमत नहीं बल्कि भाईचारा, वतनपरस्ती, इज्जत, यह है अपनेपन की निशानी। संघ कहता है कि आप इस वतन के हैं, यहाँ के पूर्वजों व तहजीब के हैं। केवल आपने अपने वतन के मजहब को न लेकर अरब से आए मजहब को लिया है। आज अच्छे व सच्चे मुसलमान को यही सोचना है कि वोट नहीं इनसान के रूप में जीएँगे। अभी तो यह एक बात कहता हूँ, परंतु अन्य अनेक बातें भी हैं, इन्हें भी बार-बार मिलने पर चर्चा में लाएँगे। मूल बात अगर समझ में आ गई तो शेष मुसीबतों का भी हल निकल आएगा। कहते हैं कि बिकाऊ तो भेड़-बकरी व गुलाम होता है। आप न तो भेड़-बकरी हैं और न ही गुलाम। आज जो भी मजहब हेतु अपना जातीय समूह वोट-बैंक बनकर जीवित है, राजनेता व दल उन्हें खरीदते-बेचते हैं और वे सभी संकट में हैं। संघ ने तो कभी चुनाव नहीं लड़ा और न ही संघ राजनैतिक दल है। यह सच है कि स्वयंसेवक वोटर है और लोकतंत्र में वह भी किसी-न-किसी दल को वोट देता है। परंतु संघ का साफ कहना है कि मुसलमान वोटबैंक नहीं, इनसान-समूह है। यह पहचान आपको अपना बनाती है और फिर देखिए आपकी इज्जत आज से कई गुना बढ़ेगी।

एक प्रश्न यह भी खड़ा दिखाई देता है कि इसलाम मजहब व ईसाई रिलीजन में जाने के पश्चात् हिंदुस्तान में नाम व जुबान बदले जाने पर जोर क्यों दिया जाता है, जबकि अरब, तुर्कीस्तान, अमेरिका, फ्रांस आदि में वहाँ की पुरानी जुबान व नाम आज भी चलते हैं। इसका साफ मतलब है कि विदेशी लोग अपने मजहब, रिलीजन देकर इस देश के आदमी, यानी उसकी पहचान को पूरी तरह से बदलकर उसमें वतनपरस्ती व पुराने रिश्तों की वफादारियों को बरबाद करना चाहते हैं। आज इस देश में सच्चे व वतनपरस्त मुसलमान के सामने यह भी प्रश्न खड़ा है? क्या ऊपरवाला मुझे मेरी खुशबू अर्थात् पहचान अर्थात् नाम व जुबान के साथ स्वीकार नहीं करेगा? इसका मतलब है कि आप दूसरे के नाम या जुबान से भी नफरत करते हैं, उसे अच्छा ही नहीं मानते? आज हिंदुस्तान का मुसलमान व ईसाई जन्म से, माँ के पेट से मराठी, गुजराती, कश्मीरी, मलयाली, असमिया आदि-आदि जुबान लेकर आता है। क्या विदेश से आनेवाले लोग नाम व जुबान बदलकर यह स्थापित

नहीं कर रहे कि ऊपरवाले को एक ही प्रकार के नाम व जुबान (भाषा) प्रिय है और वह यही जानता है? इससे बड़ी विडंबना (दुःख) व शरारत भरा अपराध और क्या हो सकता है? आज हिंदुस्तान के मुसलमान और ईसाई को सोचना है, इन विदेशियों की इबादत के तौर-तरीके जब हमने ले लिए तो वह हमारा नाम, जुबान आदि क्यों छीन रहे हैं। कहीं हमें वतन से तो नहीं काट रहे? हमारी अपनी माँ की कोख से मिली पहचान तो नष्ट नहीं कर रहे?

कश्मीर समस्या भी एक महत्त्वपूर्ण विषय है, जिसके समाधान से भी आपसी भाईचारा बढ़ेगा और राष्ट्रीयता सुदृढ होगी। आज पाकिस्तान कहता है, कश्मीरी आजादी के वास्ते आतंकवाद के नहीं, बल्कि जेहाद के मार्ग पर है। आजादी की माँग करनेवाले समूह व नेता कहते हैं कि सन् 1947 में हिंदुस्तान व पाकिस्तान बनने के समय पर कश्मीर अलग था और इसलिए हम न भारत और न ही पाकिस्तान चाहते हैं, बल्कि आजादी चाहते हैं। इधर पाकिस्तान का प्रथम नारा है कि 'हँसकर लिया है पाकिस्तान, लड़कर लेंगे हिंदुस्तान' और दूसरा नारा है 'कश्मीर के बिना पाकिस्तान अधूरा है'। मैंने इस जंग के समर्थक लोगों से कुछ प्रश्न किए—

1. क्या विश्व के किसी भी देश अथवा कश्मीर की किसी भी इतिहास एवं भूगोल की पुस्तक में दिखाओ, जिसमें जम्मू-कश्मीर एक स्वतंत्र देश बताया गया है?
2. पिछले 55वर्षों से जो कश्मीर का हिस्सा (भू-भाग) पाक के कब्जे में है, वहाँ के कश्मीरी भाइयों ने आज तक पाकिस्तान में क्यों विलय नहीं किया?
3. सन् 1946, 47, 48 में भी जब कश्मीर का आदमी विश्व के किसी भी देश में जाता था, तब वह वहाँ पर भारतीय, हिंदू, हिंदुस्तानी व इंडियन ही कहलाता रहा है। उसे कोई कश्मीरी नहीं कहता था, क्योंकि विश्व में आदमी की पहचान न तो मजहब से है, न ही जाति अथवा पार्टी से, बल्कि उसके अपने वतन यानी देश से है।
4. सन् 1947 में अंग्रेजों के अधीन जो भारत था, उसका विभाजन हुआ, जबकि 562 रियासतों के रूप में स्वतंत्र भारत अर्थात् अंग्रेजों के जो आधीन नहीं था, ऐसा भारत भी था। इसीलिए उस समय नीति बनी कि रियासतों रूपी भारत की प्रत्येक रियासत को भारत व पाकिस्तान जहाँ चाहे जाने की आजादी है। सभी जानते हैं कि सात रियासतों ने

पाकिस्तान में तथा 555 रियासतों ने हिंदुस्तान के ही साथ रहने का संकल्प किया।

5. पाकिस्तान के जन्म के तीन मास पश्चात् ही पश्चिम एवं यूरोप द्वारा रचे गए षड्यंत्र का सहारा लेकर हिंदुस्तान अर्थात् जम्मू-कश्मीर।

□

हिमालय परिवार–एक अवधारणा की जन्म-कथा

हिमालय–देवतात्मा; बचपन से ही मन में एक छवि बस गई कि हिमालय केवल हमारी सुरक्षा ही नहीं है, बल्कि जीवनदाता भी है। जीवनदाता ही नहीं, तारणहार है, स्वर्ग का द्वार है। गंगा, यमुना, ब्रह्मपुत्र आदि अनेकानेक पावन नदियाँ इसी में से प्रवाहित हो रही हैं। ऋषि–मुनियों, तपस्वियों की साधना स्थली है। रमणीक है, पर्यटन व तीर्थाटन के लिए विश्व भर में विख्यात है। देवताओं का ही वास नहीं, साक्षात् शिव की क्रीड़ा स्थली है। माँ शक्ति, दुर्गा का वास होने के कारण ऊर्जा का स्रोत है। खनिज व औषधियों का भंडार है। संजीवनी को धारण किए है। सैलानियों, तीर्थयात्रियों, वैज्ञानिकों, ज्ञानियों एवं साधकों को अपनी ओर आकर्षित करता है।

राष्ट्रीय स्वयंसेवक संघ के प्रचारक के रूप में मुझे 1983 जुलाई मास में जम्मू–कश्मीर संभाग (प्रदेश) का दायित्व संघ कार्य हेतु मिला। पहाड़ों में रहने, घूमने, कठिनाइयों से जूझने, दुर्गम क्षेत्रों में कार्य करने, विविधताओं के बीच जीने का सुअवसर मिला। मुसलिम बहुल कश्मीर घाटी के हिंदुओं व जम्मू के दुर्गम पहाड़ व मैदानी इलाकों के हिंदुओं में कार्य बढ़ाने के लिए संघ कार्यपद्धति व धार्मिक परिवेश का सहारा लिया। बौद्ध बहुल लद्दाख में संपर्क बढ़ाया जाने लगा। जम्मू व कश्मीर घाटी के मुसलिम समुदाय में वतनपरस्त बंधुओं की खोजकर उनसे भी संबंध स्थापित किया गया। लद्दाख आना–जाना प्रारंभ हुआ। संबंध मजबूत होने लगे। मौसम में प्राणवायु अर्थात् ऑक्सीजन बहुत कम होने के कारण साँस उखड़ता है, चमड़ी झड़ने लगती है। नाइट्रोजन की मात्रा अधिक होने के कारण खुश्की आती है, जिससे मस्तिष्क पर भी प्रभाव पड़ता है। लद्दाख में पूजा–पद्धति से दो ही

समुदाय अधिक हैं, एक बौद्ध, दूसरे शिया मुसलिम। सिख, सनातनी आदि अर्थात् विशाल परिभाषा से हिंदू कुल मिलाकर ढाई-तीन लाख जनसंख्या में मात्र 5 से 10 हजार के बीच ही हैं। बौद्ध एक लाख चालीस हजार, शिया मुसलिम एक लाख चालीस हजार के लगभग हैं। लेह बौद्ध बहुल, करगिल मुसलिम बहुल जिले हैं। लद्दाख सीमांत होने के कारण पी.ओ.के. (पाक) व तिब्बत (चीन) से सटा है। पाक व चीन दोनों की गिद्धदृष्टि लद्दाख पर लगी है। चीन ने 1949 से 1959 के बीच तिब्बत हड़पने के पश्चात् 20 अक्तूबर, 1962 को भारत पर आक्रमण कर केवल लद्दाख के अक्साई चिन का 42,735 वर्ग कि.मी. पर कब्जा कर लिया है। पाकिस्तान ने 1947-48 व 1965 के आक्रमणों में 78,114 वर्ग कि.मी. जम्मू व कश्मीर का भू-भाग अवैध कब्जे में किया हुआ है। घुसपैठ बढ़ रही है। सीमाओं पर गोलाबारी निरंतर रहती है। अनेक आतंकवादी गिरोह सक्रिय हैं। चीन ने पूरे हिमालय में आणविक केंद्र, हवाई अड्डे, सैनिक छावनियाँ बना, सड़कों का जाल बिछा लिया है। आई.एस.आई. का जाल पूरे हिमालय में फैल चुका है। हिमालय भारत का सुरक्षा प्रहरी है, परंतु पंचशील की हत्या कर, हिंदी-चीनी भाई-भाई की पीठ में छुरा घोंपकर चीन ने हिमालय को रक्तरंजित कर दिया है। आई.एस.आई. भी पिछले अनेक वर्षों से खून की होली खेल रहा है।

बौद्ध देशभक्त हैं, भारतीय हैं। पूजा-पद्धति से सनातनी, वैदिक नहीं हैं। अनेक राजनैतिक दलों, नेताओं, बुद्धिजीवियों, तथाकथित मानवतावादी व सेक्यूलरिस्टों का यह अभियान है कि "हिंदुत्व व हिंदू संकीर्णता है, सांप्रदायिकता है और इसे लेकर चलनेवाली संस्थाएँ व लोग कट्टरपंथी हैं।" इस भ्रामक प्रचार का बौद्धजगत् भी पूरी तरह शिकार है। हिंदुत्व को पूजा-पद्धति मानना ही गलत है। हिंदुत्व एक जीवन-पद्धति है, यह न तो धर्मांतरण करता है और न ही किसी की पहचान को समाप्त करता है और इस ईश्वरीय मानवतावादी हिंदुत्व को लेकर चलनेवाली संस्थाएँ आर.एस.एस. आदि जो हिंदू संगठन करती हैं, वे तो जाति, भाषा, प्रांत व मजहबवाद को समाप्त कर एकता की पुजारी हैं। यह सत्य अभी हिमालय में पहुँच नहीं पाया है और बौद्ध भी इससे अछूते हैं, यह बात ध्यान में आई है।

विकास के नाम पर गरीबी व पिछड़ेपन को दूर करने के कार्य में अनेक विदेशी धन पर चलनेवाली एन.जी.ओ. भी हिमालय में सक्रिय हैं। लाखों-करोड़ों रुपए यूरोपियन व अरब देशों से आ रहा है। विकास से अधिक वह धन धर्मांतरण करने में खर्च हो रहा है। समाज को हिंदुस्तान अथवा भारत से काटने का षड्यंत्र

रचा जा रहा है। वहाँ के जीवन में यह भेद व भ्रम पैदा किया जा रहा है कि भारत में हिंदुत्व के नीचे उनकी पहचान को खतरा है, जबकि हिमालयी जनजातियों की मूल पहचान, जो हजारों-लाखों वर्षों से हिंदुत्व व हिंदुस्तान में सुरक्षित व विकसित होती रही है, आज उनकी पहचान को बदलकर नई विदेशी पहचान दी जा रही है। भाषा, वेशभूषा, पूजास्थल, पूजा-पद्धति, नाम, नृत्य, पूर्वज, परंपराएँ, संगीत, खानपान सब समाप्त कर उन्हें इसलाम व ईसाइयत में लाकर धरती (वतन भारत) के प्रति उनकी निष्ठा भी बदली जा रही है। आज भारतीय स्वतंत्रता-संग्राम के वीरों व वीरांगनाओं के चित्र, राष्ट्रीय पर्व 26 जनवरी, 15 अगस्त, 2 अक्तूबर, राष्ट्रध्वज तिरंगा, राष्ट्रगान जन-गण-मन को चर्च, मसजिद, मदरसा व इनके मतावलंबी कितना सम्मान व स्थान देते हैं, ये प्रश्न मुँह बाए खड़े हैं, मगर समाधान नहीं खोज पा रहे हैं।

दूसरी ओर स्मगलर, बड़े ठेकेदार, अनेक राजनेता, अफसर सभी की वक्रदृष्टि हिमालय की वन संपदा व सांस्कृतिक धरोहर पर लगी है। वन काटे जा रहे हैं, लकड़ी स्मगल हो रही है। देवस्थानों से दुर्लभ कलाकृतियों व मूर्तियों की चोरी करके धन के लालच में विदेशों में बेची जा रही हैं। जड़ी-बूटियाँ, खनिज आदि का संरक्षण व संवर्धन कर वहाँ रोजगार के उपक्रम खड़े किए जाते, उसकी बजाय बहुत सस्ते दामों पर वहाँ की गरीब, भोलीभाली, ईमानदार, धर्मप्रिय जनता से यह सब खरीदकर गरीबी व पिछड़ापन पैदा किया जा रहा है। पर्यटक आते हैं परंतु खा-पीकर, मौज-मस्ती कर प्रदूषण फैलाकर चले जाते हैं। सड़क निर्माण व अन्य प्रकल्पों के नाम पर संतुलित नहीं, बल्कि अवैध भू-कटान बढ़ रहे हैं। जलस्रोतों के सदुपयोग की कोई योग्य योजना नहीं। फल-फूल, खाद्यान्न बहुत सस्ते में खरीदा जा रहा है। खेलकूद आदि के विकास एवं हथकरघा उद्योग के लिए कहीं पर कोई सुविधाएँ विकसित नहीं की गई हैं। इन सब कारणों से हिमालय बदरंग व प्रदूषित होता जा रहा है। हिमालय में पिछड़ापन व गरीबी बढ़ रही है। लोगों का पलायन मैदानी व नगरीय क्षेत्र की ओर बढ़ रहा है।

इन सब खतरों को पहचान लद्दाख के बौद्धों, कश्मीर के मुसलमानों व जम्मू के दुर्गम जनजातीय क्षेत्रों में संपर्क व संबंध बढ़ाने की योजना बनी। अनेक कार्यकर्ता बंधु इस चुनौती को जो एकता, अखंडता, शांति व भाईचारे के लिए खतरे हैं, को स्वीकार कर इन कठिन क्षेत्रों में मिशनरी भाव से जुट गए। जान पर खतरे थे, विरोध था, गलतफहमी थी, साधनों का घोर अभाव था परंतु "साधना न कभी व्यर्थ जाती, चलकर ही मंजिल मिल पाती, फिर क्या आँधी, तूफान व पहाड़

है'' इस भाव से ओत-प्रोत थे सभी बंधु। सन् 1989 में लद्दाख में 'भगवान् बौद्ध लोक कल्याण संघ' के नाम पर कार्य प्रारंभ किया, परंतु ध्यान में आया कि बौद्ध मतावलंबी अवतारवाद को तो मानते हैं, परंतु ईश्वर व आत्मा की सत्ता को नहीं मानते हैं, इसलिए सन् 1994 में नाम बदलकर 'लद्दाख फांदे छोगस्पा' (लद्दाख कल्याण संघ) रखा गया। गाँव-गाँव सर्वेक्षण किया गया। बौद्ध समाज के धार्मिक, सामाजिक व राजनैतिक नेताओं से संपर्क किया। आज 4 जागरण केंद्र, 14 सेवा प्रकल्प, 6 संस्कार केंद्र, 1 विद्यालय सक्रिय भूमिका निभा रहा है। सर्वश्री अजय जंबाल, विजय छीरिंग, लामा नवांग पलजोर, लामा लोटस, सोनम वांगचुक, सोनम सुपारी, सोनम स्तुपदन आदि की भूमिका सराहनीय है। बौद्ध नेतृत्व को ध्यान में आया कि हिंदुत्व व हिंदू-धर्म पूजा-पद्धति नहीं जीवन-पद्धति है। इसको मिशन के रूप में लेकर चलनेवाली संस्थाएँ व लोग धर्मांतरण नहीं करते, इसलिए पहचान को खतरा तो है ही नहीं, बल्कि हमारे संवर्धन व संरक्षण में मददगार है। ये हमें तथा हमारी लुटती पहचान को बचाने में सहायक हुए हैं। सिंधु दर्शन जैसे आंदोलन से हमें राष्ट्रीय प्रवाह से जोड़ा ही नहीं, बल्कि आर्थिक स्वावलंबन व सांस्कृतिक मजबूती मिली है। हिंदू-बौद्ध समन्वय विषय की संगोष्ठियों के कारण सभी को ध्यान में आया कि ये दोनों एक ही आधार पर खड़े हैं। और यही विश्व शांति व भाईचारे का मार्ग है और हमारी सुरक्षा भी है। प्रथम राष्ट्रवादी, मानवीय एन.जी.ओ. के रूप में आज हम वहाँ सक्रिय हैं।

सन् 1990 में मुझे जम्मू-कश्मीर के साथ-साथ हिमाचल प्रदेश का भी दायित्व मिला। हिमाचल प्रदेश पूर्णतया हिमालय व उसकी गोद ही है। लाहौल स्पीति, किन्नौर जाना हुआ। धर्मशाला (काँगड़ा) व विभिन्न शहरों में भारतीय बौद्धों के साथ-साथ तिब्बतियों के बड़े, छोटे सेटलमेंट्स (बसती गृह) देखे। उनकी गतिविधियों के समाचार पढ़ने व सुनने पर इतिहास के अनेक पृष्ठ खुलने लगे कि तिब्बत को चीन ने केवल हड़पा ही नहीं है, बल्कि वह तिब्बतियन नस्ल को ही समाप्त करने पर तुला है। चीन आज के मानवाधिकार युग में लाखों तिब्बतियों को मौत के घाट उतार चुका है। हजारों जेलों में हैं। विश्व का सबसे छोटा धार्मिक गुरु आज 11-12 वर्षीय पंचेन लामा वर्षों से जेल में है और उसका कुछ भी अता-पता नहीं है। साठ लाख तिब्बतियों के तिब्बत में सन् 2020 तक 200 लाख चीनी अर्थात् 2 करोड़ चीनियों को बसाना, तिब्बती महिलाओं को चीनी पुरुषों से बलात् विवाह, दलाईलामा के चित्र को दुकानों अथवा घर में

लगाने पर सजा, इस प्रकार से भारत के लिए स्वर्ग समान, धरती की छत कहा जानेवाला तिब्बत चीनी क्रूरता का शिकार है। कैलाश मानसरोवर, सागर माथा अथवा विश्व माता (सबसे ऊँची चोटी, जिसका अंग्रेजी नाम माउंट एवरेस्ट) चीन के कब्जे में है। वैदिक-बौद्ध संस्कृतियों पावन तीर्थ यात्रा संकट में है। सन् 1959 से दलाईलामा अपने हजारों-हजार तिब्बतियों के साथ भारत में शरण लिये निर्वासित जीवन व्यतीत कर रहे हैं। कैलाश मानसरोवर की यात्रा की अनुमति चीन से लेनी पड़ती है, जो कभी पूर्ण मुक्त क्षेत्र था। चीन द्वारा एक नक्शा प्रकाशित हुआ है, जिसमें हाथ के रूप में हथेली तिब्बत है, जिसको वह हड़प चुका है। एक अंगुली नेपाल, दूसरी भूटान, शेष तीन अंगुलियाँ आज के राजनैतिक भारत के लद्दाख, सिक्किम व अरुणाचल पर हैं। अरुणाचल का अनेक वर्ग कि.मी. भू-भाग कब्जे में किया हुआ है, अर्थात् चीन बहाना खोज रहा है, तैयारी में जुटा है और उपयुक्त समय की प्रतीक्षा कर रहा है कि कब पुनः हिमालय को आक्रमित कर इन सभी देशों व भारतीय भू-भाग को हड़पकर अपने विस्तारवाद व साम्राज्यवाद का शिकंजा फैलाए। चीन विशाल व क्रूर है—ऐसा नेपोलियन ने कहा था और कालक्रम में विवेकानंद व माधव गोलवलकर ने सावधान किया था कि भारत को अगर कभी भारी खतरा आएगा तो वह हिमालय की ओर से चीन से होगा। उसने आर्थिक दृष्टि से अपने सुंदर व सस्ते माल से नेपाल, भूटान व भारत के अनेक प्रदेशों की मंडियों को भर दिया है। हमारे लघु उद्योग चौपट हो रहे हैं। चीनी एजेंट इसकी आड़ में पैर जमा रहे हैं। तिब्बती 'फ्री तिब्बत' का आंदोलन कर रहे हैं। पूज्य दलाई लामा नीतिवश तथा वर्तमान परिस्थिति में स्वायत्तता की माँग को लेकर विश्व जनमत जुटाकर चीन से वार्त्ता द्वारा तिब्बत जाने का मार्ग खोज रहे हैं।

पहाड़ से नीचे आने पर एक बात और भी ध्यान में आई कि पर्वतीय क्षेत्रों व लोगों के बारे में भ्रम भी बहुत है। उनकी वेशभूषा, भाषा, शक्ल-सूरत मंगोलियन होने के कारण लोग इन दुर्गम पहाड़ी क्षेत्र के लोगों को चीनी अथवा विदेशी मानकर व्यवहार करते हैं। कभी-कभी नफरत अथवा संदेह से भी देखते हैं। उनकी सांस्कृतिक वेशभूषा में जो भव्यता है, उसे नगरीय लोग जंगली कह देते हैं, जबकि ये जनजातियाँ, अनुसूचित जातियाँ सचमुच ईश्वर के नजदीक हैं, सरल हैं, इन्होंने कष्टपूर्ण जीवन व्यतीत करते हुए भी देवत्व को बनाए रखा है। एक बात का आभास मिला, जो आगामी खतरे की भयानकता और उसमें छुपे षड्यंत्र

की ओर संकेत करता है। कुछ विदेशी अंतरराष्ट्रीय ताकतें संपूर्ण हिमालय में यह प्रचार कर रही हैं कि आपकी शक्ल-सूरत, भाषा-बोली, वेशभूषा, परंपराएँ, पूजा-पद्धतियाँ हिंदुओं अर्थात् आर्यों से नहीं मिलती हैं। आप लोग अलग हैं, इसलिए हिमालयिस्तान की माँग जोर पकड़े, यह षड्यंत्र है। अभी तो माँग की शुरुआत है। इसके लिए साहित्य बाँटा जा रहा है, लोगों में जा-जाकर बताने, समझाने के प्रयत्न जारी हैं। इसमें विदेशी चर्च व मसजिद के साथ-साथ साम्यवादी तत्त्व भी सक्रिय हैं। अरुणाचल के मुख्यमंत्री श्री मुकुट मिथी ने 2 नवंबर, 2002 को चकमोह में कहा कि ये विदेशी तत्त्व रोजगार, स्वास्थ्य, विकास, शिक्षा लेकर आए, हम हिमालयीन लोग खुश हुए, परंतु अब ध्यान में आ रहा है, यह उन्होंने हमें मुफ्त में नहीं दिया, हमने बहुत ज्यादा कीमत अपनी पहचान, पूर्वज, परंपराओं, देवस्थान, भूमि, कलाएँ आदि को गँवाकर दी है। अब सावधान होना आवश्यक है, नहीं तो हम हिमालयीन ही नहीं रहेंगे, सब विदेशियों के कब्जे में होगा। ऐसे भाव प्रस्तुत किए।

सन् 1997 दिसंबर मास के अंत में माँ चामुंडा (काँगड़ा) के परिसर में जम्मू-कश्मीर व हिमालय राज्यों के प्रमुख कार्यकर्ताओं की बैठक थी। वहाँ एक बौद्ध भिक्षु आचार्य यशी फुंछोक मुझे मिलने आए और इस भेंट को देवीय योजना ही माना जाए, क्योंकि आर.एस.एस. के प्रमुख पूज्य सरसंघचालक प्रो. राजेंद्र सिंह व परम पावन दलाई लामाजी की धर्मशाला में भेंट सुनिश्चित होकर एक संदेश उभरा 'भारत गुरु है, तिब्बत चेला है' तथा 'हिंदू-बौद्ध समन्वय वैश्विक शांति के लिए आवश्यक है।' मैंने इसे देवीय योजना इसलिए कहा कि यहाँ से नए आंदोलन ने गर्भ धारण किया। 27 सितंबर, 1998 को मुझे तिब्बत व तिब्बत निर्वासितों में राजसत्ता का कौन सा तंत्र हो, इस विषय पर तीन दिवसीय गोष्ठी के समापन समारोह का मुख्य अतिथि बनने का सौभाग्य मिला। वर्तमान में आर.एस.एस. के पूज्य सरसंघचालक और उस समय के सह सरकार्यवाह श्री सुदर्शनजी से विस्तृत वार्त्ता करते हुए मार्गदर्शन प्राप्त कर मैं समारोह में मकलोडगंज (धर्मशाला) में सम्मिलित हुआ। तिब्बतियों व तिब्बत समस्या से अंतरंग होने का यह प्रथम अवसर था। मुझे मा. सुदर्शनजी, उस समय के हिमाचल प्रदेश वि.वि. के कुलपति स्व. सुरेंद्र गुप्ता व पूर्व न्यायाधीश श्री एम.जी. चटकारा ने विषय तैयार करने व तिब्बती साहित्य उपलब्ध करवाने में बहुत मदद की। इस कार्यक्रम में तिब्बती निर्वासित सरकार के 5-6 मंत्री, 30-35 सांसद, अनेक उच्च पदाधिकारी, विद्वान्, 25-30 यूरोपियन

देशों के प्रतिनिधि व अनेक भारतीय प्रतिनिधियों के बीच विचार प्रस्तुत करने का सुअवसर मिला। समारोह की अध्यक्षता कर रहे आज के निर्वासित सरकार के मंत्री परिषद् के मुख्य अर्थात् कोलोन ट्रिप्पा प्रो. सामदोंग रिम्पोच्छे से भेंट व परिचय हुआ। अगले दिन दोपहर में पूज्य दलाईलामाजी के दर्शन व आशीर्वाद को अति निकट से प्राप्त करने का सौभाग्य मिला। पूज्य दलाईलामा हिमालय समान गंभीर व शांत तो थे ही, परंतु अंदर से निर्वासन की गहरी पीड़ा के बावजूद सौम्य एवं मुसकान लिये थे। विश्व शांति का दूत बन तिब्बती समाज को एकजुट रख, तिब्बत लौटने का संकल्प जागरण करते हुए सामान्य मानव नहीं, बल्कि साक्षात् देवता हैं। यहाँ से हमें भी तिब्बत के लिए कुछ करना चाहिए, यह प्रेरणा जाग्रत् हुई और 5 मई, 1999 को अनेक भारतीयों व तिब्बतियों ने मिलकर 'भारत-तिब्बत सहयोग मंच' को जन्म दिया। मैं इसका संस्थापक संरक्षक बना। इस गतिविधि आंदोलन के जन्म से ही डॉ. कुलदीप चंद अग्निहोत्री, जो उस समय बाबा बालकनाथ स्नातकोत्तर महाविद्यालय चकमोह के प्रिंसीपल थे, सुनील मनोचा, अनीष कुमार, जम्यांग दोरजे, दाबा छीरिंग, अतिशा (वर्तमान में ताईवान में), चमनलाल गुप्ता, आचार्य यशी फुंछोक, मसूद भट्ट की भूमिका सदैव स्मरणीय रहेगी। तिब्बत की आजादी, भारत की सुरक्षा व एशिया में शांति की स्थापना का मिशन लेकर नानाविधि कार्यक्रमों द्वारा गतिविधियाँ प्रारंभ हो गईं। 30 अप्रैल, 2000 को धर्मशाला में पूज्य दलाईलामाजी के निर्वासन के 40 वर्ष पूरे होने को लेकर स्थानीय (भारतीय व तिब्बती) जनता के सहयोग से आज तक के सबसे विशाल भव्य समारोह को आयोजित किया गया, जिसमें से एक और संदेश मिला, 'हम भारत के ऋणी हैं, क्योंकि उसने हमें बुद्ध एवं बौद्ध धर्म दिया।' यहाँ से आंदोलन गति पकड़ता गया। 7 से 20 अक्तूबर प्रत्येक वर्ष अधिकाधिक स्थानों पर तिब्बत की आजादी, कैलाश मानसरोवर की मुक्ति, भारत की सुरक्षा का पखवाड़ा मनाया जाए—यह संकल्प उभरा। इस भव्य समारोह में सर्वश्री शांता कुमार, प्रेम धूमल, प्रवीण भाई तोगड़िया, प्रोमिलाताई मेढ़े की उपस्थिति मार्गदर्शक थी।

12 अगस्त, 2000 को हिमाचल प्रदेश में 'गोंफा' (स्पीति) में कालचक्र के आयोजन में मैं, हिमाचल प्रदेश के राज्यपाल श्री विष्णुकांत शास्त्री एवं मुख्यमंत्री श्री प्रेम कुमार धूमल सम्मिलित हुए। उद्घाटन समारोह के पश्चात् मेरी पूज्य दलाईलामा से अलग से तीस मिनट की भेंट हुई, जिसमें से एक सारगर्भित, अनेक दिशाओं की ओर संकेत करता मार्गदर्शन प्राप्त हुआ। पूज्य दलाईलामा ने कहा और

कहते समय मेरे हाथ उनके हाथों में थे, 'जब भारत के पड़ोसी तिब्बत, नेपाल, भूटान, श्रीलंका हैं तो सीमा पर केवल 10 से 100 सिपाही पर्याप्त हैं, परंतु जब पड़ोसी चीन, पाकिस्तान आदि हैं तो लाखों की फौज व प्रतिदिन का करोड़ों का खर्च होने पर भी शांति, अखंडता, भाईचारे को खतरा-ही-खतरा है।' धीरे-धीरे हिमालयीन देशों व जनजातियों में संपर्क बढ़ने लगा। अध्ययन व अनुभव से एक बात और ध्यान में आई कि भारतीय, तिब्बती, नेपाली, भूटानी सांस्कृतिक रूप से समान धरातल पर खड़े हैं। भाषा, बोलियों का मूल संस्कृत है। तीर्थ समान हैं। एक-दूसरे के देश में विदेशी नहीं माने जाते हैं। सांस्कृतिक मान्यताएँ समान हैं। समाज की मौलिक इकाई परिवार है। मित्र-दुश्मन समान हैं। संकट अथवा खतरे भी समान हैं और समस्याएँ साझी हैं।

आई.एस.आई. (पाकिस्तान) का मिशन 'हँसकर लिया है पाकिस्तान, लड़कर लेंगे हिंदुस्तान', 'जम्मू-कश्मीर के बिना पाकिस्तान अधूरा है' उनके इरादों की स्पष्ट अभिव्यक्ति है। आज जम्मू-कश्मीर में 150 के लगभग आतंकवादी गिरोह, उनके प्रशिक्षण के लिए पी.ओ.के., पाक, सूडान व अफगानिस्तान में चलनेवाले 122 से अधिक शिविर, जेहादी मानसिकता के कारण पाकिस्तान के 1947, 65, 71, 99 के आक्रमणों के पश्चात् अब आतंकवाद का छद्म-युद्ध जारी है। खासतौर पर कश्मीर घाटी की शांति, सुंदरता व खुशहाली को आज हिंसा का राक्षस नोच-नोचकर खा रहा है, वैसे तो पूरा जम्मू-कश्मीर आतंकवाद की भट्ठी में झुलस रहा है। करगिल युद्ध व आतंकवाद का तुलनात्मक अध्ययन से पता चलता है कि करगिल युद्ध 30-40 दिन का रहा। आतंकवाद के युद्ध को 5500 से अधिक दिन हो गए हैं। करगिल युद्ध में कुल 612 सैनिक व अफसर शहीद हुए, आतंकवाद में 40,000 से अधिक लाशें गिनी जा चुकी हैं, जिसमें 5000 पुलिस व फौज के सिपाही से बड़े अफसर तक हैं। करगिल युद्ध में 50,000 के लगभग लोग उजड़े। इस आतंकवाद में 5 लाख से अधिक लोग, जिसमें कश्मीर घाटी से ढाई लाख, जम्मू क्षेत्र के राजौरी, पुंछ, डोडा व सीमा से ढाई लाख लोग आज भी उजड़ी जिंदगी व्यतीत कर रहे हैं। करगिल युद्ध में खर्चा 1864 करोड़ रुपए हुआ। आतंकवाद के खिलाफ 46,000 करोड़ व्यय कर चुके हैं, परंतु शांति, भाईचारे की कोई उम्मीद नहीं, जबकि सिर पर लगातार विभाजन व मानव रक्तपात की तलवार लटकी है। विश्व की कूटनीतिक चाल देखो। अगर 11 सितंबर, 2001 को अमेरिका के डब्ल्यू. टी.सी. एवं पेंटागन पर हमला हुआ तो आतंकवाद के खिलाफ वैश्विक युद्ध की चेतावनी दी जाती है

और भारत की विधानसभा, संसद् (13 दिसंबर, 2001), अक्षरधाम, रघुनाथ मंदिर, पुलिस व सैनिक छावनी, नेता, बाजार व स्टेशन पर हमला तो कहा जाता है कि धैर्य रखो। आखिर क्यों? आज आतंकवाद माओवादियों के रूप में नेपाल में खूनी होली खेल रहा है। भूटान में आई.एस.आई. का जाल फैल रहा है। उत्तर-पूर्व में 30 से अधिक उल्फा, बोडो, नागा, त्रिपुरा आदि के आतंकवादी गिरोह, शेष भारत में नक्सलवाद, पी.डब्ल्यू.जी., एम.सी.सी., माओवाद, जन्म मुक्ति मोर्चा आदि आज पूरे हिमालय को 200 से अधिक आतंकवादी गिरोहों ने अपनी छावनी बनाया हुआ है। इनमें से एक गंभीर प्रश्न खड़ा होता है कि इनसे पकड़े जाने वाले हथियारों में अधिकांश पर मेड इन यू.एस.ए., मेड इन चाईना क्यों है? आज तक आतंकवादियों ने मंदिर, गुरुद्वारे, आश्रम आदि पर तो हमले किए, परंतु किसी चर्च व मसजिद पर हमला नहीं किया, क्यों? ये प्रश्न अनुत्तरित है, परंतु बहुत कुछ कह रहे हैं। आतंकियों ने चर्च, मसजिद में शरण ली, ऐसे समाचार छपते रहते हैं।

आतंकवाद की चपेट में आए जम्मू व कश्मीर घाटी के मुसलमानों में इस खौफ में भी आशा की किरण नजर आई। आज भी बड़ी संख्या में वहाँ मुसलमान मिलते हैं, जो यह मानते हैं कि कश्मीर का इसलाम मुल्लाइज्म नहीं, सूफीइज्म है। मूल रूप से कश्मीरी एवं अफगानी भी पहले वैदिक थे, फिर शैव मत का प्रभाव बढ़ा, फिर बौद्ध मतावलंबी बने और आज इसलाम मत में हैं। परंतु कश्मीर का इसलाम सनातन परंपराओं के नजदीक है। अरब का इसलाम मुल्लाइज्म है, जो कट्टरपंथी है, हिंसक है। सन् 1999 सितंबर मास में श्रीनगर में एक संगोष्ठी हुई, जिसका विषय था 'Relavence of rishi cult in Kashmir in prasent day circumstances society'। इसमें भाग लेनेवाले लगभग 60 विद्वानों में 50 के लगभग मुसलिम विद्वान् थे। उन्होंने कहा कि हमने पड़ोसी अर्थात् हिंदू (कश्मीरी पंडित, डोगरा, सिख आदि) को न बचाकर एवं चुप रहकर कट्टरपंथियों के सामने घुटने टेककर सूफी इसलाम अर्थात् कश्मीरियत की तौहीन की है। अगर वर्तमान कश्मीर व कश्मीरियत को जानना है तो उसके वैदिक, शैव एवं बौद्ध रूप को छोड़कर समझा नहीं जा सकेगा। 'जम्मू-कश्मीर पीस फाउंडेशन, सुबह फाउंडेशन, नारी जागरण मंच, दुःख तराने हिंद, बोर्डर पीपुल्स फ्रंट' बने। भारतीय जीवन-मूल्यों का जागरण, दुःखी जनों की सहायता, आतंकवाद में बरबाद परिवारों को सहारा—इस प्रकार के कार्य व कार्यक्रम प्रारंभ किए गए। सर्वश्री बशीर मल्लिक, जिया, दीन मोहम्मद, बशीर बड़गामी, कौसर नसीम, जाकिर, फयाज अहमद बट्ट,

कुचे, सरफराज, एम.जी. राजपुरी, मोहम्मद बेग, अशरफ, बिलकिस, यूसुफ सोफी, सुरेंद्र गौतम, दलीप, विवेक धाड़कर, गिरीश जुयाल, सुरेखा चौधरी, स्नेह बाली आदि की भूमिका बहुत ही उत्साहवर्धक है। आज सैकड़ों नहीं, हजारों लोग जुड़ते जा रहे हैं। इन सबके सामने भारतीयता और कश्मीरियत को सुरक्षित करने के लिए कुछ भी कीमत देने की चाह है।

धीरे-धीरे कारवाँ बढ़ने लगा और एक मिशन उभरने लगा कि संपूर्ण हिमालय मानवता का अर्थात् प्राचीन वैदिक और वर्तमान की बौद्ध संस्कृति का ही रूप है। हिमालय सिंगापुर से ईरान तक माना जाता है तो भी हिंदुकुश से लेकर म्याँमार तक का हिमालय निकट भूतकाल में एक था। जहाँ सीमाओं का कोई बंधन नहीं था। इसलिए इस पृष्ठभूमि में चुनौती सामने थी। उसके स्वीकार कर उत्तर देने के संकल्प की आवश्यकता थी। चर्चा चली, वार्त्ताएँ, बैठकें हुईं और 'युग युगीन हिमालय और हमारा कर्तव्य' पर 31 अक्तूबर, 1-2 नवंबर, 2001 को चकमोह में बाबा बालकनाथ सिद्धपीठ के श्री चरणों में एक राष्ट्रीय संगोष्ठी का आयोजन किया गया। आयोजन टोली में श्री डॉ. कुलदीप अग्निहोत्री केंद्रबिंदु बने और जुड़ गए सर्वश्री डॉ. स्वदेश गर्ग, सुनील मनोचा, डॉ. विवेक गुप्ता, दाबा छीरिंग, आचार्य ऐशी फुनटोक, गैरी डोलमा, कर्मा छोपेल, ओमप्रकाश गर्ग (नेपाल वाले), मोहन घरदीवान, रामस्वरूप एडवोकेट। मुझे इस संगोष्ठी का गुरुतर भार सँभालना था। सर्वश्री प्रेम कुमार धूमल (मुख्यमंत्री हिमाचल) संरक्षक बने, सर्वश्री महेश्वर सिंह (सांसद), जगत नड्डा (स्वास्थ्य मंत्री), सुरेश चंदेल (सांसद), ईश्वर धीमान (शिक्षा मंत्री) का सक्रिय योगदान संरक्षक बना। शिमला वि.वि. के कुलपति सुरेंद्र गुप्ता तो रीढ़ बन गए थे, परंतु कुछ दिन पूर्व उनका हृदयगति रुकने के कारण स्वर्गवास हो गया। देश-भर से निर्वासित तिब्बतियों के अतिरिक्त भारत में से गांधीवादी, सर्वोदयी, समाजवादी, राष्ट्रवादी विद्वानों में 100 से अधिक विद्वान् प्रत्यक्ष उपस्थित हुए। चार उपकुलपति, तीन डी.जी.पी. (अवकाश प्राप्त), अनेक सेवानिवृत्त सेनाधिकारी, विश्वविद्यालयों के प्रोफेसर, इतिहासकार, लेखक, सांसद, विधायकों के अतिरिक्त प्रमुख रूप से समता पार्टी से आज के रक्षा मंत्री जॉर्ज फर्नांडीज, कांग्रेस से अरुणाचल के मुख्यमंत्री श्री मुकुट मिथी, भा.ज.पा. से हिमाचल के मुख्यमंत्री श्री प्रेमकुमार धूमल, संघ के अ.भा. अधिकारी श्री श्रीकांत जोशी संगोष्ठी की शोभा बढ़ा रहे थे। यही सम्मेलन बना 'हिमालय परिवार' आंदोलन की गंगोत्री। पारिवारिक वातावरण की मस्ती में संकल्प गूँज रहा था कुछ करने का।

मैंने वहाँ उपस्थित प्रायः सभी प्रमुख लोगों से जो अलग-अलग देश, दल, चिंतन से जुड़े थे, वार्त्ता की। उसी में से संगोष्ठी समापन के समय 2 नवंबर, 2001 को 'हिमालय परिवार' की संकल्पना का चित्रण प्रस्तुत किया और उसमें प्रथमतः भारत, तिब्बत, नेपाल, भूटान, और फिर अफगानिस्तान, पाकिस्तान, बँगलादेश व म्याँमार के पार्वत्य क्षेत्रों को भी बिना तानाशाह, कट्टरवाद व आतंकवाद के जोड़ लिया जाए। आंदोलन गैर-राजनीतिक रहेगा। सामाजिक, सांस्कृतिक परिवेश में इन सभी देशों के लोग और सभी प्रकार की संस्थाओं को एकजुट कर आतंकवाद, कट्टरवाद, अलगाववाद, धर्मांतरण, प्रदूषण, मिटती पहचान को लेकर जनजागरण करेंगे। 'हिमालय परिवार' एक संस्था नहीं, बल्कि अनेक संस्थाओं का आंदोलन होगा, जिसमें सब अपनी-अपनी पहचान रखते हुए मिलकर कार्य करेंगे। वहाँ उपस्थित हजारों हाथों ने इस आंदोलन का साक्षी बन एक सुंदर-सबल वैचारिक आंदोलन को जन्म दिया। आज इस आंदोलन में अनेकानेक संस्थाएँ हैं। लद्दाख फांदे छोगस्पा, भारत-तिब्बत सहयोग मंच, जम्मू-कश्मीर पीस फाउंडेशन, सुबह फाउंडेशन, नारी जागरण मंच, हिमालय रिसर्च इंस्टीट्यूट, इतिहास संकलन योजना, हिंदुस्तान स्काउट एंड गाइड, श्री देवभूमि हिमालय सेवा न्यास, राष्ट्र सेविका समिति (उत्तर क्षेत्र), नेपाल-भारत मैत्री समाज, विश्व बौद्ध सांस्कृतिक प्रतिष्ठान, हिंदू हैरिटेज, हिमालयन बुद्धिस्ट कल्चरल एसोसिएशन, दिल्ली विचार मंच, उत्तरांचल उत्थान परिषद् आदि संस्थाएँ जुड़ चुकी हैं। 2 फरवरी, 2002 को भूपेंद्र कंसल, गिरीश जुयाल, 18, 19, 20 सितंबर शिमला में डॉ. सुदेश गर्ग, डॉ. बंसल व डॉ. कुलदीप अग्निहोत्री, 21 नवंबर को नेपाल में डॉ. नमिता सिंह तथा दिल्ली में अनेकानेक कार्यक्रम सर्वश्री एम.एम. शर्मा, वंदना पाठक, जगदीश शर्मा आदि के संयोजकत्व में राष्ट्रीय गोष्ठियाँ संपन्न हो चुकी हैं। एक प्रतिनिधिमंडल, जिसमें सर्वश्री महेश्वर सिंह, लामाजोतपा, लोचन टुललकू, पी.टी मयात्से आदि अनेक सांसद व हिमालयीन विद्वानों के साथ मैं भी 1 अगस्त, 2002 को देश के प्रधानमंत्री श्री अटल बिहारी वाजपेयी से मिले और उन्हें भोटी भाषा को मान्यता हेतु 123 सांसदों के हस्ताक्षरयुक्त ज्ञापन देने के साथ-साथ 'हिमालय परिवार—एक अवधारणा' इस आंदोलन की भी जानकारी दी। हिमालय के बौद्धों के तीन व्यक्तित्व विकास शिविर धर्मशाला, देहरादून व चंडीगढ़ में संपन्न हो चुके हैं, जिसमें क्रमशः 63, 102 व 113 संख्या युवक-युवतियों की रही। इसके आयोजन में महिलाओं में से सुश्री रेखा राजे व गिरिजाजी का भी महत्त्वपूर्ण सहयोग मिला।

तिब्बत की आजादी, भारत की सुरक्षा व कैलास मानसरोवर की मुक्ति विषयों पर 30 से अधिक संगोष्ठियाँ, धर्मशाला, शिमला, चंडीगढ़, दिल्ली, हमीरपुर, लेह, लखनऊ, कुल्लू, विभिन्न तिब्बतीय आवासीय कॉलोनियाँ, आनंदपुर साहेब, काँगड़ा, ऊना, मुजफ्फरपुर, काठमांडू, देहरादून, हरिद्वार तथा अन्य नगरों में संपन्न हो चुकी हैं। हिमालय परिवार के इस आंदोलन को जिनका आशीर्वाद प्राप्त हो चुका है ऐसी महान् विभूतियाँ पूज्य दलाईलामाजी, जूना पीठाधीश्वर श्री 1008 अवधेशानंदजी महाराज, बाबा दूधाधारी, संघ सरसंघचालक श्री कुप.सी. सुदर्शन, तिब्बत निर्वासित सरकार के मंत्री परिषद् मुख्य प्रोफेसर सामदोंग रिमपोछे, आर.एस.एस. के माननीय मदनदासजी, मुरली मनोहर जोशी (मानव संसाधन मंत्री), जार्ज फर्नांडीज (रक्षामंत्री), अशोक सिंहल (अंतरराष्ट्रीय कार्यकारी अध्यक्ष, विहिप), थुप्तसन छेवांग (लद्दाख-लेह हिल कौंसिल), डॉ. वी.के. मोदी, ठा. रामसिंह (राष्ट्रीय अध्यक्ष-इतिहास संकलन योजना), भारतीय बौद्ध लामा जोत्पा, लोचन टुल्लकू, सोना रिम्पोछे, अनेक मुख्यमंत्री, मंत्री, सांसद, लेखक, इतिहासकार, पत्रकार, सेवानिवृत्त पुलिस व सेना अधिकारी पी.सी. डोगरा (डी. जी.पी.), स. हिम्मत सिंह (मेजर जनरल), न्यायाधीश आदि-आदि। सन् 2002 व 3 को हिमालय वर्ष के रूप में मनाने का संकल्प ले आगे भी अनेक गोष्ठियाँ, प्रदर्शन, सम्मेलन, मेले, युवा शिविर, प्रश्नोत्तरी, निबंध लेखन के कार्यक्रम मना रहे हैं। मासिक जागरण पत्रिका 'हिम-नाद' शुरू की गई है। अनेक तरह के स्टीकर भी चिपकाए जा रहे हैं। यह आंदोलन भविष्य को लिखने के लिए आतुर अपने श्रेष्ठ संकल्प के साथ, नित नूतन विश्वास के साथ जन समर्थन जुटाता आगे बढ़ रहा है। हिंदुस्तान स्काउट एंड गाइड ने इस आंदोलन को भारत के प्रायः प्रत्येक प्रदेश व हजारों विद्यालयों में पहुँचा दिया है। तिब्बती निर्वासित प्रशासन व तिब्बती युवा कांग्रेस ने इसे भारत में प्रत्येक तिब्बती आवास कॉलोनी में पहुँचा दिया है।

□

माउंट एवरेस्ट नहीं सागर माथा

वर्तमान काल में विश्व का सबसे ऊँचा पर्वत शिखर 'गौरी शंकर' या 'सागर माथा' (संस्कृत और प्राचीन साहित्य) को 29 मई, 1953 (ईसवी) में सर्वश्री एडमंड हिलेरी और तेनजिंग ने पुनः छुआ। 29 मई, 2003 को इस साहसिक कार्य की स्वर्णजयंती वर्ष पर लगभग 40 पर्वतारोही दल विश्व भर से विदेशी नाम प्राप्त 'माउंट एवरेस्ट' के शिखर पर पहुँचने के लिए जुटे थे। यह आयोजन सर्वधर्म समभाव की भारतीय मान्यता को पुनः उद्घोषित कर रहा था। पर्वतारोही दलों में वैदिक, बौद्ध, यहूदी, मुसलिम और ईसाई आदि भी सम्मिलित थे। यह पर्वत शिखर 29028 फीट ऊँचा माना जाता है। इसका पौराणिक नाम 'गौरी शंकर' इसलिए माना जाता है कि यहाँ भगवान् शंकर देवी गौरी माँ पार्वती के साथ विचरण करते हैं। इसका प्राचीन भौगोलिक नाम सागर माथा इसलिए माना जाता है, जब चारों ओर से हम समुद्रतट से पृथ्वी पर चलेंगे तो यह पर्वत उत्तुंग शिखर होने के कारण सागर माथा कहलाया, जैसे मानवशरीर में जब पाँव से ऊपर की ओर बढ़ेंगे तो सबसे ऊँचा अंतिम छोर मानव का माथा है। इस शिखर को तिब्बती भाषा में 'चोमोलुगंमा' के नाम से पुकारते हैं। नेपाल में तो आज भी इस शिखर को सागर माथा ही कहा जाता है। इतिहास में हम जब विकास कार्यों की जानकारी में आते हैं, तब ध्यान में आता है कि पृथ्वी एवं मानवमात्र के कल्याण (सुख) हेतु आर्यावर्त (भारतवर्ष) भू-खंड पर जल हेतु माँ गंगा को लाने का प्रयत्न महाराज सगर से प्रारंभ होकर उनके कुल में महाराजा भागीरथ के काल में संपन्न हुआ। यह सर्वोच्च शिखर महाराजा सगर की श्रमस्थली यानी तपस्थली रहा है। महाराजा सगर ने इसी शिखर से माँ गंगा के शंकर की जटाओं अर्थात् पर्वत-शृंखलाओं में व्याप्त रूप को देखते-देखते गंगोत्ती खोज निकाली, जहाँ से माँ गंगा को मानव कल्याण हेतु पृथ्वी पर प्रकट करने में महाराज भगीरथ सफल हुए। कुछ भू-वैज्ञानिकों का

मत है कि इस पर्वत शिखर की आयु 6 करोड़ वर्ष है। हम इस विवाद में अभी नहीं उलझेंगे कि हिमालय की आयु क्या है? इस शिखर से संपूर्ण आर्यावर्त के दर्शन यानी तिब्बत, अफगानिस्तान, नेपाल, भूटान, म्याँमार, श्रीलंका, बँगलादेश तथा भारत का नजारा दिखाई देता है। हिमालय देवात्मा कहलाता है अर्थात् जहाँ शांति, भाईचारा, पर्यावरण, सुख, खुशहाली (विकास), साधना (अध्यात्म) व शोध (नवीन खोज) का केंद्र रहा है। सन् 1841 में जब भारत विशाल अंग्रेजी साम्राज्यवाद से अपनी स्वतंत्रता हेतु जूझ रहा था, उस समय के सर्वेयर जॉर्ज एवरेस्ट ने हिमालय के इस उत्तुंग शिखर का नक्शा बनवाया और साथ ही शोर मचाया कि विश्व का सबसे ऊँचा शिखर गुमनाम है, जो कि घोर असत्य था और इसके पीछे एक गहरे षड्यंत्र की बू आती थी। विदेशी किसी दूसरे देश, समाज व संस्कृति पर कब्जा बनाए रखने के लिए उसके इतिहास को कैसे बदलते हैं, इस षड्यंत्र का यह पर्वत शिखर (हिमालय) भी शिकार हुआ है।

सन् 1852 में द ग्रेट ट्रिग्नोमेट्रिक सर्वे ऑफ इंडिया ने जॉर्ज एवरेस्ट के नेतृत्व में इसे विश्व का सर्वोच्च पर्वत शिखर घोषित किया, जबकि यह पहले से ही स्थापित सत्य था ही, परंतु उन्होंने पुनः हल्ला मचाया कि यह जानकारी विश्व को नहीं है। विशेष रूप से यूरोप व अन्य देशों में फैले इस अज्ञान को आर्यावर्त अर्थात् भारतवर्ष का भी अज्ञान घोषित कर दिया गया। सन् 1865 में जब सर जॉर्ज एवरेस्ट सरकारी पद से अवकाश ग्रहण कर अपने देश इंग्लैंड जा रहे थे, तब अकस्मात् इस सर्वोच्च शिखर, जिसको ब्रिटिश शासकों एवं चापलूसों ने गुमनामवाला, ऊँचाई मालूम नहीं तथा नक्शा भी नहीं, ऐसा प्रचारित किया था, उसका नाम जॉर्ज एवरेस्ट के सम्मान में 'माउंट एवरेस्ट' घोषित कर दिया। हिमालय के इस उत्तुंग शिखर, जिसका भारतीय साहित्य ग्रंथों व अन्य अनेक विश्व भाषाओं के ग्रंथों में नाम, ऊँचाई, नक्शा, इतिहास उपलब्ध था, उसकी प्राचीनता, धवलता, अध्यात्म, शोध, शांति आदि पर एवरेस्ट (विदेशी) को बिठा दिया गया और यूरोप (ब्रिटिश) ने हमारा ही हमसे छीन लिया।

मैं जब इस इतिहास को पढ़ता हूँ, तब लगता है कि भारतीय अस्मिता को विदेशियों ने किस क्रूरता से लूटा है और आज भी अनेक विद्वान् इतिहासकार एवं नेता इस अतिक्रमण को ही पालने-पोसने व स्थापित करने में लगे हैं। मन में विचार आता है कि ताजमहल, कुतुबमीनार जैसे अन्य अनेक भवनों पर अगर यह सिद्धांत लागू कर दिया जाए और कोई उसकी ऊँचाई नाप ले, नक्शा बना दे और कहे कि अब ये इमारत उसके नाम से पुकारी जाएँ, इससे बड़ी हास्यास्पद स्थिति क्या हो

सकती है ? हिमालय परिवार के अनेक प्रकल्पों में यह भी एक कार्य है कि हिमालय व उसके शिखर सहित सब प्रकार की चीजों की पहचान सुरक्षित रहे। इसलिए इस लेख को पढ़नेवाले यह संकल्प करें कि अब 'माउंट एवरेस्ट' नहीं, 'सागर माथा' कहेंगे अर्थात् अपनी खोई पहचान पुनः स्थापित करने के इस अभियान को जन-जन तक पहुँचाएँगे।

□

हिंदुस्तान में नेपालियों के प्रति हिंदुओं को चिंता क्यों?

नेपाल व नेपालियों की भारत में भारतीयों को अथवा हिंदुस्तान में हिंदुओं को चिंता क्यों है? इसका जब विचार करेंगे तो अनेक कारण ध्यान में आएँगे और उसी में से समस्या का समाधान भी प्रकट होगा।

माओवादी अंतरराष्ट्रीय ताकतों के चंगुल में

जब हम इतिहास में यह पढ़ते हैं कि पिछले 2500 वर्षों में यूनानियों से लेकर शक, हूण, कुषाण, मुगल, तुर्क, तार्तर, फ्रेंच, पुर्तगाली और अब तक के अंतिम आक्रांता ब्रिटिश साम्राज्य ने भरतखंड पर हमले कर जनता पर अत्याचार किए और इस भरतखंड की संपदा को लूटा, तब संप्रभु राज्य नेपाल भी इसका शिकार हुआ, अर्थात् हमारी तकलीफ साँझी रही है और आज भी साँझी है, कारण आज भारत व नेपाल दोनों ही माओवाद से ग्रस्त हैं। विशेष रूप से नेपाल के विकास को ग्रहण लगा है। शांति पूर्णतया भंग है। भय का वातावरण है। वर्तमान हिंदुस्तान भी नक्सलवाद (M.C.C., P.W.G.) आदि से ग्रस्त है और दोनों तरफ के दहशतगर्दों (Insurrgants) में गहरी मित्रता है। अभी-अभी जनवरी-फरवरी 2005 में इन्होंने छत्तीसगढ़ प्रांत में मिल-बैठकर साँझा रणनीति भी बनाई है। इस माओवाद के कारण बिहार, बंगाल, आंध्र प्रदेश, झारखंड, छत्तीसगढ़, महाराष्ट्र, कर्नाटक आदि आज भी भारी तकलीफ में हैं। नेपाल का अधिकांश धन व शक्ति विकास की बजाय इस माओवादी-विनाशवादी संकट से मुक्त होने पर खर्च हो रहा है। सन् 1995 में CPN (M) ने चुनाव का बहिष्कार कर 'पीपुल्सवार' की घोषणा नेपाल में की थी। आज इसकी 29000 के लगभग आधुनिक शस्त्रों से सुसज्जित सैनिक शक्ति है।

माओवादियों का नेपाल के 75 जिलों में से 45 जिलों पर हुक्म चलता है, जबकि नेपाल विश्व में घोषित हिंदू देश है। यह बात पक्की है कि न तो काठमांडू पर और न ही दिल्ली पर लाल सलाम का झंडा फहरा है और न ही फहराएगा। एक गंभीर प्रश्न अवश्य खड़ा होता है, अगर एक माओवादी पर 5000 रुपए प्रति मास भी खर्च होता है तो कुल न्यूनतम मासिक व्यय 15 से 20 करोड़ अर्थात् वर्ष का 200 करोड़ रुपए का बनता है। इतना सारा धन माओवादी के पास कहाँ से आता है, इन्हें कौन देता है? इस विदेशी हाथ को जानना जरूरी है। इनसे पकड़े जानेवाले हथियार चीन, आई.एस.आई. या अमेरिका के नाम की मोहरवाले हैं।

भारत का हिंदू समाज ही नेपालवासियों का सच्चा हितैषी

आज के विभाजित अर्थात् खंडित भारत की मुक्ति यानी स्वतंत्रता के साथ ही नेपाल को भी अंग्रेज शासन से मुक्ति मिली है। नेपाल का कुल क्षेत्रफल 1,40,800 वर्ग कि.मी. है। जनसंख्या में हिंदू—86.2 प्रतिशत, बौद्ध—7.8 प्रतिशत, मुसलिम—3.87 प्रतिशत, अन्य—2.2 प्रतिशत। प्रत्येक नेपाली यह समझता व मानता है कि भारत सदैव उसका दूसरा घर है और भारतीय उसका बड़ा भाई है। अगर हम यह बात कहेंगे कि नेपाली हमारा छोटा भाई है, हमारे लिए नेपाल भाई का घर है तो तुरंत यह अर्थ निकाला जाएगा कि हम नेपाल पर कब्जा करना चाहते हैं। जबकि आज भी नेपाली को भारतीय सेनाओं, केंद्रीय सरकार व राज्य सरकारों के साथ-साथ समाज में नौकरियाँ उपलब्ध हैं। वर्तमान में नेपाल अधिराज्य की 2 करोड़, 70 लाख के लगभग जनसंख्या है, जिसमें से 1.1/4 करोड़ से भी अधिक नेपाली भारत में ही निवास करता है। भारत में उसे सरकारी, गैर-सरकारी दोनों ही प्रकार के रोजगार उपलब्ध हैं। अनुमानतः 25 लाख के लगभग नेपाली भारत में रोजगार युक्त हैं। गरीबी व भुखमरी से कभी भी नेपाली की मृत्यु का समाचार सुनने-पढ़ने में नहीं आया होगा। भारतीय समाज नेपाली पर अविश्वास नहीं करता है, बल्कि उसे भरोसेवाला मानता है। संभवतया इतना रोजगार व सुरक्षा नेपाल में भी उसे उपलब्ध नहीं, जितना कि भारत में है। एक बात और भी है, आज के नेपाल पर भारत ने अरबों-खरबों रुपए खर्च किया है। त्रिभुवन व अन्य हवाई अड्डे, त्रिशुली-गंडकी-कुलेखानी आदि विद्युत् परियोजनाएँ, महेंद्र राजमार्ग व अन्य छोटी-बड़ी सड़कें, त्रिभुवन वि.वि., मेडिकल- इंजीनियरिंग-एग्रीकल्चर संस्थान, वीरहंसाला व अन्य छोटे-बड़े हस्पताल व सैकड़ों एंबूलेंस जो नेपालवासियों की सेवा में जुटी हैं, यह सब भारत की ही देन है।

आज भारत घुसपैठ से परेशान है। घुसपैठियों को चिह्नित कर उसे मतदाता सूची से निकालने हेतु जाति, दल, संप्रदाय से ऊपर उठकर समाज जागरण के आंदोलन में रत है। परंतु यह आंदोलन बँगलादेशीय विदेशी मजहब के माननेवालों के खिलाफ है। आज जब 1 फरवरी, 2005 को नेपाल में राजतंत्र अर्थात् महाराजा ज्ञानेंद्र ने उन्हीं द्वारा नियुक्त सरकार को बर्खास्त कर सारे अधिकार राजा के अंतर्गत परिषद् में ले लिये, तब लाखों नेपालियों (लगभग 20 लाख) ने भारत में प्रवेश किया है। उससे पूर्व भी नेपाली भारत में आकर बस ही रहे थे। परंतु किसी भी भारतीय राजनीतिक, सामाजिक, धार्मिक दल, संस्था ने इसे घुसपैठ, अवैध प्रवेश कहकर आवाज नहीं उठाई, बल्कि नेपाल से आने वालों को सहज-सरल रूप में आकर बसने व कामकाज करने दिया। उन्हें विदेशी नागरिक मानकर, उस पर नजर रखने व निकालने का आंदोलन नहीं चलाया। यह इस बात का प्रमाण है कि भारत का प्रत्येक राजनैतिक, धार्मिक व सामाजिक कोई भी व्यक्ति एवं संस्था नेपाल व नेपालियों से द्वेष नहीं, बल्कि उसके संरक्षण व संवर्द्धन की ही भावना से ओतप्रोत है। आज भी भारतीय व नेपाली एक-दूसरे के देश में विदेशी नहीं माने जाते हैं। सेना एवं गुप्तचर विभाग में नेपालियों को आज भी भारत में नौकरियाँ उपलब्ध हैं, जबकि कोई भी देश, अन्य देश के नागरिक को अपने देश के ऐसे महत्त्वपूर्ण संस्थानों में नौकरी नहीं देता है। भारत ने नेपालियों पर इतना अधिक विश्वास व्यक्त किया है। इसका प्रमुख कारण है कि हम दोनों देश हिंदू बहुल हैं। समान सांस्कृतिक दर्शन व आचरण के हैं। समान परंपराओं के हैं।

हिंदुत्व देश के संदर्भ में राष्ट्रीयता है, विश्व के संदर्भ में मानवता है

आज विश्व में 62 से अधिक देश युद्धरत हैं। वह चाहे आतंकवाद से लड़ रहे हैं या प्रत्यक्ष युद्ध कर रहे हैं। प्रायः सभी बड़े देश इस समस्या से ग्रस्त हैं और ऐसे समय में समाज में अफरातफरी फैलती है और स्वयं को असुरक्षित समझनेवाली जनता पलायन करती है। हम पिछले कुछ वर्षों की इस प्रक्रिया पर विश्व में दृष्टि डालें तो ध्यान में आएगा कि हिंदुओं के विभिन्न पंथों को माननेवाले (नाना प्रकार के मत, संप्रदाय को माननेवाले), वह चाहे युगांडा अथवा म्याँमार हो, आज का बँगलादेश, पाकिस्तान हो इतना ही नहीं, जब कभी अफ्रीका, फ्रांस में भी कुछ खतरा उभरा तो ये सभी भारत की ओर देखते हैं और भारत में ही शरण लेते हैं। भारत व भारतीय ने इन सभी को सहर्ष आश्रय दिया है। हिंदूपंथी नेपालियों पर जब-जब संकट आया, उन्होंने भी भारत में ही शरण ली है। परंतु भारत ने नेपालियों को

कभी भी शरणार्थी नहीं माना है। आज आवश्यकता है, इसको समझने की और इस हिंदू राष्ट्र व मानवीय भावना को अधिक सशक्त करने की। विश्व में हिंदू देश ही ऐसा है, जहाँ सभी पंथों का सम्मान है और भारत में तो हिंदू देश के नाते यहूदियों, पारसियों, ईरानियों, तिब्बतियों आदि को भी आश्रय दिया है। हिंदू शब्द किसी जाति अथवा पूजा-पद्धति का द्योतक नहीं है। यह राष्ट्रीयता एवं मानवता का द्योतक है। "Hindu it is an paraliament or Common Wealth of religions." हमारी ही हिंदू भूमि व हिंदू समाज ऐसा है, जो सच्चे अर्थों में तथा् व्यवहार में सर्वपंथसमभाव का द्योतक है। इसे संकुचित व सांप्रदायिक कहकर बदनाम करना एक वैश्विक कूटनीतिक षड्यंत्र है, जिसे हमें समझना होगा।

चीन, अमेरिका व ISI (पाक) से सावधान रहने की आवश्यकता (भारत ही रक्षा तथा विकास का आधार)

कुछ इतिहासकारों का कहना है कि सन् 1951 में नेपाल के महाराजा त्रिभुवन शाह जब संकटग्रस्त हुए, उस समय उन्होंने भारत में केवल शरण ही नहीं ली, बल्कि महाराजा त्रिभुवन शाह ने नेपाल को भारत में विलय करने का प्रस्ताव भी रखा। कुछ विद्वानों का कहना है कि महाराजा ने ऐसा प्रस्ताव नहीं रखा, परंतु इस बात में सभी एक मत हैं कि भारत के तत्कालीन प्रधानमंत्री पं. नेहरू ने उनकी इस बात को स्वीकार करने की बजाय अस्वीकार करते हुए U.N.O. में वकालत कर नेपाल को सन् 1955 में संप्रभु राज्य/देश की मान्यता दिलवाई। जबक कम्युनिस्ट रूस ने U.N.O. में यह कहकर कि नेपाल तो भारत का ही अंग है, इस प्रस्ताव का दो बार विरोध किया था। अगर विलय का यह प्रस्ताव चीन, अमेरिका अथवा पाकिस्तान के सामने रखा जाता कि नेपाल का विलय उनमें कर लो तो संभवतया नेपाल आज गुलाम देश होता। सभी जानते हैं कि चीन में माओ व चाऊ आने के पश्चात् उन्होंने मंचूरिया, पूर्वी मंगोलिया आदि के साथ-साथ तिब्बत को पूर्णतया हड़प लिया। पूज्य दलाईलामा हजारों तिब्बतियों के साथ भारत में निर्वासित जीवन जी रहे हैं। पाकिस्तान जोर-जबरदस्ती मुजफ्फराबाद, पुंछ, मीरपुर (कश्मीर), बाल्टीस्तान, गिलगित को हड़पने में लगा है। अध्यात्म की स्थली कैलाश मानसरोवर चीन के कब्जे में है। अगर चीन व पाक आदि पड़ोसी हों तो सुरक्षा, विकास, शांति व भाईचारे को खतरे-ही-खतरे दिखाई दे रहे हैं। सीमाओं पर लाखों की सेना है। हर समय घुसपैठ व गोलाबारी के कारण सीमाएँ अशांत व असुरक्षित हैं। प्रतिदिन भारत का सीमा सुरक्षा में आठ से दस करोड़ रुपए से कई अधिक खर्च हो रहा है।

परंतु तिब्बत, नेपाल, भूटान, म्याँमार, श्रीलंका और आज का भारत पड़ोसी है तो पूर्णतया एक-दूसरे के प्रति विश्वस्त है, कहीं कोई आपसी खतरा नहीं। सीमाओं पर सेना की आवश्यकता नहीं है। सीमाओं पर सुरक्षा के नाम पर व्यय भी बहुत कम होगा। परंतु माओवाद व अन्य वैश्विक ताकतों ने नेपाल-भारत सीमा, जो कि 1761 किमी. लंबी है, पर खतरा बना दिया है। सीमा पर मजहबी इदारों की अनाप-शनाप वृद्धि चिंता का कारण है। आज हमें अपने देशों में मुसलिम व ईसाइयों को भी यह समझाने की आवश्यकता है कि वे और हम पूर्वजों, परंपराओं व देश से एक ही हैं। मजहबवाद की जेहादी मानसिकता से ऊपर उठकर देश व संस्कृति के हित में कार्य करें। कितनी सफलता मिलेगी, यह संदिग्ध होने पर भी संभव जरूर है। मुझे पूर्ण विश्वास है कि नेपाल को संकट से उभारने के लिए, भारत शीघ्र ही सैन्य सहायता भी, जैसे अन्य नानाविध सहायता नेपाल को दे रहा है, देगा।

Cultural Frontier Saves our Political & Economical Frontiers

नेपाल और भारत के सांस्कृतिक जीवन-मूल्य समान हैं। तीर्थ व त्योहार साझे, महापुरुष, संत, अवतार (पूर्वज) सब एक हैं। ग्रंथ, चिंतन व मान्यताएँ समान, गंगा, नर्मदा, वेद, गीता, पुराण, चारों धाम, माँ गुहेश्वरी, माँ वैष्णो, माँ ज्वाला, पशुपतिनाथ मंदिर, जनकपुर, कुरुक्षेत्र, तिरुपति, लुंबनी, बोधगया, सारनाथ, काशी कुछ भी तो पराया नहीं। आज विश्व भर में समान चिंतन के देश एकजुट होकर अपने-अपने बचाव व वर्चस्व के लिए प्रयासरत हैं। फिर हिंदुओं के नानाविध पंथों व बौद्ध मतावलंबी देशों की जनता व नेतृत्व को भी यह सोचने की आवश्यकता है कि वे अपनी सुरक्षा व विकास हेतु एकजुट हों। नेपाल तो गोरक्षपीठ का क्षेत्र माना जाता है। मुक्तिनाथ दर्शन, कंचनजंघा की चढ़ाई सभी के लिए फलदायी है। सागरमाथा (माउंट एवरेस्ट) विश्व की सबसे ऊँची चोटी विश्वगुरु हिंदुत्व (आर्यत्व) का अहसास कराती है। विश्व में हिंदू मतावलंबी व बौद्ध मतावलंबी मिलकर 24 के लगभग देश बनते हैं। बौद्ध देश भारत को गुरु के रूप में मानते हैं। सभी हिंदू देश, भारत को पवित्र व अपने पूर्वजों का देश मानते हैं।

माओवाद व माओवादियों की असलियत को पहचानें

(गलत अनुसंधान मौत का रास्ता है, सत्य जानना व मानना ही समस्याओं का समाधान है)

नेपाल में भारत विरोध दुर्भाग्यपूर्ण है। वे विदेशी मानसिकता या उनकी गुलामी

करनेवाले लोग हैं, जो यह बातें फैला रहे हैं कि भारत नेपाल को निगल जाएगा। इस प्रचार में एक गहरी साजिश की बदबू आती है, जिसे हर हिंदू को पहचानना होगा। 'फूट डालो और गुलाम बनाओ' के लिए आवश्यक तत्त्व है कि पड़ोसियों में आपसी संदेह से ही विनाश का मार्ग बनता है। आवश्यकता इस बात की है कि नेपाल सर्वप्रथम माओवाद, आई.एस.आई. व विदेशी विस्तारवादी शिकंजे की मारकता व षड्यंत्र को समझे। अनेक नेपालियों को नेपाल में ही इन ताकतों ने गुमराह कर लालच, प्रशिक्षण व शस्त्र देकर आतंक के रास्ते पर चलाकर नेपालियों को ही हजारों की संख्या में मरवा दिया। मरनेवाला चाहे शाही सेना, पुलिस, जनता अथवा माओवादी है, परंतु सभी हैं तो नेपाली। पिछले दस वर्षों में 15 हजार के लगभग नेपालियों की मौत इस 'पीपुल्सवार' में हो चुकी है। करोड़ों-अरबों रुपए की संपत्ति जलकर स्वाहा हो गई या नष्ट हो चुकी है। समाज व सरकारी तंत्र सभी परेशान हैं। इसलिए इस बात को प्रत्येक प्रकार से नेपाली भाई-बहनों को, जो कि एक संस्कृतिवाला समाज है, को ठीक से समझना जरूरी है, मगर माओवादी गरीब, अनपढ़ के मसीहा हैं तो मरनेवालों में 90 प्रतिशत से अधिक गरीब ही हैं, ग्रामीण ही हैं। मरनेवालों में अमीर लोग, सरकारी अफसर व राजनेता तो नगण्य ही हैं। खतरों को ठीक से समझकर उनके खिलाफ आवाज उठानी होगी। नेपाल को एकजुट होकर माओवाद से मुक्ति का संग्राम लड़ना चाहिए। प्रत्येक भारतीय इस संघर्ष में नेपाली के साथ कंधे से कंधा, कदम से कदम मिलाकर साथ चलने को तैयार खड़ा है। नेपाल में माओवाद को संरक्षण किन-किन ताकतों द्वारा मिल रहा है, उन्हें भी चिह्नित कर उसका भी उपचार आवश्यक है। नेपाल में भारत-विरोध नेपाल के लिए हितकर नहीं है। यह समझ में आना आवश्यक है। राजनैतिक रूप में आज तक नेपाल में भारत का विरोध करनेवाले दल को पराजय का ही मुँह देखना पड़ा है। नेपाल में यह बात भड़काई जाती है कि जैसे भारत ने सिक्किम को हड़पा है, कहीं वैसे ही तो भारत नेपाल को भी तो नहीं हड़प लेगा। सच यह है कि भारत ने सिक्किम, जिस पर ही अमेरिका कब्जा करने जा रहा था, उसे आजाद कर साम्राज्यवादी चंगुल से सिक्किम ही नहीं पूरे हिमालय को बचाया है। जैसे गोवा को पुर्तगीज से, पांडिचेरी को फ्रेंच चंगुल से आजाद करवाया है। भारत ने तो जब नेपाल में ग्रेटर नेपाल के नक्शे, जिसमें कि एक ओर उत्तरांचल तथा हिमाचल, दूसरी ओर सिक्किम के भू-भाग को दिखाया गया है, पर कभी एतराज/कड़ा विरोध भी नहीं जताया है। जब भारत यह समझता है कि यह सब कुछ शरारती लोगों का

काम है तो नेपाल को भी भारत के प्रति विश्वास होना चाहिए। माओवादी विदेशी एजेंटों के चंगुल में फँसे नौजवानों को मुख्यधारा में लाने का हिमालयीन कार्य भी करना बहुत आवश्यक है।

सशक्त एवं विकसित भारत—सुरक्षित एवं खुशहाल पड़ोसी

प्रत्येक व्यक्ति, समूह व देश अपना पड़ोसी एक अच्छा पड़ोसी चाहता है। पड़ोस में अगर खतरनाक अथवा गलत आकर बसेगा तो आपका सम्मान, सुरक्षा व खुशहाली को खतरा ही खतरा है। पड़ोसी अपना अच्छा मित्र व समर्थक चाहिए, तभी शांति व विकास संभव है। भारत एक उभरती विश्वशक्ति है। आज का विकासशील भारत सन् 2011 के पश्चात् विकसित व विश्वशक्ति का देश होगा, यह सभी ने माना है। सन् 2020 में भारत विश्व का नेतृत्व करेगा। आज भारत के प्रत्येक पड़ोसी देश को इस सत्य को जानना चाहिए कि उसकी सुरक्षा व विकास भारत के साथ जुड़ा है। अगर वे स्वयं को सुरक्षित व विकसित करना चाहते हैं तो भारत के नेतृत्व में एकजुट होकर एक नए समूह, जिसका व्यापार व करेंसी साझी है, जिसके सांस्कृतिक जीवन-मूल्य समान हैं अर्थात् सर्वपंथसमभाव (पंथ अनेक गंतव्य एक) है, की ओर बढ़ना चाहिए। भारत ही सभी की, सभी प्रकार की पहचान, स्वतंत्रता, सुरक्षा व आदर का गारंटर है। हम सभी का इसी में भला है। आज आवश्यकता इसी बात की है कि भारत केंद्रित सभी पड़ोसी देश मिलकर एक समूह तैयार करें। सीमाओं पर सेनाओं का तनाव घटेगा। आपसी विश्वास बढ़ेगा। हम मिलकर खुशहाल होंगे। आतंकवाद व इंसरजेंसी मुक्त हो सकेंगे।

नेपाल ही एकजुटता आवश्यक है

आज नेपाल में लोकतंत्र, राजतंत्र व माओवाद तीनों के बीच संघर्ष है। इसके कारण हिमालय का यह भू-भाग परेशान है तथा गरीबी, बेरोजगारी से जूझ रहा है। नेपाल ने कुछ वर्ष पूर्व यह संकल्प लिया था कि वहाँ शासनतंत्र 'संवैधानिक राजतंत्र एवं बहुदलीय लोकतंत्र (Constitutional Monarcy with Multi Party Democracy' के रूप में कार्य करेगा। मुझे विश्वास है कि शीघ्र ही नेपाल आपातकाल को समाप्त कर इस व्यवस्था को लागू कर अपने सुंदर भविष्य की ओर आगे बढ़ेगा। लोकतंत्र और राजतंत्र में टकराव नहीं, मित्रता व पूरकता का भाव चाहिए। पिछले पचास वर्षों में भारत ने नेपाल के विकास व सुरक्षा में अरबों-खरबों रुपए की मदद की है। चीन व अन्य देशों से भी नेपाल मदद ले, परंतु अपने व पराए को समझने

में भूल नहीं करनी चाहिए। आज नेपाल अपने मतभेद भुलाकर, टकराव का रास्ता छोड़कर, एकजुट होकर माओवाद, आई.एस.आई. व अन्य षड्यंत्रकारी ताकतों से मुक्त हो। हम आपके साथ हैं।

हिमालय संपूर्णता व मानवीय जीवन-मूल्य का अधिष्ठाता है। उसकी सुरक्षा सभी का समान कर्तव्य है

एक बात और समझनी चाहिए कि संपूर्ण हिमालय अशांत है। तिब्बत अपनी पहचान को बचाने के लिए, नेपाल माओवाद से मुक्त होने के लिए, भूटान उसमें चल रहे आतंकी प्रशिक्षण केंद्रों को समाप्त करने के लिए, अफगानिस्तान कट्टरता के विरुद्ध लड़ता हुआ, बाल्टिस्तान, यानी पाक अधिकृत कश्मीर पाक से मुक्ति के लिए, पूर्वोत्तर भारत (सात संगठित प्रदेश), पश्चिमोत्तर भारत (कश्मीर) व तराई क्षेत्र पिछले 40 वर्ष से आतंकवाद की क्रूरता की भट्ठी में सुलगता अपनी मुक्ति का मार्ग खोज रहा है। "हिमालय अशांत तो विश्व अशांत, मानवता का हाहाकार।" हिमालय परिवार सभी हिमालयीन देशों, प्रदेशों के विभिन्न जाति, दल, संप्रदायों के समाजों को गैर-राजनीतिक ढंग से परंतु सांस्कृतिक, सामाजिक आंदोलन के रूप में जाग्रत् व संगठित करने का प्रयत्न कर रहा है। आओ, हम सभी हिमालय को आतंकवाद, इंसरजेंसी, मतांतरण, घुसपैठ, तस्करी, जातिद्वेष, गरीबी, अशिक्षा व प्रदूषण से मुक्त करने का संकल्प लेकर आगे बढ़ें। नेपाल में शांति, भाईचारा व विकास की स्थापना हेतु सर्वशक्तिमान् से प्रार्थना करता हूँ कि हम सब एकजुट होकर बुराई का डटकर मुकाबला करें।

॥ देवतात्मा हिमालय की जय ॥

□□□